远眺

世界文创产业前沿译丛

创意产业的职业生涯

Careers in Creative Industries

克里斯·马修（Chris Mathieu）编

周光起 孙方红 译

上海财经大学出版社

本书由上海文化发展基金会图书出版专项基金资助出版

图书在版编目(CIP)数据

创意产业的职业生涯/(丹)克里斯·马修(Chris Mathieu)编;周光起,孙方红译.—上海:上海财经大学出版社,2019.12
(远眺·世界文创产业前沿译丛)
书名原文:Careers in Creative Industries
ISBN 978-7-5642-3390-7/F·3390

Ⅰ.①创… Ⅱ.①克… ②周… ③孙… Ⅲ.①文化产业-研究 Ⅳ.①G114

中国版本图书馆 CIP 数据核字(2019)第 213806 号

□ 责任编辑 刘 兵
□ 书籍设计 张克瑶

创意产业的职业生涯

克里斯·马修
(Chris Mathieu) 编

周光起 孙方红 译

上海财经大学出版社出版发行
(上海市中山北一路 369 号 邮编 200083)
网 址:http://www.sufep.com
电子邮箱:webmaster @ sufep.com
全国新华书店经销
上海华教印务有限公司印刷装订
2019 年 12 月第 1 版 2019 年 12 月第 1 次印刷

710mm×960mm 1/16 22.75 印张(插页:2) 306 千字
定价:88.00 元

图字：09-2015-164 号
Careers in Creative Industries
Chris Mathieu
ISBN：978-0-415-80826-2

总　序

中国文化产业的发端，恰好处在世界文化产业初兴与我国改革开放开启的历史节点上，可谓生逢其时。根植于五千年的灿烂文化，我国文化产业迅速完成了它的结晶过程，并在全面走向伟大民族复兴的奋斗进程中，历史性地担负起前沿产业的战略角色。

我国的文化产业研究，从敏锐关注文化产业的初生萌芽，到紧密联系与主动指导文化产业的实践发展，可以说，是从默默无闻中孕育产生的一个新兴学科，它凝聚了来自各种学术背景的第一代拓荒者的情怀和心血、信念和执著，走过青灯黄卷般的学术寂寞与安详，迎来春色一片、欣欣向荣的好局面，以至于有人戏言文化产业已近乎一种风靡全国的时髦"显学"。我们相信，中国文化产业的发展，将是对人类历史贡献至伟的一场实践。我国文化产业的理论探索和建设，也必将负起时代要求，任重而道远。

较之于国际文化产业的全面兴起，我国文化产业的出现并不过于太晚。这种特定的发展特征，既给了我们历史的借鉴，又给了我们赶超的机会。我们策划翻译这套"世界文创产业前沿译丛"，欲帮助人们更多汲取世界文化产业的研究成果，为促进我国文化产业的加速发展贡献一份力量。这也是这套译丛的缘起和目的。

这套译丛的规划，注重把握几个方面：一是面向我国文化产业的现实需要，按照行业分类，旨在学以致用，选择实用性强的权威著作；二是选择顺应发展趋势的前沿性研究的最新成果；三是注重选择经典的基础理论著作。为此，我们搜索了国外上千种相关出版物，选取了百余种备选小书库，拟不断调整充实，分批推出。在翻译要求上，力求在忠实原作基础上，注重通顺易读，尽量摒弃“洋腔洋调”。

一个文明社会的形成必须以无数文明个人的产生与存在为前提。倘若天下尽是熙熙攘攘地为追逐钱财而罔顾其他一切，不仅与马克思所言之“人的全面解放”状态无疑相去极远，更与人性完全相悖。现代社会不仅意味着人们在物资生活层面的丰富，更加要求精神生活层面的提高。今天，文化的发展已经成为众所公认的一个急迫任务，各文化事业单位、相关高等院校和专业则理所应当地属于攻坚克难的先锋。文化的开放是文化发展的前提之一。为此，当下和未来，我们均需大量能够体现世界文化创意产业先进水平和最新进展的教辅与参考资料。围绕着文化创意产业之主题，本丛书将精选全球各主要出版公司的前沿专著和教材，从这里眺望世界，犹如登高望远，愿您有别样的视野和收获。

远眺·世界文创产业前沿译丛 编委会

撰稿人

让一伊夫·阿加德(Jean-Yves Agard)系索尔邦大学社会学博士，目前是BEM一波尔多管理学院社会学教授和ACME(欧洲艺术，文化和管理)Chair的研究员。研究兴趣集中在多元化管理、身份认同(i-dentity)以及组织社会化。除了具有人类社会学的学术背景外，他的研究还涵盖定性民族志方法，从经理人员和学者的国际流动到创意产业的专业艺术生涯。在当前的研究项目中，他考察文化身份流动性(成语的角色)、社会凝聚力(归属感)、创造性和传统"集聚"区域的区域发展(佩里戈尔，法国)之间的关系。

迈克尔·艾伦(Michael P. Allen)是华盛顿州立大学社会学教授和纽斯卡尔大学(澳大利亚)社会学联席教授。研究兴趣集中在文化生产不同领域的符号价值的创造。目前，他正在撰写名为《优秀电影，好莱坞的才干和艺术》的著作，论述美国文化生产领域中美国电影产业问题。

翠霓·比勒(Trine Bille)是哥本哈根商学院博士、创新和组织经济学系副教授和挪威 Telemarksforskning 高级研究员。她在哥本哈根大学经济系获得博士学位。主要研究文化经济学，并且撰写了关于该领域的不少书籍和文章，发表在《国际文化政策杂志》《文化经济学杂志》和《艺术和文化经济学手册》("经济学手册"系列，爱思维尔出版社 Elsevier Science)上。尤其值得一提的是，她是《北欧文化政策杂志》的共同编辑；她还是积极的国际文化经济学协会（the Association of Cultural Economics International，ACEI）的执行董事。

艾米丽·布提诺（Amelie Boutinot）于 2011 年 10 月在法国格勒诺布尔市（Grenoble）获得管理科学博士学位，其论文研究了创意产业声誉的建立问题，具体地说是法国的建筑业。她还在格勒诺布尔市高等管理学院教授创新管理和组织理论课程。

提莫西·多德（Timothy Dowd）是埃默里（Emory）大学社会学副教授和鹿特丹大学（Erasmus University Rotterdam，2007、2008）人类学教授席主任。专长于文化社会学，大量的研究集中在诸如美国交响乐规则的建构、流行音乐多元性程度、音乐家的职业生涯、音乐社会学状态等问题。目前，他和苏姗娜·杰森是《诗学、文化、媒体和艺术经验研究杂志》的总编辑。近期，他和亚特兰大交响乐团指挥罗伯特·斯帕诺共同执教音乐社会学的高级课程。

多丽丝·露丝·艾考芙（Doris Ruth Eikhof）是斯特灵大学（Stirling）斯特灵管理学院工作和组织研究系讲师。研究创意工作和企业，妇女工作和工作—生活界限。她的著作在国际上发表，是《创造平衡——专业人士工作－生活一体化的国际视角》（Springer，2011）和《少点工作，多点生活——工作－生活关系的批判性分析》（Palgrave，2008）的共同编辑。

安妮·甘姆博（Anne Gombault）是波尔多大学管理科学博士和组织行为与策略管理系教授，是 BEM－波尔多管理学院 ACME Chair 的创始人和现在的拥有者。她的研究兴趣集中在艺术、文化和创意产业的组织认同及行为和策略。她为各种组织进行研究，包括卢浮博物馆、法国文化与传播部、法语地区(French regions)、艺术组织和文化产业。她的作品在法国和国际上广泛出版。2004 年以来，她创建了 ACME Chair——一个由 15 个研究员组成的团队，生产和分享欧洲关于艺术、文化和创意产业的管理知识。

伊列娜·格鲁格里兹(Irena Grugulis)是杜拉姆(Durham)大学杜拉姆商学院就业研究系教授，AIM/ESRC 服务研究员(Service Fellow)和 SKOPE 的副研究员。研究兴趣集中在技能问题的所有领域，并已得到 ESRC、EPSRC 和欧盟(EU)的资助。近期的研究项目包括零售部门、电影、电视和电脑游戏公司的实录(ethnography)。她出版了多种作品，近期她与 Dimitrinka Stoyanova 合作出版了有关技能、招募和影视业歧视状况的书籍，以及在《英国工业关系杂志》上发表有关“技能和业绩”的述评(review piece)。出版的书籍包括《技能、培训和人力资源的发展》(Palgrave，2006)。目前，她是《工作、就业和社会》的联合主编。

阿克塞尔·霍斯柴尔德(Axel Haunschild)是德国汉诺威莱布尼茨大学工作和就业研究系教授，拥有伦敦大学皇家霍洛韦学院(Royal Holloway College)和奥地利英斯布鲁克大学(Innsbruck)客座教授席位。研究兴趣包括工作和组织的变化形式、创意产业、工作和就业的制度嵌入性，从产业关系角度透视企业社会责任(CSR)、组织和生活方式及组织界限。他在《人际关系》《组织行为杂志》《英国产业关系杂志》和《国际人力资源管理杂志》上发表文章，共同编辑了《少点工作，多点生活——工作－生活界限的批判性分析》一书。

坎迪丝·琼斯(Candace Jones)系波士顿学院组织研究系副教授。

研究集中在职业生涯、社会网络、创意产业和专业中的制度性进程(institutional processes)。她在《行政科学季刊》(*Administrative Science Quarterly*)、《组织科学》《管理学院评论》(*Academy of Management Review*)、《组织研究》(*Organization Studies*)和《组织行为杂志》以及大量书摘(book chapters)上发表文章。目前,她与马克·洛伦岑(Mark Lornzen)和乔纳森·沙帕塞德(Jonathan Sapsed)合作为牛津大学出版社编辑《创意产业手册》。她还是《组织科学》《策略管理杂志》和《管理研究杂志》的编辑评审委员会(Editoral Review Board)成员。2008—2011年,她是《组织研究》的高级编辑;2008—2010年,她是管理学院对象建模(object modeling template,OMT)部门的自由代表(Rep at Large)。

凯文·凯利(Kevin J. Kelly)在埃默里大学获得学士和硕士学位,是圣安德鲁斯大学的鲍比·琼斯学者(Bobby Jounes Scholar)。他的研究兴趣包括集体力量(collective solidarity)对体育场馆和团队业绩的影响,以及当代美国交响乐团规章的命运。他毕业后在埃默里大学工作,游历甚广。

安妮·林肯(Anne E. Lincoln)是南部卫理公会大学社会学助理教授和市场文化总监。主要研究组织变化、教育和劳务市场成就、性别和文化,特别注重吸引力(attraction)、留置(retention)、科学职业生涯的损耗(attrition from science careers)。目前的研究项目有科学奖金和奖状、科学家的工作—家庭平衡。她的文化社会学研究集中在文化生产的分层过程、批判性语篇对美国电影集体记忆的影响、电影演艺职业生涯上年龄和性别的“两难处境”(double jeopardy),以及文化劳务市场上的奖金和奖状。

弗朗索瓦·利奥特(Francoise Liot)是波尔多大学社会学博士,目前是波尔多第二大学(Bordeaux Segalen University)爱弥尔—涂尔干研究中心社会学教授。研究兴趣集中在公共文化政策分析和专业艺术生涯社会学。作品已广泛发表在法国社会学杂志和书籍中。她的论文集《职业生涯艺术家》(I'Harmattan,2004)已出版。

克里斯·马修(Chris Mathieu)是哥本哈根商学院组织系副教授和人力资源管理的硕士项目主任。研究与写作集中在IT业的性别问题,当前研究丹麦电影业有关外景制作中的创造性和专业间的合作、评估实践、项目选择和职场发展。

凯瑟琳·莫雷尔(Catherine Morel)是谢菲尔德大学营销学博士,目前是金斯敦大学(伦敦)创意产业和创意经济硕士项目主任,ACME Chair副研究员。在此之前,她在伦敦苏富比艺术研究所(Sotheby's Institute of Art)工作,讲授艺术商业营销学的硕士课程。研究兴趣集中于当代艺术界的中介人作用。她还专长于商业组织和艺术界关系的研究。目前,她通过ACME Chair为文化传播部研究法国的企业赞助问题。

黄建成(Can-Seng Ooi),新加坡人,博士,哥本哈根商学院教授。他的艺术界的研究项目对新加坡、丹麦和中国的状况作了比较。除了艺术教育和职场发展研究外,还探讨了文化政策、创意过程和文化旅游。他在《国际文化政策杂志》《开放性文化》(*Culture Unbound*)和《地方品牌和公共外交》等杂志上发表了大量有关这些课题的文章。

让·布拉朗(Jean Pralong)在ESCP Europe获得管理学博士学位,是鲁昂高等商学院人力资源管理教授,“新职业生涯”讲席主任,

BEM—波尔多管理学院 ACME Chair 的研究员。曾担任过法国维迪昂集团(Groupe Vedior)人力资源发展部主任。研究兴趣集中于重要人力资源、就业关系和职业生涯。他在多种法国杂志上发表文章,并在集体撰写的有关职业生涯的书籍中占有若干章节。他近期的研究主要集中在后工业化时期的组织中的职业生涯成功以及对职业生涯期望的代际影响。

弗朗西斯卡·舒斯勒(Franziska Schößler)是特里尔大学德国文学教授,德国研究协会(DFG German Research Association)资助的合作研究中心 600"陌生和贫困"(Fremdheit und Armut)进行的"19 世纪德国文学中犹太人形象"项目的首席调研员。她在波恩、佛莱堡、巴黎、伦敦和布利斯班学习,1994 年获得博士学位,2001 年获得 Habilitation。她的工作关注文学和经济的相互依赖关系(强调反犹太主义)、戏剧工作(特别是当代戏剧)和文化及性别研究。近期发表的作品包括《凝视》(*Augen-Blicke*)、"90 年代戏剧中的记忆、时间和历史"(Erinnerung,Zeit und Geschichte in Dramen der neunziger Jahre ,图宾根,2004,现代戏剧论坛)和《Borsenfieber 和炫耀性消费,经济学,犹太教和西奥多·冯塔纳,海因利希和托马斯·孟,亚瑟·舒尼茨勒和埃米尔,左拉笔下的女性》(*Borsenfieber und Kaufrausch ,Okonomie, Judentum und Weiblichkeit bei Theodor Fontane, Heinrich und Thomas Mann, Arthur Schnitzler und Emile Zola*. 比勒费尔德 Bielefeld,2009)。

丽萨·斯科芙(Lise Skov)是哥本哈根商学院创意产业副教授。她对亚洲和欧洲的时装、毛皮和其他创意产业进行了广泛的研究,在各种学术杂志和书籍中发表文章。她是《伯格世界服饰和时尚百科全书·西欧卷》的编辑,以及《多中心时尚世界中小国之梦》的编辑(与

Marie Riegels Melchior 合作)，2011 年时尚理论主题卷。

伊本·山德尔·斯特杰尼(Iben Sandal Stjerne)，拥有哥本哈根商学院人力资源管理硕士学位。她的学位论文《丹麦电影业的职业生涯结构》分析了丹麦电影业的职业生涯的成功因素。在哥本哈根商学院“创意邂逅”项目中担任科学研究助理，该项工作为本书马修和斯特杰尼撰写的一章提供了基础。她在 CBS 工作前，曾经为丰田摩洛哥公司工作，分析在摩洛哥框架中日本工作和企业价值的执行情况。

迪米特琳卡·斯托耶诺娃(Dimitrinka Stoyanova)是圣安德鲁斯管理学院管理学讲师、圣安德鲁斯大学创新应用研究所副研究员。研究兴趣集中在创意产业中的工作和就业领域、创意职业生涯、学习和技能发展、自由职业生涯。最新的研究是影视产业，文章讨论了与技能开发、学习、实践社区(communities of practice)和社会资本相关的问题。

伊莎贝拉·瓦格纳(Izabela Wagner)，以前是音乐教师(波兰波兹南音乐大学音乐教育硕士)。1997 年成为一名社会学家。其研究专注于音乐大师的职业生涯(法国高等社会科学院博士，EHESS)。2003 年以后，这项研究延伸到生命科学家领域。目前，她是华沙大学社会学研究所副教授和巴黎高等社会科学院社会运动研究中心副研究员。2010/2011 年，她是哈佛大学访问研究员(科学史系)，在那里从事科希丘什科基金会(Kosciuszko Foundation)支持的科学家职业生涯的研究项目。她是《成为跨国专业人才》一书的作者，她还撰写了有关艺术家、科学家的职业生涯和流动、工作的国际文化和跨国专业主义等文章。

目　录

第二部分 戏剧、电视和电影

第三部分　建　筑

第四部分 音 乐

第五部分　视觉艺术和时尚设计

第一部分

概　述

第 1 章　创意产业的职业生涯
——分析概述

克里斯·马修(Chris Mathieu)

1.1　本书的基础

本书收入了世界上多个创意产业中有关职业生涯方面的实证研究成果。这些研究侧重于通常所指的创意产业中的"创意性"角色、工作和职务。[①] 本书并未涉及创意产业中存在的大量且关键的、被凯夫斯(Caves，2000)称为"单调的"和贝克尔(Becker，1982)称为"陪衬的"角色、工作和职业。这样选择是因为人们对创意产业主要和普遍的兴趣常常与了解这些产业中的创意工作、创意工作者和创意职业相联系。这些角色和工作也吸引了我们作为研究者和潜在的或活跃的参与者对创意产业的关注。第二个原因是，在创意产业中就业的"创意者"与"单调工作者"通常有着巨大的差别。创意者常常是基于项目或以自由职业者身份受聘，而单调工作者(从律师、会计师到保洁员和餐饮服务人员等)通常是比较稳定地受雇于创意产业中生命力强的公司

---

① 赫斯蒙德霍(Hesmondhalgh，2007)偏向于用"文化产业"这个词，霍金斯(Howkins，2002)则喜欢用"创意经济"一词。

或是签约于这些公司。我们做这样的区别，绝未贬低或边缘化这些角色在创意产业生产过程中的重要性——他们不可或缺，并且在许多方面同样很值得关注。这种区别仅仅是为了使本书的重点更专注于一类职业和活动，尽管它们也很宽泛且往往难以确切界定。下面我们回到定义方面的问题，也是比勒(Bille)的第二章所主要讨论的问题。

本书汇集不同国家和制度背景下不同行业的实证研究，是为了有助于对比要素以及过程的共性和特性，有助于识别在理论概括层面被舍弃的一些特殊的、容易被忽略的，甚至是新生的过程和机制。这样做不仅不会妨碍理论建设，反而会为理论建设提供进一步的实证基础，从而建立起“深度推论”(deep analogies)(Stinchombe，1978)。另外一个原因是，创意产业和职业生涯研究近来都经历了类似的循环过程，即激赏创意产业工作和“新的”或“无界”职业具有的积极性、自我实现、释放性等方面的特质，认为创意工作可以自我引导人们从事有激励性的工作并有一系列有吸引力的物质和内在的报酬。这些最初的论点，受到了那些强调创意产业工作和无界性的负面因素以及黑暗面的观点的诟病(Hesmondhalgh and Baker，2011)。目前我们大致处于正负双方理性和解的状态，大多数观点都承认创意产业的工作和无界性具有正反两个方面。这类产业中的工作和职业并非明确地非正即负，而通常是各方面因素相互交织在一起。实证研究使我们有机会考察这些因素在实践中汇合混杂的方式，了解它们的判断和评价是如何形成的。

本书中的研究报告不仅考察了数个国家和不同制度背景下的各种各样的创意产业，而且运用了多种研究方法和多学科方式进行探讨，从管理和商务、组织理论、工作和职业研究，到社会学和人类学等经典学科，不一而足。这样的多样化包含了多种不同的方法论，以及不同的理论传统、概念应用和探讨层次。作者们寻求用不同的方法达成不同的目标。然而，他们一个共同愿望就是，通过展现特定案例或特定过程的复杂性，增进我们对一般性职业生涯问题的了解（Stolte et al.，2001）。本卷合集的文章，开辟了新的研究途径，也为成熟研究领域增添了更深刻的认识。并通过实证研究对理论建设、概念设立以及问题框架等做出了贡献，而这些都可以转化应用到更宽泛的领域。在此，斯廷奇库姆（Stinchombe，1978：115－116）的话很有意义："在综合推理的一般性、事实验证和历史独特性的两难推理中，事实展现并非是个两难问题。打破两难的办法，就是展现事实并结合仔细的、理智的类比，从而概括为一般性。"遵循本书的创意和艺术基调，我们建议，将本书的"事实展现"放在一个更大的理论经典画布上，由此观察它们是如何强化或改变整个画面的。许多作者参与了用其研究结论去更新相应部分画面的过程。自然地，这些发现和问题还可以卓有成效地应用到许多其他方面。

1.2　职业生涯和创意产业

本书收入了两个领域的研究和文献，即：职业生涯的研究和理论化；创意产业的研究和理论化。下面将介绍这两个领域。由于两个理论或概念的出发点——"无界职业"和"艺术世界"会经常出现在以后各章，因此在本部分也会做简单介绍。理论和概念所具有的两个特质，使实证研究者对其情有独钟。一个是空间感，可以进行广义诠释和应用；另一个是制造反差（juxtaposition），引导认知远离迄今的传统认知。

职业生涯研究是一个比较成熟的研究领域，宽泛而且是多学科的，它作为一个单独的学术研究领域至少可追溯到 20 世纪 30 年代[见艾伯特（Abbot，2005）；巴利（Barley，1989）关于工作、职业、专业和职业生涯的社会学发展的简明而深刻的分析；摩尔等（Mooreet al.，2007）从组织研究角度论述了职业生涯理论的历史由来]。我们在此没有对这一历史发展进行回顾，因为如前面提到的，在其他文献中对这方面已有深刻分析。我们只需为本书所介绍的研究文章搭建一个舞台，使一些最新最重要的职业生涯理论得以展示。首先，必须承认，职业生涯的定义存在着学术概念和流行概念之分。后者受到前者的影响，但通常有明显的滞后。这就是说，当前广泛流行的职业生涯概念——在企业内明确定义的职务之间，以培训和技能进步为基础的，有计划、线性的、连续升职的过程，并伴随以相应的权威、声望和报酬的提升；与经典学术概念相符，亦即“有组织的”（Kanter，1977）或“有序的”职业生涯。维伦斯基（Wilensky，1961：523）将其定义为“人们在一个由一系列相关的工作、以声望等级排列的（大致是可以预见的）有序序列中移动”。在此，值得注意的是，在这一社会学定义中，职业生涯作为一个结构是先于移动于其中的个人而存在的。

随着实际的职业或“工作历史”的变化，职业生涯的学术定义也发生了变化。这些定义从很强的或含义丰富的概念，如“有组织”或“有序”的职业生涯定义，到更简洁的定义，可以包罗当代世界中实际呈现出的不断增加的各种职业序列。我们还看到，从强调职业生涯结构到强调职业生涯中介的转变（Tams and Arthur，2010），注重个人在不太稳定和非传统意义的结构环境中实现职业生涯的活动和策略。现在比较简洁或更赤裸的职业生涯定义，去掉了以前“一系列”“有序”“可预见性”甚至是“相关工作”等约束条件。在阿瑟等（Arthur，1989：8）具有很大影响力的职业生涯定义中，称其为“个人工作经历随时间演进的序列”，非常适合“无界限”或“新职业”范畴。值得注意的是，此处“工作经历”一词可以理解为有形的、客观存在的经历（即做过的工作），也可以是主观经历（即对工作的感觉），它避免了回答什么主导着“演进序列”的问题，既不偏重结构也不偏重中介。

关于这个题目，巴利（Barley，1989）谈到了职业生涯的“两面性”（Janus-faced）特征，既含有工作或就业历史的“客观性”特征，比如拥有各种职位和转折点等，同时也含有“主观性”特征。而主观性特征必定与“个人认为自己职业生涯的意义就在于，职业成就自己”有关(p. 49)。在个人层面，主观性和客观性是相互依存的。主观认识“使个人可以将他们自己与所经历的事件对应起来”(p. 49)。这种职业生涯的双重法，冲淡了职业生涯非此即彼的认识，而更倾向于两者共存的认识。两者共存，将概念的一个维度与另一个维度相互连接成对：客观—主观，结构—中介，机构—个人，角色—身份，历史—经验，等等。巴利(Barley，1989，50)将这一方法追溯到社会学芝加哥学派，对上述概念组中的角色与身份做了详尽描述：“鉴于角色涉及环境的互动结构，身份是指人们能够扮演各自角色的稳定的自我定义。角色是关注外在情境活动模式，而身份则是关注行为者内在对那个情境的主观体验。”巴利(Barley)扼要地将这一观点总结如下：

> 可以肯定，职业生涯依然是唯有个人可以经历的，但又并非完全是由个人决定的。人们也许会在自己的职业道路上任意选择行动方针……但是他们预见到的选项和他们所做出的选择总是会受到由环境决定的潜在机会的限制。因此，职业生涯，是由个人所属的集体在任何时间点上向个人提供的一连串的替代选择和一整套的解释性资源拼接而成的。(巴利，1989：51)

所以，产业或社会层面的变化提供了由环境决定的潜在机会，或如艾伯特(Abbot，2005)称之为个人职业生涯的“劳动力机会结构”。劳动力机会结构是被看到、解释和主观上做出相关重要性判断的方式，就是认同参照组。参照组为个人提供已有职业道路的模式，含有判断职业进阶的线索，并具有确定个人身份、含有职位意义的术语。在稳定阶段，认同相关的参照组比较容易，就是认同职业生涯的模式和形成这种模式的机制。在不稳定阶段，情况正好相反。但在不稳定阶段寻求和认同指导参考组和在稳定情况下应至少具有同等的重要性，因为基于其他人经历、进展判断和身份创造等职业道路认同的过程，是基于大量社会性活动的资源，但却较少制度化。下面的理论探讨将集中关注后一种情况下的职业生涯。

无界限职业生涯

“无界限职业生涯”(boundaryless careers)是个荒谬可笑的词，但却是一个有意义和重要性的概念。从文字上和应用于现实实际中，这个词是荒谬的。如甘兹等人(Gunz et al.，2007)认为，工作和职业生涯，总体来说是社会生活，贯穿于各种界限之中，而且只可能贯穿于现实的边界中。即使是这个词的创造者[见下面引用的阿瑟和罗素(Arthur and Rousseau，1996)]，在最初的表述和应用上都强调的是界限的超越和渗透率，而不是不存在界限。那么，为什么在“无界限职业生涯”概念的理论和实证批判家(Rodrigues and Guest，2010)中，尤其在创意产业研究中，这个概念还具有持续的影响力呢？尹克森(Inkson，2006)认为，这一概念作为一种比喻和标签是非常好的。作为标签，它让我们方便地、选择性地同时谈及一系列现象和趋势。如果我们完整地来看这一概念的最初阐述，我们就可以了解，在创意产业职业生涯分析中，这个概念引起共鸣的原因。

> 无界限职业生涯——作为有组织的职业生涯的反义词，其一般性含义中有几个特别之处或重点。其中最突出的是老套的案例，如硅谷，职业生涯是在不同雇主的界限之间挪动。其二，有一类职业生涯，比如学者或木匠，对他们的验证，和他们的市场性，要从其现雇主之外获得。其三，又如房地产中介的职业生涯，其生存要依赖于外部网络或外部信息。其四，是在传统的有组织的职业生涯界限内，特别是那些涉及等级报告和进阶原则的职业生涯被打破。其五，个人以本人或家庭原因拒绝现有职业机会。其六，取决

于就职者自己的诠释，他也许感觉到无界限的未来而不顾结构性的约束。在所有这些特点当中，一个共同的因子，就是独立而不依赖于传统的有组织的职业生涯安排。（阿瑟和罗素，1996：6）

第一点也是最明显的一点，对于那些明显的职业生涯更多地是跨组织而不是组织内的产业（Jones，1996）来说，“无界限”概念似乎更为适用。在许多创意产业中，两个共同的状况导致职业生涯跨越组织而不是在组织内。一个状况是，即使受雇于一个长久性公司，例如剧院公司，合同往往都是短期的[见艾考芙（Eikhof et al.）等，本书第 3 章]，而且晋级或纵向流动通常并不能保证逐级上升，而是要通过公开竞争[见福克纳（Faukner，1973）所举的关于交响乐团的例子]。另一个状况是，创意产业的生产通常是基于项目的。长久性公司是存在的，也会组织或委托生产，但是大量创意生产常常发生在临时划定的项目组织内，大部分职员都是自由职业者或合同制雇员。由于这些项目组织在完成一个特定项目后就不复存在了，一些重要的和最明显的“界限”在这些临时性组织消失之时也告消失。从这一点来说，根据无界限职业生涯概念，人们可以认为，界限的确随着提供非永久性就业的临时性项目组织的消失而消失了。有些矛盾的是，这种状况和跨越组织界限的职业生涯流动在含义上有所不同。但在此，无界限职业生涯概念所界定的更基本的流动过程，作为工作和职业生涯的核心，均有涉及。同样值得注意的是，使创意产业成为创意产业的是其长期以来被冠以的特征，近期成为焦点的是无界限职业的决策和思考[参见福克纳和安德森（Faulkner and Anderson，1987），琼斯（Jones，1996），维伦斯基（Wilensky，1961：524）注意到“娱乐业”职业总的说来是无序的]。

前面所提到的第二和第三点也经常被研究人员在对创意产业工作和职业生涯研究中提及。如果一个人的职业生涯是跨组织或者是在一系列临时性项目组织中建立起来的，那么他的技能应该是被认可的技能，并得到除当前雇主以外更广范围的承认。同样，人们依赖于从广泛的渠道获取就业机会的信息，正如人们也需要发送信息一样，直接或间接地将自己的能力和可用性提供给大量潜在的雇主、赞助商、买家、客户，等等。这样的过程与声誉概念紧密相连，我们将在后面的章节里广泛涉及。总之，无界限职业生涯概念的强大吸引力，与其强调流动、网络、声誉和个人对自己职业生涯决策负责有关，在单一概念下涵盖了一系列议题。

这个由其支持者设立的概念时常被质疑，特别是被创意产业研究者质疑的一点，就是无界限性是一种结构性状况而不是选择的结果。在传统结构性环境的重要性和普遍性下降的背景下，最初及后来不断应用的无界限职业生涯概念，强调的是职业选择上的主观性、中介和自愿等方面。然而，在以项目为基础的行业内或在所有职务类别都雇佣自由职业者的行业中，流动性是一种结构性需要，而并非个人选择。这就是说，在创意产业中许多职业类别没有有组织的或有序的职业生涯。这一点彻底改变了争论的范围。另一个关键议题是，超越职业生涯单纯的组织内、组织外、组织间的范畴，强调其他的界限和障碍。本书中许多地方都提到的一个观点认为，结构性限制和结构性便利肯定没有停止，甚至可能并未减弱；只是传统的结构形式减少了。从结构性转型的角度而不是从更弱的结构性环境的角度去思考，也许会更好些(即，有些新的结构性规则也许一样有刚性和约束性，只不过呈现为另一种形式，我们现在仅仅是刚开始认识到它们是结构性和约束性的，而不是开放和自由的)。这种多维角度分析，是本书若干章节研究的中心内容。这一点在后面可以看到，特别是包含了不确定性、无安全感、自由和不稳定等一系列概念。

1.3　创意产业

20世纪90年代末以来，有关"创意产业"的研究和政策决策成倍增长。理查德·凯夫斯(Caves，2000)出版的《创意产业》一书和随后理查德·佛罗里达(Florida，2002、2005)的研究，由于将创意产业归为先进的后工业资本主义经济中重要性不断提高的部门，因而使创意产业研究成为一个快速增长的领域。从某种程度上讲，这是社会学甚至是"艺术、文化、娱乐"经济学所从来没有(或未曾试图)达到的境界。尽管创意产业还没有一个通用的定义或普遍认可的标签，但不断被援用归类到这一标签下的产业名单是英国文化、传媒和运动部(British Department of Culture，Media and Sports，2001)给出的。这个名单中包括：广告业、建筑业、艺术和文物业、电脑游戏(互动休闲软件)、手工艺、设计、时尚设计、电影和视频、音乐、表演艺术、出版、软件、电视和广播。

定义创意产业、创意工作、职务、活动和创意工作者的风险和复杂性是比勒(Bille)在本书第二章的内容，我在此不详述。但我同意比勒在一个问题上的观点并将其延伸来阐述本书所承载的内容。如此前许多人一样，比勒认为创意产业的核心是与艺术紧密相连的活动和工作。由于创意也可以主要有科学性、经济性或日常生活特性(Joas，1996；Sawyer，2006)，所以在大多数创意产业定义中承认艺术和美学为基础的产业的中心性是很重要的。如果我们将艺术性置于创意产业的核心，审视本书所探讨的工作和职业，那么几乎所有的这些工作和职业都与艺术和审美活动密切相关——建筑师、作曲家、电影剪辑师和电影摄像，等等。

创意产业无可争议地是些很吸引人工作的行业。从这些行业长期大量的劳动力"过度供给"状况就可见一斑(Menger，1999)，表明培训自己、在这些行业寻找职业发展机会(特别是,但不完全是,寻找这些行业的核心创意工作和职业)的人数,远远超过这些行业能够吸纳的就业人数。这些行业主要的吸引力来自于其高度的可见性和绝佳的“F”奖励——名气、财富和成就感(Fame,Fortune and Fulfillment)(Menger,1999;Ursell,2000);本书几乎所有章节都涉及不同创意产业的吸引力及误区。正如本书详述的,这种情形常常引发对能够提供这种奖励的职位的极其激烈的竞争。后面各章实证分析的重点从“神圣的”电影和建筑精英,到有志于音乐和戏剧的人们,再到悲惨的、“失败的”视觉艺术家,等等,展现了客观成功—失败频谱上的各种职业生涯,包括了那些长时间享有名气、财富和成就感的人们,也有那些职业生涯充分再现霍布斯(Hobbes)名言的那种生活在“自然状态”中的人们——孤独、贫穷、邋遢、粗野、唐突。

艺术世界

贝克尔(Becker,1982)的《艺术世界》是一部里程碑式的专著,对于艺术创造的分析在出版的那个年代也是很激进的,运用职业社会学的普通学术工具分析当时很神圣的艺术生产领域。[①] 由于贝克尔将主流社会学带入对艺术和艺术生产的研究,使得主流社会学和其他一些社会科学不再将这个领域里的活动视为非典型性的,并鼓励我们将艺术家也看成与其他职业群体一样,屈从于许多同样的依存关系和社会势力。

这部著作影响至深。30 年后的今天,它事实上仍然是最重要的理论指导,后面章节关于创意产业运行的探讨中都有引用。对贝克尔(Becker,1982)来说,艺术界“指的是由对常规工作方式的共同理解组织起来的人们的合作活动网络,生产艺术界认可的艺术作品”。在贝

---

① 这一点并不奇怪,因为贝克(Becker)曾经是芝加哥大学工作、职业、专业方面著名的社会学家休斯(C. Everett Hughes)的学生。

克尔(Becker)概念中，普遍引起注意的部分，是存在于生产艺术作品或相关创意产品时形成的广泛网络中的协作的集体行动。这里有两个重要的含义：第一，是承认覆盖面很广泛的职业、个人、群体和组织对维系艺术、创意或文化生产是必须的，贝克尔还强调了艺术生产对诸如分配体系和艺术生产状况的影响和依赖性，这进一步使他的观点与艺术生产来自"灵感"的分析框架脱离开来，大胆宣称"艺术家所生产的是分配体系能够和愿意承载的"(Becker，1982：129)；第二，是协调这些职业、个人、群体和组织的因素，在此，了解生产协作基础的传统是最基本的。上述第一点是强调艺术家需要更广泛的社会融合网络和系统，将其艺术作品真正变成现实存在；第二点是强调艺术家认知和规范与更广泛的社区群体融合，从而对艺术生产内容产生影响。在这样的一个框架之内，许多问题都可以得到解释。比如，一方面艺术界是如何相互配合、演进、变异的，而另一方面参与者是如何(至少是部分地)渗透、定位和理解他们所寻找的或实际参与的艺术界。艺术界成了一个概念性工具，泛指参与者、场地、材料、知识和过程等一个庞杂的集合体，既有区别又有重叠，既可随特定的艺术领域深入探究，亦可进行比较研究。

总结本节并引介后面的内容，本书研究探讨的大都是从获得并长时间维持在一个特定"创意"岗位或创意产业中的工作所面临的状况、战略、障碍、挑战等角度，观察创意产业中的职业生涯，而其中工作和非工作(有报酬和无报酬)的主观性及客观性两个方面是核心内容。人们可以说显性职业生涯(真实的职业生涯史)和隐性职业生涯(还没有拥有和将来希望拥有的职业历史)都很重要。与其他研究比较，比如对创意产业工作的研究，本书致力于研究的创意产业职业生涯有所不同。我们是以时间上的持久性为中心，关注尚未发生但未来有可能发生以及实际中经历过的职业生涯。

1.4 总结概括:主要问题,在哪里发现以及如何处理

本书各章是按产业排列的。但产业、职业、历史阶段和地理位置等主题和问题都贯穿于各章之中。可以发现各章内容有趋同性,即不同背景下具有相似性,也有差异性,即不同之处。下面我对本书各章做一介绍。我不逐章介绍但会根据各章对特定题目或问题的处理和贡献的见解作介绍。有些题目,比如网络,因其无处不在,所以在这里不把它们本身当成题目看待。

1.4.1 职业生涯管理

本书的每一章都以某种方式涉及职业生涯管理。职业生涯管理可以看成是有目的、有意识、有计划的活动,抑或是无意识、不易捉摸的过程。“管理”是通过参与、涉及和协调各种单个的机会进行的,而不是通过明确的计划和对长期发展轨迹的评估。从经典意义上讲,职业生涯管理是雇主和雇员之间的责任分摊。在存在大量自由职业工作、自营、个体生产、艺术品营销和短期基于项目的合同工作的情况下,这种经典的责任分摊却完全变成了创意工作者的独有责任。如门格尔(Menger,1999:569)所述,“通过短期合同的约束,雇主对构成职业生涯的大部分元素不承担责任。”在当代职业生涯研究中,这一情形归类于职业生涯自我管理(King,2004;Sturges,2008)。如这一词语所提示的,职业生涯自我管理需要个人对职业生涯决策活动承担主要的或全部的责任。

如此,便要了解自我和环境因素,并了解两者是如何结合起来的。对于自我的了解,包括了解自己的期望、志向、目标,还要根据自我评价和他人的评价了解自己的能力和潜力所在。因而,这后一项对自我的了解方式已经超越了自我评价,即包括了外部对自己身份的评估以

及与其他人相比自己所处的等级。从这个意义上讲，在职业生涯自我管理中，自我了解是极为重要的，包括了解身份和身份以外的东西。除了前述有关自我了解的两方面内容外，职业生涯的自我管理还需要了解就业态势、职业状况和被艾伯特（Abbot，2005）称为“劳动力机会结构”的相关情况。

本书有一些章节探讨了职业生涯自我管理方面的一些核心问题。布拉朗等（Pralong et al.，第 11 章）直接研究的就是职业生涯自我管理的问题，重点讨论了产生职业发展行为的思维方式、知识和实际能力。在一个特定艺术领域，获取必要知识去理解这个领域并有效发挥作用，意味着地域临近和关注知情人是很重要的事情：“艺术中介——美术画廊、评论、收藏家、博物馆、媒体、观众等——他们在帮助艺术家了解和定义界限等方面起着关键作用；因此艺术家接近艺术中介是很重要的。”即使这类中介本身没有起到所谓产品中介人的作用，但他们是具有不同职业高度的重要的观察家，他们是重要知识或观点的通道，而他们的知识或观点也许秘而不宣，也许私下或公开散布，或真实、或部分，甚或是扭曲的。同样，艾考芙等（Eikhof et al.，第 3 章）在评论信息来源并间接评论信息质量时发现，人们从个人那里咨询得来的信息和建议胜于“组织关爱”。

许多章节都提到，如果把职业生涯的自我管理看成仅仅和知识有关就错了。在实际中，职业生涯自我管理不仅依赖于知识，而且依赖于是否有能力表现出与环境相适应的，甚至是在挑战性环境中的恰当的行为。职业生涯管理需要广泛而亲密的情感，以及在个人层面上去应对有时是非常幼稚的情形或环境。例如，斯科芙（Skov，第 13 章）写了她的受访对象所述的情况，不得不应付个人攻击、嫉妒、诽谤，而这些都是丹麦时装产业经常发生在受访对象工作场所内的典型的人际关系。创意产业许多工作的个人特点——投资自我、展示自我、渴望如艾考芙等（Eikhof et al.，第 3 章）描述的像马提亚斯（Matthias）一样受欢迎、借助个人网络和个人推荐等——都强调了职业生涯管理作为一项活动所具有的亲密情感和个人特性。工作项目和分散的项目常常又引发反复合作的工作方式，使得职业生涯管理常常也就是关系管理。对此，斯科芙（Skov，第13章）、艾考芙等（Eikhof，第3章）、瓦格纳（Wagner，第9章）、马修和斯特杰尼（Mathieu and Stjerne，第6章）等都有明确表述。关于这一点，琼斯（Jones，第7章）提出一个有意思的问题，即弗兰克·劳埃德·赖特（Frank Lloyd Wright）是如何成功管理关系网使荣誉独集一身的。正如下面一节“对职业生涯个性化的再思考”所探讨的，在本书的一些章节中，也有证据显示，一些案例中依然存在某种共同的或集体的职业生涯管理。

即使拥有完善和准确的知识和表现出恰当的行为，职业生涯管理也可能最终并不能足以使人获得成功。斯托耶诺娃和格鲁格里兹（Stoyanova and Grugulis，第4章）提到：“我们想展示的是，在劳动力市场特征一定的情况下，职业生涯发展和建设也是由于一些自由职业者难以掌控的与其职业发展战略无关的因素所导致的。”

1.4.2 时间问题

在对创意产业职业生涯的分析中，时间问题不断以不同形式出现。其中一个最重要的时间问题是，什么时候从事创意工作的人才是创意工作者？这个问题暗含着两个附带问题：什么时候一个人成为创意工作者？什么时候他停止作为一个创意工作者？将第一个问题复杂化的是门格尔（Menger，1999：551—52），“许多创意艺术家和表演家在完成正规培训之前就生产出严肃作品并获得荣誉”。这种情况模糊了一般来说十分清晰的学生和工作者之间的区别。而关于第二个问题，当一个人不再想从事创意活动之时先停止作为一个创意工作者，还是实际参与的最后一项创意活动之后，才算停止作为一个创意工作者？这些问题是现实中产生出来的。在现实情况下，创意工作者鲜有连续的就业，而且常常是在一般不被归类为“创意”或“文化”的岗位和部门就业。这些问题将我们再次带回到比勒(Bille，第2章)的问题：谁来决定？研究人员、人口普查设计师？还是这里所指的创意者个人？在此，身份和认同(identity and identification)起着重要作用——个人身份和由外部评判者决定的认同，即主观和客观标准——但时间问题依然存在，不管是基于主观还是客观标准，在哪一个点上人们被包括或不被包括在这一群体内呢？

大多数创意产业生产的节奏和固定期限的特点也对职业生涯发展产生影响。斯托耶诺娃和格鲁格里兹(Stoyanova and Grugulis，第4章)的研究显示，在电视节目生产中(电影生产也基本一样)当职位空缺出来的时候，最佳选择不是从外部劳动力市场寻找人员，而通常是最佳现成的候选人员(即“升格”已经在片场的人)。即使雇佣生产团队之外的人员，他们发现紧张的日程安排使得能够“星期一开始工作”成为“获得这份工作的一个首要资格”。此外，目前英国电视生产的形式和节奏，用她们的话说，使电视生产成为“年轻人的游戏”，以年轻人的思维方式和生活方式为基础。

在与时间问题中个人和职业交织缠绕的主题范围内，林肯和艾伦(Lincoln and Allen，第5章)对评估电影职业和其神化过程等方面，提出了至少两个重要观点。其一，区分职业年龄和生理年龄十分重要，不可将两者混为一谈。由此，他们发现，在做单一年份比较时，男女演员获得第一次奥斯卡奖提名之前的职业生涯长度几乎一模一样，在第一次、第二次和第三次奥斯卡奖提名时也是如此。由此引申到第二个观点，即“表演奖提名并非仅仅依据天赋”。这一表述意味着：“需要时间去发展表演天赋，并确保进入最有机会获得好评的角色的‘圈子’。”

斯科芙(Skov)采用一项有三组受过正规教育的时装设计师的研究，证明了一个明显的但常常被忽略的方面，即经历很重要。她展示了，有同样的教育背景、围绕着同一个产业的人们，由于进入丹麦时装业的阶段不同，使他们的经历出现了巨大的差异，因为丹麦时装业在过去的 30 年中发生了很大的变化。

本书中许多研究的背景问题都与创意产业工作和认可的周期性和季节性有关[特别是瓦格纳（Wagner，第 9 章）、斯科芙（Skov，第 10 章）、布提诺（Boutinot，第 8 章）、林肯和艾伦（Lincoln and Allen，第 5 章）]。谈到工作和生产，季节的影响无处不在，从广告推广到创意产品和事件的发布，从年度周期影响到生产式样，从秋季时装到夏季图书和电影，以及开学促销广告、新年音乐会，等等，这些都会给专业化的创意工作者和机构带来饥饱不均的轮替。同样，任何具有年度性质的活动，比如节庆活动、评奖颁奖活动等，都有可能且常常是有重新设置的实际效果，如果不重新设置现场（field），也至少会定期地对现场范围内生产和消费的层次及形式进行重新设置。

1.4.3 地点问题

地点可以理解为地理地点和社会地点，这两种解释本书中都使用。在有些章节中，一个显著的地理地点问题是和发生在特定时间的特定地点或辖区的产业调整有关。尽管结构调整表面上看是“本地”的，但它往往是对更广泛甚至是全球性的政治和经济因素做出的反应，既是压力也是机会。这种结构调整是斯托耶诺娃和格鲁格里兹（Stoyanova and Grugulis，第 4 章）和斯科芙（Skov，第 13 章）两章的突出背景。斯托耶诺娃和格鲁格里兹认为，英国电视业劳动力市场已发生彻底转型，这个部门的生产从等级森严、垂直集成的大型陆地广播公司的内部制作，转变成外包给无数大小不一的独立制作公司进行生产。这种分工带来大量岗位削减和自由职业者急剧增加，以及人才流出像伦敦这样主要的人才集散地，对区域生产环境造成不良影响。

斯科芙（Skov）也将她的发现置于丹麦时装业结构调整的背景中。斯科芙的第一个团队进入的是一个处于危机和衰退中的产业，但服装的全部生产程序都是在丹麦完成的。随着非工业化的进程、外包和海外生产的持续，受过良好培训的设计师的就业前景发生了根本性的变化。斯科芙(Skov)认为，

> 矛盾的是，尽管丹麦时装业现在被认为是在非工业化过程中保持住了增长，但实际上对时装设计师而言，他们开始自己的职业生涯要比20年前困难得多，而那时的时装业被认为是正处于危机之中。目前丹麦时装部门完全依赖于外包，引起了大规模的产业结构调整，从而也重新定义了设计师的作用。他们在制造中的支撑作用被代之以快速开发时装系列为主。

艾考芙等(Eikhof et al.，第3章)强调了两个方面的重要性，地点对提高可见性的重要性和对德国戏剧演员物理流动需求的重要性。从第一个方面看，她们发现"文化都市和地方区域"之间的两极化增加了，地方区域在可见性、职业前景和收入预期上都进一步落后于文化都市。由于大部分演员的职业生涯都是基于单个项目或是最好状况1～2年的短期合同组成的，因此要谋得德国剧院的职业生涯，地理上的流动是必然的。由此导致了那些决心发展戏剧职业生涯的演员都过着游牧式的生活，也决定了他们特有的生活方式，即在个人、社交、物质和经济等方面，他们不愿意扎根于任何一个地方。

物理流动也是瓦格纳(Wagner，第9章)的中心内容，有抱负的小提琴学生常常会在国际间游学，以获得知名老师的指导，跟随他们的老师参加国际竞赛，甚至节假日也跟随他们以免耽误课程。瓦格纳认为，在流动性是普遍而核心的情况下，需求和对于原住地及其相关特性的观念和认识在职业生涯的机会和发展中起到决定性的作用。因此她认为小提琴演奏家的"跨国主义"显著特点，使他们"在多个国家构建自己的职业生涯"，这种构建以原住国和民族的痕迹为前提，并持续带有这一痕迹，社会地位也是如此。

关于地点的社会性概念。由于有组织的就业变得不那么重要，其他类型如网络和实习岗位的就业，明显增加。沿着瓦格纳(Wagner)的这一思路，小提琴学生和大师的社会地位是相互交织的，学生的地位最初是基于他们与之合作的著名大师，而大师的地位也部分地受到他们以前学生命运的影响。社会地位和民族背景同样是相互交织的，国际青年小提琴比赛选手们所说的“俄罗斯护照恐惧”和诸如“俄罗斯神童”一类时尚的兴衰，就是如此。拥有对的或错的民族或国家背景，能提升或埋没那些有天赋的小提琴家的职业生涯前景。

社会位置(social placement)是布拉朗等(Pralong et al.，第 11 章)那一章的主题，聚焦于所研究的那些“失败”的艺术家们非重要的地理和社会位置。对他们“局外人”位置的探讨不仅仅局限于社会层面，而且涉及可能发生和巩固这一位置的认知结构的层面。从他们的观点出发，其他一些研究则着眼于社会位置研究的另一端。琼斯(Jones，第 7 章)研究了 20 世纪最成功的建筑师之一弗兰克·劳埃德·赖特(Frank Lloyd Wright)的网络建设。布提诺(Boutinot，第 8 章)探讨了法国建筑师取得社会认可并成为精英设计师中的一员，以及在不同观众中建立信誉的过程。林肯和艾伦(Lincoln and Allen，第 5 章)也研究了法国和美国精英电影演员职业生涯的发展道路，并把重点放在精英的社会位置通常所倚仗的“神化过程”是如何运行的。马修和斯特杰尼(Mathieu and Stjerne，第 6 章)用丹麦的精英电影人作为样板，研究了他们如何开拓并取得成功和获得精英地位的。作者发现，这些精英电影人并不只是选择那些具有高度影响力和外部奖赏的项目，还会利用他们的社会地位和树立的名声参与一些较小的没有什么影响力但自己感兴趣的项目，有时甚至是以志愿方式参与，其战略性意图就是对冲独占性标签所带来的负面影响。由于社会地位的影响以及社会地位也被许多因素所影响，我在此将进一步的评论留到下面讨论。

1.4.4　纵向流动(Vertical Mobility)

纵向或是层级流动(hierarchical mobility)可以认为是与一些前面讨论过的地点问题相联系的,但由于它具有足够的兴趣点,所以不该被宽泛的标题所埋没。尽管严格意义上的有组织的职业生涯衰落了,组织层级也是如此,但创意产业依然充斥着或明或暗的层级结构色彩。层级流动可以看成是目标职位(objective position),比如从作为员工的建筑师变为合伙人,从摄像师到摄影导演,从配角到主角,乐团中的首席和"第二把交椅",或者是表示身份的——从"B"级到"A"级,等等。因此,层级流动可以视为是在不同领域都可能发生的事情,并且在有些情况下和对有些人来说,由于不太僵硬的、可见而直接的层级结构的存在,级别的重要性反而可能下降。这也就是说,有些层级结构(即正式的头衔)越来越不清晰,它们的结构影响不是更紧密而是更松散了,而其他更"客观"持续的层级结构,其重要性则不断提高。

将等级流动和时间维度结合起来,创意产业中流动的机会可以是以完全不同的方式被阶段化了。通常对创意产业中的项目导向工作的看法导致人们有种印象,认为类似的职位空缺会经常出现。然而,福克纳(Falkner,1973)注意到,对于交响乐团音乐家来说,也会存在一生只有一次的职位空缺机会。职业生涯进步速度的"时间表"指明在哪个年龄应该取得什么职位,这样才可以在精英职业生涯道路上持续下去,否则职业生涯只能降级以求。同样,林肯和艾伦(Lincoln and Allen,第 5 章)研究了第一次和后面几次获得凯撒奖和奥斯卡奖提名的进步速度。正如前面提到的时间维度和后面要提到的获得认可的过程,奖项的年度特性通过定期开放按照评奖结果现场排名,对纵向流动产生很大影响。大部分创意产业中,达到顶级甚或次一级位置的持久性都是无法得到保障的,它们仅仅是一个岗位上的临时职务而已。斯托耶诺娃和格鲁格里兹(Stoyanova and Grugulis,第 4 章)从与竞赛类职业生涯结构相关的失败和降级流动的角度也强调了这一点。

斯科芙(Skov,第 13 章)发现,她的大部分调查样本中发生的横向流动是公司内部纵向流动受阻的结果。由于创意产业的行业结构是以小公司为主,通常由创意业主经营,具有强烈的追求新奇和创新的取向,而且“人际关系不好”或有组织管理缺陷,因而使流动受限并最终影响到其他类型的流动,从而也成为人们跳槽的动力。此外,跳槽也是在不稳定行业得到就业保障和获得专业挑战的一种方式。

大部分有关项目为基础和创意产业纵向流动的研究文献都注重“项目间”向上的移动过程[埃伯斯和威金伯格(Ebbers and Wijinberg, 2009);奥玛奥尼和贝基(O'Mahoney and Bechky,2006)]。斯托耶诺娃和格鲁格里兹(Stoyanova and Grugulis,第 4 章)发现,纵向流动常常发生在项目内和项目间,特别是低级别职位。大部分这类流动都与所谓的“在合适的时间和合适的地点”有关,也就是说,在现场或部分生产团队由于疾病或其他原因带来的自发性职位空缺。如前面提到,生产速度带来由可靠或熟悉职员快速补充岗位的需求,从而经常引发“内部晋级”。她们发现的另一种能够带来具有职业生涯建设意义的伪纵向流动是“职称膨胀”(title inflation),即工作人员被授予高于其实际所做工作的头衔,有时这也成为对经济收入不足的一种补偿手段。但是,随着这种情况越来越普遍,职称标准化机制突破了行业界限,导致行业内产生“职称怀疑”,进而加剧了行业的不稳定性。

与前面讨论的相对动态的纵向流动过程相反,多德和凯利(Dowd 和 Kelly,第 10 章)提醒我们,有些强大的层级分化过程要经历很长时间,但并非完全静态的。最后,与前面探讨的不确定性类似,有时我们并不清楚下一个层级是什么。有时就如林肯和艾伦(Lincoln and Allen,第 5 章)所讨论的,这只是一个获得多个奖项的问题——提名或得奖,是多德和凯利(Dowd 和 Kelly)所说的神化现象,或者是像琼斯在第 7 章中所描述的,许多评论人将弗兰克·劳埃德·赖特(Frank

Lloyd Wright)冠以“最伟大的活着的建筑师”,等等。

1.4.5　认可过程(Recognition Processes)

认可及其更延伸和经久的形式——声誉,不管从主观意愿还是客观目标的角度看,都是创业产业工作的核心。这也是本书许多章节都以某种方式探讨认可过程的原因。这里有两个最主要的方面:一是关注认可过程是怎样发生作用的?二是关注认可过程的影响是什么?这两个方面通常是同时讨论的。认可过程可以看成是一个包含内部认可到全面的认可活动在内的连续体——从工作中的当即评价(Bechky,2006)到诸如在全球范围竞争、囊括各种文学风格、授予终身从事语言资料生产工作的诺贝尔文学奖。

布提诺(Boutinot,第 8 章)和林肯、艾伦(Lincoln 和 Allen,第 5 章)考察了正式的认可过程的结构特征。布提诺认为,精英认可或用林肯和艾伦(Lincoln 和 Allen)的话说是神化,需要获得法国最高建筑奖全国建筑大奖(Grand Prix National d'Architecture,GPNA),它是在特定人群或群体中成功,并不断以类似方式建立声誉,从而又反过来在更广泛人群中确立声誉的结果。布提诺(Boutinot)还认为,这些群体在评价建筑品质时所采用的是不同但并不矛盾的评价标准。林肯和艾伦对比了法国和美国电影产业中两个国家级的认可或神化过程,并发现了它们之间在操作和影响上的异同之处。其中一个相似之处是,获得第一次提名所经历的职业积累时间大致相同。这就是说,人们需要时间去发展自己的艺术能力,取得饰演重要角色以展现自己能力的机会,并赢得提名人的关注。

琼斯(Jones,第 7 章)也将研究重点明确放在认可过程上。她针对的是过去认为合并合作性网络或假定合作性网络或多少都与推销网络相类似的观点。这个观点认为,那些自己与之一起工作的人,就是建立和推销自己声誉的人,是提升自己工作和就业机会的人。琼斯

(Jones)的研究显示,情况并不见得如此——分割的和专业化的网络可以因某一目标而存在,并可以具有明显区别。

马修和斯特杰尼(Mathieu and Stjerne,第 6 章)更为详尽地讨论了艺术合作伙伴之间相互认可的重要意义,它培育和维系着信任、有建设性的批评和相互尊重。这一点在两个方面都很重要:一是对他们相互的目标职业生涯进展十分重要,因为这深刻影响到他们的创意过程;二是对他们的主观满意度、工作经验和合作,及以后更进一步的合作有重要影响。

在个人认可之外,黄建成(Can-Seng-Ooi,第 12 章)还分析了创意生产和创意生产者阶层或称阶级的中心认可。他认为,中心认可根植于教育体系和国家及其政府机关的活动和公告之中,对新加坡视觉艺术家取得在国内市场推广产品和享有社会尊严的机会,具有极为重要的影响。

1.4.6 竞争(Competition)

在没有像论资排辈这样"有序"的或有组织的特点的职业生涯进阶过程的情况下,几乎所有创意工作者的流动都是以竞争为前提的,通常是非常激烈的竞争。对此,最极端的表述是斯托耶诺娃和格鲁格里兹(Stoyanova and Grugulis,第 4 章)所用的概念,即竞赛性职业。竞赛意味着获取工作是一个持续的竞争过程,有输有赢,但赢家并不是一种永久状态,而通常仅仅是让人可以做一次临时有限的项目,而后继续处于同样的或可能更激烈的竞争之中。创意产业内竞争的一个特别阴暗的方面,就是竞争规则或决策过程并不透明,而且最终决定也常常不能自圆其说或解释清楚。正如前面讨论过的,这种情况即使在实际中并没有发生,但它蕴含着不确定性(uncertainty),并可能出现任意性和偶然性的结果。

斯托耶诺娃和格鲁格里兹更进一步指出,同一领域或产业的不同派别可能有不同的竞争性或竞赛规则。但有一点是共同的,即创意产业的竞争规则和竞争程度并不是“自然的”,而是制度化设立的和动态变化的。斯科芙(Skov,第 13 章)的研究显示了,在她同期研究的 30 年中,经济全球化的影响导致了丹麦时尚和服装产业的调整,丹麦设计师之间的竞争程度和他们能够竞争的职务种类也随之发生了剧烈变化。斯托耶诺娃和格鲁格里兹研究了因政治指令而割裂的英国电视业是怎样制造出终年不断的外部竞争局面的,而以前的竞争只是集中在像 BBC 那样大型的生产—传播公司的入口端(Osterman and Burton,2005)。过去,成功进入这类机构的人们可以追求韦兰斯基安(Wilenskian,1961)所说的那种“有序的职业生涯”,获得技能和组织及产业知识,职业生涯进阶有一揽子计划。她们认为,政治指令制造了如今每个角落都充满竞争的局面,强化了企业之间对于委托机构的项目合同和创意工作者对短期有限的工作项目的竞争,所挤榨的不仅仅是职业生涯进程的可预见性,而且是技能和知识积累所需要的稳定性。正因为工作的不连续特性和获取工作的竞赛过程,意味着人们有较少的时间实际花在工作上以获得岗位培训和技能发展。在这样一种情形下,获得工作的技能得到了磨练和需要,但损害了职业技能的发展。

如门格尔(Menger,1999)所认为的,以及本书中黄建成(Can-Seng-Ooi,第 12 章)、布拉朗(Pralong et al.,第 11 章)、多德和凯利(Dowd and Kelly,第 10 章)、斯科芙(Skov,第 13 章)和艾考芙(Eikhof et al.,第 3 章)都探讨了,影响竞争程度的既是艺术家的“过度供给”,也是需求市场不足,还有对这两个方面产生影响的多重因素。这些因素涵盖了从市场经济到公共政策许多方面,包括教育政策,也包括艺术、文化、产业和就业政策,以及从各个方面影响创意产业商业和非商业部分的税收政策,等等。极度竞争有可能是劳动力的过度供给和市场需求不足之间相互作用的结果,特别是在创意产业的某些特定层级上，产生了剥削性实践的条件。不论是“自我剥削”还是组织剥削，这一点都已经引起越来越多的关注。本书中，斯科芙(Skov)揭示了就业者在不卫生的恶劣工作环境下工作，而企业主则提醒他们，门外有无数的求职者等待他们现在的工作。这使就业者接受冗长的工作时间和没有加班费的工作条件，“由于紧张和压力而哭倒在电脑旁”。

如前所述，斯托耶诺娃和格鲁格里兹和布拉朗等(Pralong et al.，第11章)探讨竞争的关键点是关于失败。成功最能得到我们的关注，因为那是我们孜孜以求的，而且成功的人们是具有吸引力并可迅速获得认可的榜样。我们观察他们，探寻他们成功的道路和行动，了解可以效仿的地方，然而成功与失败密不可分。如果它们只是由机遇和运气区分或决定的，那么我们也许应该花更多的时间去探究成与败两方面，真正了解实际上使两者在竞争过程中出现差异的因素，而不仅仅是看到结果。在创意产业研究中，我们的想象常驱使我们将注意力放在“成功者”的天分、勤奋和坚持上，也常听到人们说到“幸运”一类的字眼，这说明成败之间的差距和使结果倾向一边而不是另一边的因素，很小且无常。总之，要真正了解激烈竞争的过程，我们应该同时注重成功者和失败者，不能非此即彼，可我们却常因各种理由而做不到这一点。

即使在如创意产业这样的高度竞争的环境下，也有对一般竞争规则的期望要求。马修和斯特杰尼(Mathieu and Stjerne，第6章)指出，已经建立的关系不仅使电影项目中雇佣主要角色时的公开竞争失去意义，而且说明有必要对这种情况进行反思，即至少在一些情况下，反思对以项目为基础的生产使用外部竞聘的期望值，即使涉及自由职业者。因此，竞争不应该是与某种生产形式相关的前提，而应该是它对相关基础需要带来的品质保证。在布拉朗等(Pralong，第11章)及其他研究中，我们看到了一些非竞争性获取资源进行艺术生产的案例，这样生产的产品可能渗透到各类创意产业市场中。这类产品从无成本或低成本、自筹资金或学生电影，到“爱好”或打算商业化等等，不一而足。它们的生产资金都来自于创意产业商业圈之外，比如失业救济金、社保、其他工作，或配偶的收入。研究还发现，大部分以这种方式生产的生产者都寻求在劳动力或艺术品市场进行生产和出售，并从他们的艺术或创意活动中获得收入或以此谋生。

布提诺(Boutinot，第 8 章)提出了一个重要观点，根据她的研究，建筑师之间的竞争依赖于在同僚中声誉，因为同僚是将建筑师推荐给竞争和选择委员会的人。因此，竞争是基于某种形式的、经过中介的同行选择。学院奖也类似，虽然学院奖委员会成员分属不同职业类型，并非严格意义上的同行竞争者。

最后，如多德和凯利(Dowd and Kelly，第 10 章)指出的，竞争不单单是存在于活着的和活跃的同行之间，而且还有与已逝去者的竞争。在古典音乐领域，过世者仍在不断地打击着在世者。多德和凯利认为，如伯克霍尔德(Burkholder，2006，第 410 页)所述：“在这样的竞争中，卫冕冠军具有压倒多数的优势，原因就在于管弦乐队的曲目太多而且古典音乐具有崇高的威望。”

1.4.7　不确定性：不安全感与自由

创意产业工作的一个关键的并得到广泛认同的特点，就是不确定性。这主要是因为大量创意产业的工作都是非持续性工作。不确定性有几个来源：竞争(前面提到过)、经济波动、许多生产过程具有集体合作的特性、很多评判和决策过程不透明，以及有时会出现的政治性政策，等等。多变的竞争对手制造或助长的不确定性，有可能完全是来源于消费者、雇主、评委的批评和奖项、政治家和竞争者等各方面。因此，不确定性是一种多来源且持续不断的状况和考量(condition and consideration)。如门格尔(Menger，1999，第 560 页)指出的，“不确定性，不仅在职业生涯的初期阶段有着重要的作用，而且在整个职业生命过程中都是如此”。对于状况和考量两个方面,在此又是主观和客观的问题了。作为一种状况,对不确定性的来源和某些结果是可以进行分析的;但状况并不能以一种直接的方式给我们思想和感觉,这就留下了进行解释的空间,而如何解释也许要取决于心理素质和社会地位。这就打开了对不确定性有主观感受的可能性,以及甚至用截然对立的方式进行考量的可能性。

下面各章节中我们可以看到一些例证,自由工作的不确定性是一些人所选择的终极职业生涯梦想,而比较稳定和雇佣性质的工作则被视为是失败的标志,或是不得已的次优选择。瓦格纳(Wagner,第 9 章)关于小提琴演奏家的论述清晰表明,他们向往作为跨国界客座音乐会小提琴演奏家的职业生涯,认为在交响乐团得到一个永久性工作——做领奏演员是一种失败:“在这个行业中,精英道路意味着频繁的流动,而固定工作在音乐制作领域被认为是失败”。艾考芙等(Eikhof et al, 第 3 章)的研究也提到,剧院演员把成为自由客座主演视为首选的职业轨迹,虽然为作者提供信息的人更赞同有一个成为优秀剧院成员的职业生涯。对个人来讲,同样的职位在完全自由和更稳定就业都存在的背景下,高端的不稳定性是首选的,因为它与选择相关。这些选择包括:角色和剧目、内容、合作对象、时间,以及物质、社会和内部回报等。更稳定就业的情况可能是因为没能达到精英地位或是主动做出的选择以适应个人生活或职业生命其他方面的需要(Faulkner,1973)。

在其他一些情形下,对一些类型的职业而言,不存在自由职业和稳定就业之间的选择。马修和斯特杰尼(Mathieu and Stjerne,第 6 章)的研究发现,电影剪辑师和电影摄影师的唯一选择就是自由职业。这是同一个人以不同方式对基本状况的主观反应,它来自于对持续关心下一个项目何时开始及与谁合作这种自由选择的喜爱。有时,如斯科芙在第 13 章中所举的马丁(Martin)的案例,一个设计师对未来工作的不安全感，导致其对财务的不确定性产生担忧，即个人的软弱，并最终让他选择一个时装业之外的较为稳定的职业道路。这类“选择”在黄建成(Can-Seng-Ooi)的第 12 章所提及的多个艺术家的案例中也可以看到。布拉朗等(Pralong et al，第 11 章)在文章中重申了不确定性的主观维度，不确定性作为有可能产生严重后果的多维认知框架，不仅包含着对收入和职业生涯的担忧，而且也包含着对艺术生产和创意机会、能力的担忧。

即使在有相对长期就业经历的人当中，这种经常在主观上存在的不确定性也会清晰地浮现。艾考芙等(Eikhof et al，第 3 章)提及马提亚斯(Matthias)的话，再次体现了这样的恐惧：“你总是害怕你的戏份太少或饰演太小的角色，总是害怕剧院管理层和观众不喜欢你。”尽管他当前拥有一份比较高的就业稳定性(一年或两年期的合同)的工作，但他知道他将很快面临开放的市场和内部竞争。福克纳(Faukner，1973)的研究发现，交响乐演奏员中也存在内部竞争。尽管不确定性不会消失，但在一定时期内，因为取得了身份地位可以使不确定性有所下降。同时，不确定性具有在两个基本维度间摆动不定的特点。这两个基本维度，一是时间维度，即“什么时间”期望的事情会发生；另一个便是更基本的不确定性，即某件事是否会实现或消失，是否会以期望的形式——“如果”它发生或不发生。如门格尔(Menger，1999)所述，创意产业职业生涯中的不确定性始终存在，而且常常表现为个人职业生涯终点的不确定性。比勒(Bille，第 2 章)发现，创意产业中的许多职业生涯是短暂的，大部分不确定性不仅围绕职业生涯是什么时间结束，而且与怎样结束有关——自愿的、非自愿的，抑或如我们常听说的那样准自愿的，即由于不再能或不愿意承受自己的工作状况，决定从一个职位或行业撤出，其中的主要原因就是不确定性。

另一个不确定性和不安全感的重要方面发生在雇主、剧院导演、电影制片和那些可以选择自己合作者的个人身上，即引导保守主义发生(即选择只基于以前的经验,使用已知的人而不是尝试用新人)。这种情况在下面研究中可见:瓦格纳(Wagner,第 9 章)提到的关于小提琴大师的同质化选择,就是根据设想的种族背景和职业道德来挑选合作者;艾考芙等(Eikhof et al,第 3 章)所讨论的关于德国剧院的决策过程;马修和斯特杰尼(Mathieu and Stjerne,第 6 章)关于电影合作的系统;斯托耶诺娃和格鲁格里兹(Stoyanova and Grugulis)第 4 章贯穿始终的内容;最明显的是多德和凯利(Dowd and Kelly,第 10 章)关于对古典音乐保留曲目准则的讨论。

1.4.8 性别(Gender)

我们应该记住,创意工作者不是抽象概念而是具体的人,那么具体化的一个关键就是性别(Wainwright and Turner,2006)。这也具有主观和客观意义。职业生涯的经历和结果经常受到性别的影响。从客观性上看,艾考芙等(Eikhof et al)展示了性别是如何从各个方面影响到男性,特别是女性的,包括从被最梦寐以求的德国戏剧学校的录取,到一长串的决策是如何通过对下游生产链进行的需求预测而做出的,从而导致不断收窄的性别定式。她们的研究还显示了性别化的机会如何存在于保留剧目材料即"形成戏剧生产基础的文学材料"中,包含有男性和女性角色的数量和类型、年长的和年轻的,一直到长相因素,等等。总的来说,从戏剧学校到常演的剧中角色等一系列综合因素,导致了女性对角色的竞争更为激烈。林肯和艾伦(Lincoln and Allen,第 5 章)也特地对他们的研究样本——法国和美国的精英电影演员,做了性别方面的探讨,发现的结果是类似的,即使在最优秀的演员(即拥有最高荣誉和地位的演员)中,男性获得的电影角色要多得多。在不同行业,这种性别差异的程度是不同的,美国的差异要明显高于法国。

本书的许多章节还跟踪评价了妇女私人生活的选择以及行业工

作状况对她们私生活的影响方式。艾考芙等(Eikhof et al,第 3 章)发现,常有对有孩子的女性(而不是男性)抱有怀疑态度,但这种怀疑并不是艺术评判的结果,而是对她们的工作和专业的敬业程度的一种推断。斯科芙(Skov,第 13 章)报告说,女性设计师有压力,要穿着公司的产品而不能表达她们自己的着装品味。斯托耶诺娃和格鲁格里兹(Stoyanova and Grugulis,第 4 章)发现,英国电视产业中的妇女,通常比她们的男同事要更早在 30 多岁的时候就退出这个行业了。她们普遍面临的选择是要孩子还是继续自己的电视职业生涯。因为自由工作具有不规律、时间长的特点,很难将其与大多数照料孩子的方式相配合,而照料孩子在文化传统观念上仍然是她们要承担的主要责任。作者发现,前面提到的不安全感的问题,在英国电视产业中,男性和女性会由于就业和收入的不确定性而离开。

创意产业职业和地位等级的性别差别,在本书一些章节的案例中都有体现。例如,马修和斯特杰尼(Mathieu and Stjerne)的第 6 章中,我们可以看到男性和女性电影剪辑师的样本,但电影摄影师中却没有女性,这是全球性的一般状况。多德和凯利(Dowd and Kelly,第 10 章)的样本显示,男性主导的古典音乐作曲家圈已经不是铁板一块了,至少在活着的作曲家中是这样的。比勒(Bille,第 2 章)的数据也清晰显示出丹麦的性别区分和性别混合的职业和行业。

1.4.9　偶然性、随机性、任意性、机缘巧合

像不确定性一样,偶然性、随机性、任意性、机缘巧合等都是状况和考量或归因。作为一个条件,从消费者和关键决策者的选择的主导权和合法性的角度看,任意性就是创意产业领域的一部分。这一点艾考芙等(Eikhof et al,第 3 章)通过例证进行了讨论——德国剧院指定的权威人在做选择时,他们会使用无可置疑的“艺术原因”作为最终的不可撼动的理由做出决定。正如斯托耶诺娃和格鲁格里兹(Stoyanova and Grugulis,第 4 章)指出的,偶然性、随机性和任意性,都是不确定性问题,既可以成为优势,也可以是劣势,带来乐观考量和悲观考量。而作为考量,相信机会、随机性、任意性和机缘巧合似乎在一定程度上成为一种设置状态,没有人能相对确定地知道,什么是实际的评估标准以及自己相对于他人的技能水平如何。同样,由于标准和分配原则的透明度不足以证实结果的合理性,所以会感觉到任意性在增加。在这样的状态下,演员有可能仅根据可能的输赢而高估或低估自己的演技、能力以及吸引力。

本书诸多章节的另一个重要发现是,偶然性、随机性、任意性、机缘巧合并非完全随机,而是分层级的。对比布提诺(Boutino,第 8 章)和斯托耶诺娃和格鲁格里兹(第 4 章)的研究可以发现,职业生涯中随机性更强的阶段是低级阶段或初级阶段和地位显赫阶段。这看起来似乎无关紧要,但如果像斯托耶诺娃和格鲁格里兹指出的那样,这种情况就是下一步比赛中的竞争因素,那么有天赋的个人会从一开始就在不恰当的基础上被排挤掉。相反,布提诺(Boutino)认为,从她的研究样本看,精英建筑师的职业轨迹具有很强的相似性,因而感觉高端的人进入"神化"过程有更少的偶然性和随意性。这种情况是一个基本条件或是先决因素并不是很清楚。也许较高层级的决策更深思熟虑、谨慎、明智,使偶然性、随意性和随机性边际化,因为这个层级比低层级来得更重要;又或许是选择标准和决策在案例之间比较清晰、一致,抑或用合法的和合法化的措辞来表达更详细的理由,从而减轻了人们对此类决定有任意性和偶然性的印象。

当我们更深入了解那些"正好是在正确时间在正确地方"的人们的背景状况时会发现,似乎偶然性和随机性中的任意性成分比较少一些。例如,在斯托耶诺娃和格鲁格里兹(第 4 章)、马修和斯特杰尼(Mathieu and Stjerne,第 6 章)和斯科芙(Skov,第 13 章)的章节中都提到了,一个人要将自己放到可以被选择的位置上,有可能要付出巨大的劳动。换句话说，机缘巧合很少真的是随机性的，它倾向于降临到那些准备好的人们身上。然而，人们最多可以将自己摆在自己可能做到的最好的位置上，并尽量预测选择者之需，但却不能知道机会是否会出现。斯托耶诺娃和格鲁格里兹总结道："对电视业内许多人来讲，成功几乎就是凭借良好的判断力和运气。随机巧合的事件加上自由职业者有意识的努力和策略之间的相互作用，形成了职业生涯。"很多创意工作者不断面临不可置疑的以"艺术理由"或"消费者喜好"的名义摆布命运的决定。

1.4.10　创意产业工作需要的教育背景

本书频繁出现的另一个主题就是正规教育和创意产业职业生涯之间的关系。最突出的是，在学生创意或艺术的正规教育体系中，常常缺乏职业或专业社会化的部分。比勒(Bille，第 2 章)通过统计数据显示了这种脱节的结果，他对比了受过"创意教育"的失业者和有相同受教育时间的其他失业者，以及在创意产业工作和工作性质有创意内容的人员中，受过创意教育的人和基本没有创意教育的人。黄建成(Ooi，第 12 章)、布拉朗等(Pralong et al.，第 11 章)和斯科芙(Skov，第 13 章)等都关注到有正规艺术教育或设计教育的人，其中一个反复提到的问题是，对要进入的行业和艺术领域所需要面对的挑战，这些正规教育没有给学生以相应的准备。斯科芙(Skov)广泛研究了三代群体以不同方式所经历的这种对转变和"冲击"没有做好准备的情况，揭示了正规创意和艺术教育计划的缺陷。而与此形成鲜明对照的是瓦格纳(Wagner，第 9 章)发现，小提琴大师的教育培训中包含有深度、复合背景的专业社会化的内容。除了培训和社会化方面的问题，瓦格纳(Wagner，第 9 章)、马修和斯特杰尼(Matheiu and Stjerne，第 6 章)和艾考芙等(Eikhof et al.，第 3 章)都提到精英教育的重要性，精英教育机构积极或消极地督促学生举办专业相关活动，让学生的产品处于聚光灯下或积极寻求机会让学生参加具有很高关注度的项目、竞争和比赛等,从而引起业内的注意,并因此使自己的学生比其他机构的学生更易于进入本行业。同样,瓦格纳认为,精英小提琴学生上校外老师的"大师课程",既是因为课程内容方面的原因,也是因为许多这样的校外老师是选择委员会的成员和主要国际竞赛的评委。

正规的教育体系,通过开发或抑制市场以及对特定创意产品和职位的青睐,也会对艺术家和创意工作者的职业生涯机会产生广泛影响。黄建成(Ooi,第 12 章)在研究中显示,新加坡通识教育体系如何将职业分为不同层级,因而阻止了许多有天分的艺术人才追求艺术职业生涯。新加坡艺术家的社会地位较低,并且普遍缺乏欣赏氛围和市场,特别是对新加坡生产的当代艺术作品。黄建成的结论是:"新加坡教育体系中的分流过程使艺术家的地位长期保持在低等级上,与此相应的就是普遍地对艺术的轻视。"而且,这种情形不仅影响艺术家的创作,也影响到他们的工作和生活状况——即影响到艺术家向本地欣赏其作品的观众出售作品和获得广泛社会尊重的市场机会。关于同样的主题,多德和凯利(Dowd and Kelly,第 10 章)还注意到,"大量高学历人群几乎是形成消费基础群体的先决条件,特别是在复杂的创意、艺术或文化生产等领域"。因此,普遍的教育水平而并非只是艺术教育,对创意工作者的职业生涯十分关键。

1.4.11 中介(Mediators)

中介活动可以通过人、物、印刷和电子图像和文字来完成。中介能够发挥几种不同的作用:拓展市场、在雇主和雇员或买卖双方之间进行调解或联结、为新人进入精英环境提供介绍和咨询服务等。他们可以是具有专业性的中介机构,也可以是由粉丝担当的志愿推广角色,还可以是艺术品收藏家,他们为了理想和认同或是为了提升所持有的作品的价值等原因而从事一些推广性活动。中介可能需要有专业性的环境和社会知识及技能，或者只需要凭借对于所推广的个人或群体的了解和见解。

从瓦格纳(Wagner)第9章可见，小提琴大师在几个方面都具有中介效应，从培训到精英行为社会化，到介绍并指导学生进入精英的竞争性环境，等等。瓦格纳明确指出，学生的成就和老师的声誉是交融在一起的，对学生所学专业的环境起着重大的被动中介作用。类似地，当过去的学生成为小提琴大师获得成功和认可的时候，他或她与特定老师之间的关联，成为老师和潜在学生之间的重要媒介。瓦格纳形象化地比喻说："这些徒弟是他们老师的'名片'。"

布拉朗等(Pralong et al.)在第11章中讨论了关于缺乏中介帮助或没有能力接近中介机构的不成功的艺术家的问题。在他们的样本中，有的艺术家表达了他们有意愿接触中介机构以获取他们认为自己不具有的知识或社会关系。但是，此处有个有意思的问题，那就是什么原因妨碍了他们与潜在的十分有用的中介机构的接触。

多德和凯利(Dowd and Kelly，第10章)和艾考芙等(Eikhof et al.，第3章)用不同方法考查了中介圈中的"规则"是怎样运用的。多德和凯利认为："'规则'就是重要的中介机构对什么是伟大的艺术作品持续进行的解释。而这些解释，如果没有争议的话，它们都是逐渐发展形成的。重要的中介机构通常强调前一个时代的一些创作者，显示这些个人是如何经受住了时间的检验并在根本上塑造了他们自己的艺术发展历史的。"艾考芙等还强调了权威性观点对节目选择的重要作用。她们认为，那些定期选择上演的话剧对德国剧院演员市场具有深远的结构性影响。

多德和凯利(Dowd and Kelly)还发现，为了激发人们对其作品的兴趣和需求，作曲家和当代古典音乐的杰出人物会共同努力打造推广机构，并以有组织的形式举办活动、节庆、出版期刊等，从而提高其可视性、正统性和市场。有意思的是，林肯和艾伦(Lincoln and Allen，第

5 章)指出,学院奖最初就是在这样的努力下出笼的。现在,学院奖不仅在业内,而且在普通大众中,神化了它的一部分成员。琼斯(Jones,第 7 章)也直接研究了中介在弗兰克・劳埃德・赖特(Frank Lloyd Wright)的职业生涯中的作用,即从人的角度看赖特的推广网络;并且,琼斯强调,从物质的角度看,在赖特所写的以及有关赖特的以推广为目的的文字中出现的建筑物和图片(图片和绘画)具有重要意义。

1.4.12 对职业生涯"个性化"的再思考

本书的重要目的之一就是发现和分析不同的倾向,即使它们发生在同一现象中。至此,我们主要分析了创意产业职业生涯规划中的个性化,关注了个人对工作职位的竞争和纵向流动,以及职业生涯自我管理的中心性。本书所汇集的各项研究使我们发出疑问,从各方面来讲,这是否就是一个明确的趋向。也许将职业生涯规划的责任划分成精神和现实两个部分会更有意义。在精神层面,人们似乎接受不断提高的或纯粹成为个人责任的职业生涯规划;然而现实层面上,管理职业生涯发展的责任,特别是管理职业生涯发展的能力,却是更加复杂的事情。

艾考芙等(Eikhof et al.,第 3 章)从最基本的层面将德国剧院看成一个"就业系统"进行考察,这个系统对单个中介机构有极高的要求和限制。作者认为:"当职业生涯成为每个演员自己的责任时,就业体系的结构几乎没有让他们有以纯粹个人的方式塑造自己的余地"。理论上讲即使在已经很不错的德国剧院系统内,由于无数制度性因素的影响,真正个性化或"定制"的职业生涯(Valcour et al.,2007)是很难产生的。我们看到,塑造个性化职业生涯的道德责任和现实能力之间明显脱节。这种表现出来的"应该"和"能够"之间的脱节,并非仅仅是与德国剧院有关联的人们要面临的问题,而是整个创意产业都存在的问题。斯托耶诺娃和格鲁格里兹(Stoyanova and Grugulis)在第 4 章中表述了同样的问题，斯科芙(Skov，第 13 章)则从心理学的角度对这种矛盾进行了论述。其他一些基础层面对创意产业的研究显示，在组织机构摆脱责任、能力和权威的时候，这些内容被其他一些群体或机制承担起来，例如“潜在的组织”(Ebbers and Wijinberg，2009；Starkey et al.，2000)或“半永久性工作组”(Blair et al.，2003)。

本书有两章还强烈暗示，职业生涯规划在现实中的责任是在人际之间分担的。这一观点与阿尔瓦雷斯和斯托耶诺娃(Alvarez and Svejenova，2005)研究例证一致，是对个人与组织、个人与网络等社会环境的初步认知和探索。瓦格纳(Wagner，第 9 章)和马修和斯特杰尼(Mathieu and Stjerne，第 6 章)对职业生涯联结(career coupling)的概念进行了探讨。他们发现，共同兴趣也是强烈的共同认知，将演员们在长期共同职业生涯发展的过程中联结在一起。有意思的是，这两章都发现了不同环境下的职业生涯联结过程。瓦格纳(Wagner)发现这种联结是发生在硕士学生的关系中，而马修和斯特杰尼(Mathieu and Stjerne)发现的联结则存在于精英学院学生的关系中。两篇文章都显示出，从主观和客观的工作和职业生涯角度看，职业生涯联结和合作性的职业生涯发展具有重要意义。尽管职业生涯只能是个人的经历，但也应该承认，一个人的主客观经历常常取决于他的合作者的所做、所想、所感。

琼斯(Jones，第 7 章)的研究则不完全同意上述观点，认为一个人可以在仍然依赖征募他人加入自己的推广网络和活动的情况下，通过拒绝合作性依附取得大师地位。

也许，在一定程度上，我们不可否认工作和职业生涯是很个性化的事情。如巴利(Barley，1989)写道，职业生涯只能是个人经历的但却不完全是个人能决定的。职业生涯的经历可以和许多事情有关。比如：我们常见的获得个人成就的奖项带来的兴奋和满足，如凯撒奖、奥斯卡奖或 GPNA 奖等，而这些成就在很大程度上是受结构性环境影响的集体产物(Rossman,et al.,2010);又如,个人不得不承受远超乎个人能力能够调整或改变的工作状况所带来的冲击,并付出相应的代价。我们从艾考芙等(Eikhof et al.)的第3章中发现了对这一点的共鸣,一个人将自己投入到剧院职业生涯和社会活动而不是跟家人和朋友一起,然而在其长长的职业生涯的尽头,得到的却是孤独和被行业抛弃。斯科芙(Skov)第13章中所指的就是殚精竭力的时装设计师。再次强调,职业生涯的酸甜苦辣只可能是个人的经历,但某些行业普遍存在的客观结构性条件,似乎会批量生产出特定的主观经历。

1.5 省 略

本书限于篇幅且所选的文章都是重点突出的实证研究,不是评论性文章、理论批评或综合论文。然而,在这样一个广阔的领域内,本书这样的特点既有长处也有不足。因此,本书的研究不可避免地仅能对更广泛的讨论、探究和理论建设做出一部分贡献。

创意产业职业生涯中的有些重要方面,在研究中只是粗略提及或完全没有覆盖。其中最重要的一个职业生涯影响因素在本书中没有研究——经济的波动是怎样影响创意作品需求以致影响到创意工作者的。部分地与经济相关、同时也与技术变化相关的问题,就是哪些职业在扩张、哪些在收缩,原因是什么?本书在几处提到了从事创意工作的条件,但没有对它们的发展进程进行比较研究或历史测绘。性别、人生事件、文化或创意产业政策对职业生涯的影响等,在本书都有所涉及,但这些问题当然需要更系统的研究。

大量关于创意职业选择和修正,特别是离开创意工作或离开创意产业职业生涯等方面的问题,在此都没有广泛探讨。本书的重点集中点在于进入和坚持创意工作。但比勒(Bille,第2章)的研究指出,这种情况远非主要过程,虽然这点与本书的初衷不同。这类研究的重点集中在自愿或非自愿脱离创意工作和创意职业生涯，并分析个中原因。许多创意产业的职业生涯是通过各种“横跨过程”（straddling processes）得以持续的。也就是说，在几个不同行业工作甚或担当不同职务，以不同的合同形式，拼凑成一个职业生涯。发生在创意工作者身上的职业生涯“无序”的多层次和多形式的情况，需要重点研究。然而，本书含蓄地展示了创意工作者坚持不懈追求单一职位逐渐晋升的频率。换句话说，无界、无秩序的职业生涯是表现出来的，但显然在大多数情况下这种无界和无秩序是非自愿的结果，是因为没有能力达成自己主要的职业生涯抱负。从本书所选各章总体来看，分析职业扩展的主要偏好侧重于从一个固定的职业位置向不同领域进行扩展和实验，而不是自愿的横向切换职业和部门。本书为我们打开了一扇门，去了解整个创意产业在个人和体系或行业层面什么是自愿和非自愿，什么是经历过的机会和收获，什么是受到过的限制和伤害。

1.6　用本书作为实用手册

尽管本书不是有意写成实用性手册，用以指导人们“如何沉浮在时而动荡不安、常常又不知深浅的创意产业职业生涯中”，但由于书中各章研究具有的实证性特点，因而可以把相关的结论看成是忠告建议。这此蕴含在许多研究成果字里行间的观点，针对的就是成功与失败的决定因素。

最基本、最重要的“忠告”是，要尽量了解所要进入的相关行业或艺术产业的情况。本书中所用的概念、理论和实证方法可以对要寻找什么、到哪里寻找，以及在系统性参与相关活动方面的实用工具等，有一些启迪。对此，重要的是要关注在特定背景环境下的特殊性。背景环境是独特的（地域问题）而且会快速变化（时间问题），这就意味着，对背景环境的评估需要是在本地做出并且不断更新的。

在旧结构正在打破或已经打破的背景下，要争取去分辨新生的融合机制或导航工具(特别是雇主用的)。这些机制或工具是存在的。它们也许刚刚出现，很难识别，但对一些使用它们的人或受到它们影响的人来说，应该是显而易见的。对它们也许很难进行清晰描述，而且也很难从众多替代选择或很快会被抛弃的选择中，辨识出最重要并最终成功形成的机制或工具。

本书还收录了来自几个国家不同创意行业从业者的第一手报告，他们提供了对于自己所处环境的观察和明确具体的建议。斯科芙(Skov，第13章)就有这样的例子："我学校毕业后是应该接受一些指导的。那时我不知道我能干什么，但仍然认为如果我被雇佣了，就能向世界(或公司)证明它们不能没有我。所以我在3个月的试用期间特别卖力。我想，如果我被永久性雇佣，我就可以冷静下来，它们会知道我能干什么了。然而，到了那个时候，我已经给自己创造出了一个什么都干的女孩的形象。我给新毕业生的忠告是——找到工作中你想充当的角色并且从工作的第一天开始就担当那样的角色。"

本书另外的一个重点在于，任何地方，特别是创意产业，你能知道和学到什么在很大程度上取决于你认识谁。这就是，最相关的信息大都是通过人际沟通渠道传播的。由于多重过程是同时发生的，所以当你需要一个综合性意见的时候，能够接近遍布于行业内而不是群集的观察者，是有益的。同样，所有在某个环境中的个人对于更广泛的圈子而言，都是潜在的观察者、评估人和信息中介，他们的观点在短期或长期内可能是很重要的。

正如本书发现的，记忆——个人的或集体的——在职业生涯中通常十分重要，但通常需要情境上适合的工作来确立和保存有益的记忆烙印。这在战略上有重要意义，即了解和应用集体记忆和忘却(如果可能的话)机制。声誉的认可和维系十分重要，所以，不仅仅是获得声誉，而且关键是要保存、持续和传播正面认可，并以与环境相适应的恰当方式去做。

相关的一点是，仅仅有天赋还不够，如林肯和艾伦(Lincoln and Allen，第5章)所指出的，天赋和进入展示天赋的职位的机会，都需要时间去开发。职业技能、天赋和能力都重要，但获取就业的技能(自己的或有时是通过中介代理或合作者)，在很大程度上是职业生涯道路上承载创意工作者和他们的天赋和能力的工具。

最后，承认创意产业工作和职业生涯的复杂性，但不被其征服，这一点很重要。知识可以获得，而且可以建设性地加以利用。人们应该充分了解自己想要从事的工作的环境。然而，大多数研究人员所发现、研究和分析的内容是由小有成就的业内人士私下里不太刻意管理的。巴利(Barley，1989)认为，发现知识或将知识系统化，从职业生涯的角度看，在主观和客观上都有助益，但应该仅仅是从实践的角度将直观和明确的知识应用于社会环境。

参考文献

Abbott, A. 2005. "Sociology of Work and Occupations." In *The Handbook of Economic Sociology*, edited by N. Smelser and R. Swedberg, 307—330. Princeton: Princeton University Press.

Alvarez, J., and S. Svejenova, 2005. *Sharing Executive Power: Roles and Relationships at the Top*. Cambridge: Cambridge University Press.

Arthur, M., D. Hall, and B. Lawrence, 1989. "Generating New Directions in Career Theory: The Case for a Transdisciplinary Approach." In *The Handbook of Career Theory*, edited by M. Arthur, T. Hall, and B. Lawrence, 7—25, Cambridge: Cambridge University of Press.

Arthur, M., and D. Rousseau, 1996. *The Boudaryless Career: A New Employment Principles for a New Era*, New York: Oxford University Press.

Barley, S. 1989, "Careers, Identities, and Institutions: The Legacy of the Chicargo School of Sociology." In *The Handbook of Career Theory*, edited by M. Arthur, T. Hall, and B. Lawrence, 41—65, Cambridge: Cambridge University of Press.

Bechky, B. 2006. "Gaffers, Gofers, and Grips: Role—Based Coordination in Temporary Organizations." *Organization Science* 17:3—21.

Becker, H. 1982. *Art Worlds*. Berkeley: University of California Press.

Blair, H., N. Culkin, and K. Randle, 2003. "From London to Los Angeles: A Comparison of Local Labour Market Processes in the US and UK Film Industries." *International Journal of Human Resource Management* 14:619—633.

Burkholder, P. J. 2006, "The Twentieth Century and the Orchestra as Museum." In *The Orchestra*, edited by J. Peyser, 409—432, Milwaukee: Hal Leonard.

Caves, R. 2000. *Creative Industries: Contracts Between Art and Commerce*. Cambridge, MA: Harvard University Press.

Department of Culture, Media and Sport, 2001. *Creative Industries Mapping Document* 2001 (2nd ed.). London, UK: Department of Culture, Media and Sport, http://www.culture.gov.uk/reference_library/publications/4632.aspx, last accessed February 2011.

Ebbers, J., and N. Wijnberg, 2009. "Latent Organizations in the Film Industry: Contracts, Rewards and Resources." *Human Relations* 62: 987—1009.

Faulkner, R. 1973. "Career Concerns and Mobility Motivations of Orchestra Musicians." *The Sociological Quarterly* 14:334—349.

Faulkner, R., and A. Anderson. 1987. "Short—Term Projects and Emergent Careers: Evidence from Hollywood." *American Journal of Sociology* 92:879—909.

Florida, R. 2002. *The Rise of the Creative Class*. New York: Basic Books.

Florida, R. 2005. *The Flight of the Creative Class*. London: HarperCollins.

Gunz, H., M. Peiperl, and D. Tzabbar, 2007. "Boundaries in the Study of Career." In *The Handbook of Career Theory*, edited by H. Gunz and M. Peiperl, 471—494, Los Angeles: Sage.

Hesmondhalgh, D. 2007. *The Cultural Industries*. London: Sage.

Hesmondhalgh, D., and S. Baker. 2011. *Creative Labour: Media Work in three Cultural Industries*. London: Routledge.

Howkins, J. 2002. *The Creative Economy: How People Make Money From Ideas*. London: Penguin.

Inkson, K. 2006. "Protean and Boundaryless Careers as Metaphors." *Journal of Vocational Behavior* 69:48—63.

Joas, H. 1996. *The Creativity of Action*. Chicago: University of Chicago Press.

Jones, C. 1996. "Careers in Project Networks: The Case of the Film Industry." In *The Boundaryless Career: A New Employment Principle for a New Era*, edited by M. Arthur and D. Rousseau, 58—75. New York: Oxford University Press.

Kanter, R. 1977. *Men and Women of the Corporation*. New York: Basic Books.

King, Z. 2004. "Career Self-Management: Its Nature, Causes and Consequences." Journal of Vocational Behavior 65: 112—133.

Menger, P. —M. 1999. "Artistic Labor Markets and Careers." Annual Review of Sociology 25: 541—574.

Moore, C., H. Gunz, and D. Hall, 2007. "Tracing the HIstorical Roots of Career Theory in Management and Organization Studies." In *The Handbook of Career Theory*, edited by H. Gunz and M. Peiperl, 13—38, Los Angeles: Sage.

O'Mahoney, S., and B. Bechky, 2006. "Strechwork: Managing the Career Progression Paradox in External Labor Markets." *Academy of Management Journal* 49: 918—941.

Osterman, P., and D. Burton, 2005. "Ports and Ladders: The Nature and Relevance of Internal Labor Markets in a Changing World." In *The Oxford Handbook of work Organization*, edited by S. Ackroyd, R. Batt, P. Thompson, and P. Tolbert, 425—445. Oxford: Oxford University Press.

Rodrigues, R., and D. Guest, 2010. "Have Careers Become Boundaryless?" Human Relations 63: 1157—1175.

Rossman, G., N. Esparza, and P. Bonacich, 2010. "I'd Like to Thank the Academy, Team Spillovers, and Network Centrality." *American Sociological Review* 75: 31—51.

Sawyer, R. 2006. *Explaining Creativity. The Science of Human Innovation*. Oxford: Oxford University Press.

Starkey, K., C. Barnatt, and S. Tempest, 2000. "Beyond Networks and Hierarchies: Latent Organizations in the U. K. Television Industry." Organization Science 11: 299—305.

Stinchcombe, A. 1978. *Theoretical Methods in Social History*. New York: Academic Press.

Stolte, J., G. Fine, and K. Cook, 2001. "Sociological Miniaturism: Seeing the Big Through the Small in Social Psychology." *Annual Review of Sociology* 27: 387—413.

Sturges，J. 2008. “All in a Day's Work? Career Self-Management and Management of the Boundary Between Work and Non-Work.” Human Resource Management Journal 18：118—134.

Tams，S.，and M. Arthur，2010. “New Directions for Boundaryless Careers：Agency and Interdependence in a Changing World.” *Journal of Organizational Behavior* 31：629—646.

Ursell，G. 2000. “Television Production：Issues of Exploitation，Commodification and Subjectivity in UK Television Labour Markets.” *Media，Culture & Society* 22：805—825.

Valcour，M.，L. Bailyn，and M. Quijada，2007. “Customized Careers.” In *The Handbook of Career Theory*，Edited by H. Gunz and M. Peiperl，188—210. Los Angeles：Sage.

Wainwright，S.，and B. Turner，2006. “Just Crumbling to Bits? An Explanation of the body，Aging，Injury and Career in Classical Ballet Dancers.” *Sociology* 40：237—255.

Wilensky，H. 1961. “Orderly Careers and Social Participation：The Impact of Work History on Social Integration in the Middle Class.” *American Sociological Review* 26：512—539.

第 2 章　创意工作者
——他们是谁？做什么工作？在哪里工作？基于丹麦数据的研究探讨

翠霓·比勒(Trine Bille)

2.1　概　述

本章主要集中讨论三个问题：创意工作者是谁？做什么工作？在哪里工作？

大部分对创意劳动力市场的研究是以了解创意工作者的就业、工作条件、收入等为目的。然而需要谨记的重要一点是，研究的结果取决于定义和研究方法。要研究创意劳动力市场，必须对研究对象进行界定。有多种方法可以这样做，但从文献里看，我们知道，没有一个天然正确的定义。

大多数对创意工作者的定义都比艺术家的定义要更宽泛，而大多数定义又都将艺术家列为创意工作者的核心，而且毫无疑问地将他们包含在定义中。但是，即使对于艺术家，也没有一个解决定义问题的万能的正确方法。在弗雷和泊莫恩(Frey and Pommerehne，1989)对艺术家的标准进行考察之后，他们的结论是，现在对艺术家还没有一个所谓“正确”的定义，哪里都没有。他们建议根据情况选择定义标准，即根据研究的目的和数据的可得性来决定。他们还强调，选择对艺术家进行定义的标准，对研究的结果有重要影响，从所要研究的艺术家数量到对他们的经济状况的评估等，不一而足。可进一步参见希格斯、库宁汉和巴克斯(Higgs, Cunningham, and Bakhshi, 2008)的研究。

研究创意劳动者有相当多不同的方法和方法论可以运用。一个占主导地位的研究方法，就是运用定性的方法去研究创意工作者的社会政治状况，在各种因素中重点关注工作经验、“好工作”(good work)、工作理念和对工作进行评价的规范标准等(Hesmondhalgh, 2010)。另一个方法是，对艺术家和创意劳动市场进行数量化研究，重点关注创意工作者的工作条件，例如，他们的收入状况、就业状态等[如，阿尔珀和瓦萨尔(Alper and Wassall,2006)]。这两种研究可以互补，对了解创意工作者的状况做出不同的贡献。

本章利用丹麦统计局(Statistics Denmark)收集的海量信息，运用数量化的方法，提出方法论和实证方面的观点。与其他许多国家相比，丹麦有着独特的政府官方登记的居民统计。这个统计数据可以用于研究目的。这样的信息可用来研究创意工作者和他们的工作及生活状况。本章在丹麦统计局的可得数据和分类的基础上，对创意工作者和艺术家的不同定义进行了探讨。

我们讨论了创意工作者和艺术家定义的三个不同标准：创意工作的功能；创意教育；创意产业。这样做可以使我们对创意劳动力市场有一个更完整的了解，也意味着本章将要回答下面一些重要的问题，比如：正规教育对取得创意产业工作有多重要？有着正规“创意”教育背景的人们是否在创意产业内工作？创意产业内的工作都是些什么样的工作(这些工作是创意性的还是单调性的)？

一旦我们定义了创意工作者的相应分组，丹麦统计局的数据就可以用来回答关于不同组别的许多问题。根据所选的创意工作者分组，我们可以了解他们的社会经济和工作状况，包括年龄、性别、工作流动、失业率、收入等。同时，也让我们有可能对创意工作者的不同定义进行比较，也可以对不同的创意产业进行比较。

2.2 背　景

从数量化和经济的角度，我们对创意劳动力市场了解多少呢？创意工作者并不是有着明确定义的概念，但是我们还是可以看到一些对于艺术家劳动力市场的研究。

阿尔珀和瓦萨尔（Alper and Wassall，2006）总结回顾了关于艺术家劳动力市场方面最重要的实证经济研究文献，主要是为了了解艺术家的就业和收入状况，并与其他专业和技术职业的状况相比较。这些文献所分析的最重要的研究问题包括：作为工作的专业人士、艺术家的状况在多大程度上不如其他行业拥有可比教育背景的人？随着时间的推移，以前的研究结果经常显示出的艺术家和其他有可比教育背景的专业人士之间存在的收入分配差距，是扩大还是缩小了？这种明显的“收入惩罚”是由艺术劳动力市场的固有的特性造成的吗？

这些研究的一些主要发现是：

（1）艺术家工作时间短，失业率高，收入少于对比组中的专业人士。

（2）在失业率和年度工作小时方面的差距，随时间推移有所缩小，但收入分配差距并没有缩小。

（3）所有年份中，艺术家的收入在每一个组别对比中都是较少的，即使在全职工作组别对比中，情况也是如此。

（4）艺术家的收入与其他专业人士和技术工人相比，呈现出更大的差异性。

(5)许多人参与到艺术劳动力市场中,但鲜有人成功达到能够在艺术领域发展自己职业生涯的程度。

(6)研究发现,部分地由于有比较高的受教育程度,艺术家能够接受艺术类职业间和专业及管理职业间的转变,但因为所谓的艺术家"神话"而不愿意接受服务性职业。

(7)在艺术家年轻的时候和努力争取做艺术家的时候,他们会做不同的服务性工作,因为这类工作可以为他们提供工作计划上更大的灵活性。

(8)许多人探求将艺术作为一种职业,但很少人会在相当长的时间内保持住艺术家身份。

阿尔珀和瓦萨尔(Alper and Wassall,2006)最显著的研究发现是,艺术家劳动力市场始终处于比较差的状况(Abbing,2002)。阿尔珀和瓦萨尔总结出几个已经确立的用于解释艺术劳动力市场独特性原因的假设:思罗斯比(Throsby,1994)提出的是关于艺术家行为的"工作偏好"模型(work-preference model),即艺术家受创作欲驱使,会最大化其作为艺术家的时间,约束条件是不管在艺术内还是艺术外要获得足够的收入,以支撑其可以接受的消费水平。另外一些理论侧重于艺术家冒险精神的作用,以及那些上升到职业巅峰的艺术家所获得的褒奖。尽管这些理论主要是用于解释艺术家收入分配的,但对研究劳动力供给也有意义。文献中还有关于超级巨星收入的理论(Adler, 2006;Rosen,1981)和"赢者通吃"(winner-take-all market)理论。

总的来说,在对艺术家职业生涯的实证研究中,有不同的方法论得到应用。数量研究(quantitative studies)通常运用现有的从不同渠道得到的一组艺术家的信息来研究分析艺术家职业生涯的一个方面。有时,这种研究所用的数据杂乱无章。回顾研究(retrospective studies)通常是采用对艺术家进行调查的方法,通过问卷或个人访谈让他们追溯自己的职业生涯。基于调查的面板数据(panel data based on surveys)常常是“准面板”(quasi－panels),主要是追踪一组艺术家,虽然其中许多人都是过往历次调查中相同的人,但没有哪个横跨多年的调查是从始至终追踪到完全相同的一组人或艺术家的,因此不能算真正的面板数据研究。

阿尔珀和瓦萨尔(Alper and Wassall)2000年的研究报告是对美国艺术家就业和收入方面最广泛的实证研究中的一部分。思罗斯比和郝利斯特(Throsby and Holister,2003)在澳大利亚做了一个大型调查。一些研究,比如阿尔珀和瓦萨尔(Alper and Wassall)对美国、奥布莱恩和费斯特(O’brien and Feist,1995)对英国的研究,是基于美国人口普查数据,显然是有一些缺陷的。美国的人口普查要求填表人只选择填写一个职业。这个选择是根据一个基准周的工作时间决定的。这就是说,除其他因素外,人口普查定义只偏向于含有在其领域内有最成功的艺术家,而不包括许多仍然拥有非艺术性工作的艺术家们(即多工作持有者)。因此,在这个方面是不能用人口普查数据进行分析的。

卡图南(Karttunen,2001:284)指出,这种方法有可能引起严重问题:“人口普查中的职业定义是:一个人为了获得收入而做的主要工作;这一点就违背了艺术不是为了钱的宗旨。更重要的是,这与我们现实社会中艺术工作实际的进行方式不相符合。反复重申,实证研究已经证实,许多将自己视认为艺术家的人,或艺术政策制定者认为的艺术家,无力靠艺术生存。如果自定义的艺术家的主要收入来自于开出租车或做侍应生,那么他们在人口普查中的职业就是出租车司机或侍应生。”

瓦萨尔和阿尔珀(Wassall and Alper,1992)更进一步确认,研究人员关于艺术家的不同观点,实际上都来源于所采用的不同的数据来源,特别是人口普查或其他政府信息,同时研究人员也有自己的调查数据。本章将进一步延伸对这方面的讨论。

2.3 创意工作者定义

目前对创意工作者还没有一个明确或统一的定义。文献中，几乎有多少研究就有多少定义，而且对定义的依据标准也没有一致看法。[①]对于艺术家的定义一直有持续不断的探讨(Frey and Pommerehne, 1989)。而对创意工作者的界定则更宽更难。根据创意的定义，创意工作者的范围可以是理查德·佛罗里达(Richard Florida, 2002)广义创意阶层的定义，也可以是更为精英的艺术家定义。

> 对创意进行界定的困难。要界定创意工作者，就需要对创意进行定义。创意是人类固有的东西，可以出现在许多场合，而没有一个明确的定义存在。讨论这方面问题的文献在快速增加，但在此不太可能对如此庞大的文献内容做评判(Kaufman and Strenberg, 2010)。尽管如此，我们需要有些定义。KEA《欧洲事务报告》(KEA European Affairs, 2006, 41)如此定义创意："创意指的是创造出新东西的能力，最初是由'创造'这个动词演化而来，而创造这个动词的使用仅限于和上帝有关，指制造出东西或人，无中生有。"

创意这个概念经常用于和艺术创造工作有关的方面，因此也常常成为"艺术创造"的同义词[见思罗斯比(Throsby 2001)关于艺术创造的探讨]。联合国贸发会议报告(UNCTAD, 2008, 9)指出了四个创意领域："艺术创意"是想象力和制造原创想法并以新颖的方式通过文字、声音和映像表达诠释作品的能力；"科学创意"是好奇心和进行尝试的意愿，并在解决问题中建立新的关系；"经济创意"是引领技术、商

① 对于"创意产业"的定义也是如此。没有一个一般性定义存在，而且每个国家都有其自己的定义[例如见伯奇(Birch, 2008)]。

业实践、市场营销等方面创新的一个动态的过程,与在经济中获得竞争优势紧密相关;“技术创意”或多或少包含有上述三类创新并与它们相互关联。

本章中所用的创意概念与“艺术创意”同义。对艺术创意概念详细论述可参见思罗斯比(Throsby,2001),尽管其论述也没能完全解释清楚。

2.4　艺术家定义

根据弗雷和泊莫那 (Frey and Pommerehne,1989)的说法,为了确定谁是艺术家,也许至少有 8 个标准:

(1)在艺术工作上所花的时间。

(2)从艺术活动中获得的收入。

(3)公众视野中作为艺术家的声誉。

(4)其他艺术家的认可。

(5)艺术产品的质量(意味着对艺术“质量”必须有所定义)。

(6)是专业艺术家团体或学会的成员。

(7)专业资格(艺术院校毕业)。

(8)对自己作为艺术家的主观自我评价。

弗雷和泊莫那 (Frey and Pommerehne,1989)强调,在对艺术家的研究中,数据采集和分析的方法对研究结果会产生特别广泛的影响。

从弗雷和泊莫那 (Frey and Pommerehne,1989)列出的上述标准来看,根据不同标准划分的艺术家组合是不同的,因此明显会导致很不一样的分析结果。

上述标准中最“客观”的是第(1)、(2)、(6)和(7)项,因为这几项并不直接与作品的质量相关,而是与在艺术工作上所花费的时间、艺术活动带来的收入、专业艺术家团体或学会的会员、专业资格(艺术院校毕业)等相关联。专业艺术团体或学会的会员是经常用到的一个标准。艺术院校毕业和艺术活动带来的收入也是常用的标准,而花在艺术工作上的时间则一般比较难以评估并当作标准来用。

有些标准比较主观而且和艺术作品的质量联系在一起(如,公众视野中作为艺术家的声誉、其他艺术家的认可以及艺术产品的质量等意味着必须要对“质量”进行定义)。声誉、认可和质量都是主观标准,而最后一项“对自己作为艺术家的主观自我评价”主观性就更强了。卡图南(Karttunen,1998:3—4)指出:“这一标准的困难之处在于,现实中任何人都可以随便称自己是艺术家而不需要任何正规文凭或官方认可的能力……并且他们从艺术活动中得到的收入也许很少,甚或是负的。”

另一方面,这一标准实际上也有矛盾之处。卡图南(Karttunen,1998)列举了一个在芬兰“艺术家地位研究”中的很好的例子——界定“摄影艺术家”群体。这项研究对摄影艺术家的界定从以摄影艺术家联盟(Union of Artists in Photography)会员开始,但由于仅有 60 个会员,所以被认为是太有限了。运用“声誉方法”,得到了 200 个人,而这仍然是有限的,并且更偏向于包含比较前卫的摄影师和艺术摄影师。这份研究报告发表以后,广告摄影师和媒体摄影师都诟病其样本有偏见,认为如果他们在该研究样本中占有更大的比重,那么摄影艺术家的收入水平会高很多。

专业艺术家团体或学会的会员,在某种程度上可以解释为具有艺术质量。但是,不同艺术家团体(音乐家、视觉艺术家、演员等)组成的会员学会对会员入会的标准不同,即有些要求入会会员具有相当的精英性,而有些则比较具有开放性。

很显然,不同的选择标准一定会导致不同的结果。人口普查和登记数据以主要收入来源为依据,而艺术家学会则通常是以很高的专业水平为准。卡图南(Karttunen,2001)发现,不同的定义会出现部分交义，但人口普查定义则排除了以服务性职业谋生的前卫艺术家，却包含有靠售卖自己作品为生的“低声誉”艺术家。人口普查数据实际上迫使对“谁能算作艺术家”进行市场测试。

有一些研究报告在其自己的数据中，系统性地比较了不同定义的情况。杰弗瑞和思罗斯比（Jeffri and Throsby，1994）总结道，大部分美国和澳大利亚自称是视觉艺术家的人可以认为是受过专业教育并且（或）得到同行认可的，但只有少数人能满足传统意义上以市场为基础的专业定义。

2.5　从创意阶层到艺术家

这里将要讨论到一些最常见的对创意工作者的定义，从理查德.佛罗里达（Richard and Florida，2002）对创意阶层的定义开始，到对艺术家的精英性定义结束。

广义创意工作者的定义是佛罗里达（Florida，2002）在其《创意阶层的兴起》（*the Rise of the Creative Class*）一书中提出来的。他认为，创意阶层，是一个通过他们的创意，创造出最大的经济价值的阶层。他将劳动力分为四个阶层：创意阶层、服务阶层、工人阶层和农业劳动阶层。创意产业又按照职业中的创意程度进一步为两个部分，即创意核心层和创意专业人士。佛罗里达将最具创意性的阶层称为创意核心（creative core），他们因其创造出的新形式或新设计所具有的优势而成为核心，这些新的形式或设计能够改善未来的工作方式并可以得到广泛应用，如 IT 和数字领域的就业者、建筑师、工程师、研究人员、艺术家、设计师、娱乐业从业人员，以及运动、媒体、广告等行业的从业人员，都包含在这一核心阶层。创意阶层还包括创意专业人士（creative professionals）。这个群体所做的工作的特点是解决问题，他们的工作通常需要很高的学历，包括商务和财务经理、法律专家（例如律师、医疗专家，以及搞技术行业的就业者)。工人阶层(working class)是在各类商贸行业就业的人，包括建筑和采掘、安装、维修、生产制造、运输等行业。服务阶层(service class)主要包括护士、护理员、餐饮业就业者和保洁人员。农业工作者(agricultural workers)包括渔民、林业工人和农民。一方面，佛罗里达对创意工作者的定义也相当于创意产业定义，很宽泛，大约涵盖了总人口的 1/3；另一方面，创意附着于特定行业。因此，从这方面看，这一定义有局限性，这也是佛罗里达被诟病的一点。创意是人类固有的，而且可以运用于大部分行业。

创意工作者的另一个定义是“艺术专业人士”，在很多研究中都用到。阿尔珀和瓦萨尔(Alper and Wassall，2006)的定义包含：①演员和导演；②播音员；③建筑师；④中专以上的艺术、戏剧和音乐老师；⑤作家；⑥舞蹈者；⑦设计师；⑧音乐家和作曲家；⑨画家、雕塑家、工艺师和版画家；⑩摄影师；⑪前面没提到的其他类型的艺术家。尽管艺术生产需要许多方面的支持人员，但“创意工作者”的名称通常只是用以指创意的核心职业，不包含技术性或日常性的工作。有时高等教育中的艺术教师也许会包含在艺术家职业之内(Alper and Wassall，2006)。

如果把创意工作者定义为艺术家，那么，另一个常用的方法是，以特定艺术家群体的特定劳动者组织的会员为基础选择研究样本，比如丹麦视觉艺术家学会(Danish Association of Visual Artists)和丹麦音乐家联盟(Danish Musicians' Union)(Elstad and Pedersen，1996；Heian，Løyland, and Magset，2008)，并根据调查方法选取数据。这些研究主要针对在确定的艺术领域内活动的人们，而且他们也自称是艺术家。这类人一般都会加入艺术家学会。这种方法的问题是，它只能提供作为这类组织成员的艺术家的信息。如果大多数艺术家是这类组织的成员，而且组织的层次很高，那么这方面的问题比较小。但是，对艺术家之间组织的层次和不同艺术家群体的层次，以及这样的层次如何随着时间发展的，我们并不是很了解。此外，如前面提到的，不同的艺术组织经常也有不同的会员入会标准。

还可能选择拥有“创意或艺术教育”背景的人。首要问题是选取相关的教育背景做分析基础(见下文)。在研究有“艺术活创意教育”背景的人群时,另一个问题出来了,即许多艺术家或做创意工作的人没有正规的教育背景,如何使他们有资格从事这项工作,其中许多艺术家是自学成才的(Alper and Wassall,2006)。如果仅看有某种艺术或创意教育背景的话,那么就有可能将做着同样创意性工作但没有合格的正规教育背景的人排除在外。

然而,研究拥有艺术活创意教育背景的人和他们所做的事情,仍然是令人关注的实证问题。他们在哪个行业工作?他们所做的是什么工作?他们的失业率、收入和工资是怎样的?也可以与有着同等教育程度的其他人群进行比较。①

2.6　丹麦统计局数据

本章对创意工作者的定义是根据丹麦统计局(Statistics Denmark)登记数据能够提供的信息基础上形成的。②

登记数据包括个人详细的社会背景(年龄、性别、家庭、教育等)、收入(个人年度收入、家庭收入、小时工资等)、就业(行业、工作性质、主要工作、第二职业、失业程度等),以及其他许多变量。运用这些数据,就有可能考察到创意人群和艺术家的职业生涯。本章分析是基于一年的数据,即 2007 年数据。③

---

① 丹麦文化事务部(Danish Ministry of Cultural Affairs)的一份报告(2006)考察了丹麦 18 个艺术和文化教育机构的毕业生的工资、失业率等情况。

② 芬兰是另外几个拥有数年有着同样数据潜力的国家之一。

③ 我们得到的丹麦统计局数据是真正的面板数据,即 1994～2007 年丹麦总人口的登记数据。真正的面板数据是指一个时期内追踪每一个人(采取不记名方式)的状况。所有人都是用唯一的个人代码(CPR 号码)进行识别;因而,有可能追踪到一定时期内特定的个人或同类群体。有意思的是,阿尔珀和瓦萨尔(Alper and Wassal,2006)提到的那些实证研究,没有一个是基于真正的面板数据,可能是因为丹麦具有很独特的数据潜力。

登记数据最大的优点在于其独特的纵向和横向可比性（Karttunen，2001），[①]而主要不足在于对影响基本计数的研究对象群体的确定上。在使用登记数据时，研究者无法对丹麦统计局数据的分类进行任何改动，因为其数据分类最初是依据其他目标而设定好的。

划分职业的整个过程，对于确定登记数据中哪些人属于创意工作者或艺术家，十分重要。只有就业的劳动者才会有所属职业，这一事实会对艺术家的计数有特别意义。职业是一个人为了获取收入而从事的活动或工作。丹麦统计局对人们职业的定义是以他们获得最多收入的职业为准。就业的劳动力被分为雇员（工资收入获得者）和企业家。登记的收入数据是从以确定和收取税收为目的的国家税务登记信息中抽取的。

2.6.1 根据丹麦统计局数据对创意工作者的划分——他们是谁？他们做什么

如前面讨论过的，没有一个所谓"正确"的创意工作者定义。本章中我们没有使用佛罗里达（Florida，2002）的广义创意阶层定义，而是用了一个比较狭义的定义，将创意定义为艺术创意，因而创意工作者的定义也接近艺术家的定义。选择比较狭义的视角，是为了使我们对艺术创意和艺术生产中劳动力市场状况的研究结果，有尽可能强的针对性。

第一步是选择应该包含在本研究中的创意内容（领域）。由于创意定义为"艺术创意"（如上述），下面的一些领域将包含在内：表演艺术、音乐、电影、媒体、建筑、设计、工艺、视觉艺术、广告和摄影。

---

① 在大多数情况下，分析创意工作者和艺术家的就业和收入状况，我们需要一个参考人群（reference population）。阿尔珀和瓦萨尔（Alper and Wassal，2006）观察到，大多数人口普查为基础的研究都是将艺术家劳动力市场结果与一个参考人群相比较。但是，对参考人群的选择却前后不一致，从具有可比教育背景的特定职业到特定的专业岗位，到所有工作者、所有管理人员、专家和技术工人等，不一而足。依据丹麦统计局数据，我们则有可能选择最符合分析要求的参考人群。参考人群可以是丹麦的全部劳动力人口、拥有相似程度的受教育水平等。

下一步是划分在这些领域中工作的创意工作者。我们采用丹麦统计局登记数据确定创意工作者，可以用两个不同的标准进行划分：工作性质和教育背景。

借助登记数据信息，我们有可能选择一系列创意性工作，也就是说主要的工作职能是在前面提到的各创意领域内，对艺术或创意的生产或服务有艺术性创意投入。这是一个直观上正确的定义。创意工作者是由他们所做的工作来定义的。例如，如果他们的工作是演员，那他们就是演员。但这一定义也有问题。工作分类一般指的是研究对象在丹麦劳动力市场上最重要的职位(即得到最高收入的职位)。他或她也许还有其他工作，从其他来源(例如公司利润)获得收入。参考弗雷和泊莫那 (Frey and Pommerehne，1989)的标准，我们在此用的标准是关于"从艺术活动中获得的收入"。

在有些情况下，这可能会被认为是个问题，如前面讨论过的，因为我们知道相当一部分人的艺术活动是兼职做的，他们同时还有其他工作——用以维持生计。如果其他工作是最重要的(即主要收入来源)，那他们也许在其他工作代码下登记，而不能成为数据的一部分。这一类人就比较难以确认或不包含在我们的数据之内。另外，在这里的分组中没有考虑创意工作的质量(艺术标准)。

另一个与定义相关的问题是，只有实际做创意工作的人才包含在内。这样，就不可能定义一个特定的"艺术家"群组，追踪他们的职业生涯或了解他们的失业率，等等。因为，谁包含在这个群组中？是否需要每个做创意工作的人都要做一年才算创意工作者？在很多情况下追踪同一组人的做法没有意义，因为许多人也许做一年创意工作，然后做一些完全不同的事情——因为他们自己愿意。他们不把自己当做是艺术家，所以我们也不应该将他们计算在内。

本章对具有创新内容的工作的定义，参见本章后附表 2. A。

我们还可以选择有"艺术或创意教育"背景的人。首先的问题是选择作为该分析基础的相关教育种类。教育应该是在前面所选的创意领域之内的，而且这类教育应该带来在这些创意领域内生产创意内容的技能。但在现实中存在着许多边缘性案例和“灰色”区域。例如，广义创意领域内有很多短期教育和劳动力市场教育和课程，特别是在媒体和技术技能方面。这些在此都没有包括在内。另外，保护和发扬文化遗产方面的教育，例如图书馆学校、博物馆管理员教育等，也没有包含在内。还有许多大学程度的人类学硕士学位，这些学位直接涉及创意工作艺术的知识和解释，但它们不生产创意内容，这类教育都没有包括在内。对于创意教育的选择列表，参见本章后附表2.B。

教育对艺术家收入的影响是不同研究报告的主题。托斯(Towse，2006)讨论了人力资本理论，认为艺术家决定投资于学校教育，和培训与职业选择之间的关系不强。

收入函数可以用来探讨教育、培训和其他劳动力市场属性给艺术家和参考人群可能带来的收入差距。结果显示，艺术家与其他工作者相比，似乎并不适用标准收入模型，他们的收入函数有比较差的拟合度。结果还显示，教育和艺术家收入之间没有相关关系或呈现负相关，但教育和非艺术领域收入之间是有正相关关系的。自学成才的艺术家与有正规艺术教育的艺术家相比，具有同样的收入和供给行为，进过艺术院校的优越性并没有长期影响。但是，费乐(Filer，1989)发现，从3位编码职业分类看，在衡量职业的收入差距时，个人天分与表现是收入的重要决定因素的职业和艺术家的情况相类似，因此艺术可以近似于“同等”(equal)职业。

2.6.2 他们在哪儿工作

创意工作者在哪里工作？第一个假设是他们在创意产业内工

作。[①] 但是，我们仍然面临一个定义的问题。

没有一个通行的或普遍被接受的创意产业的定义。思罗斯比(Throsby，2007)指出，不同研究报告中采用的不同分组，主要取决于研究目的。本章中，我们选用了下列行业(根据 NACE 6 位编码分类)：独立艺术家、表演艺术、音乐、电影、媒体、建筑和设计、广告、摄影和工艺。因为我们是想要了解艺术家和创意产业，所以只选择涵盖了这几个领域，它们都是把有艺术创意投入的生产作为生产过程主要因素的行业，生产的艺术产品或创意产品是其主要的产出形式。这一划分只是在一定程度上可行，但却意味着，比如博物馆、图书馆，以及分配、艺术销售和一般性创意产品，都不能包括在本研究之内。与其他创意产业的定义(Bille and Lorenzen，2008；Birch，2008；Throsby，2007)相比，这是一个狭义定义。但这一选择是为了使我们尽可能集中针对艺术创意和生产劳动力市场状况进行研究。

本章关于创意产业的定义，参见章后附表 2. C。

从所选行业的劳动力市场看，我们发现，在那里工作的人包括做创意性工作的和"一般性"工作的，以及单调工作者(Caves，2000)如办公室工作、技术支持等。同样，我们也许会发现做创意性工作或有创意教育背景的创意工作者，并不在创意产业内工作。

2.7　描述性结论

这一节中我们会呈现一些关于创意工作者的描述性结论，并回答一些问题，如：他们是谁？他们做什么？在哪里工作？我们通过三个角度的分析来回答这些问题，即创意产业、创意性质的工作、创意教育。丹麦可供进行比较的总劳动力人数为 2 800 250 人(2007 年)。

---

① 赫斯蒙德霍(Hesmondhalgh，2007)认为，"文化产业"的说法好于"创意产业"。但是，对这两个概念都没有一个公认的说法。

2.7.1 创意性质的工作

创意性质的工作是根据所做的工作来定义创意工作者的一个方法。

根据本章的定义(见本章后附表 2. A),丹麦有总数近 42 000 人的工作有创意性质。这些人中有 50%在创意产业中工作,余下的在其他行业工作。创意性质的工作之间有很大差异,最大数量的创意工作是在建筑行业为 17 583 人,“写作”为 9 204 人,“工艺和设计”为 5 961 人,“摄影,包括影像和声音录制设备操作者”为 3 271 人。很显然,这些工作分类相比更艺术性的视觉艺术、舞蹈、演艺和音乐等特定职业,仍然是极为宽泛的分类。

但我们发现,在视觉艺术、舞蹈、演艺和音乐行业内的创意工作在创意产业中占了最大的比重:95%的“编舞和舞蹈者”的创意工作都是在创意产业内的,89%的“雕塑家、画家即相关艺术家”的创意工作在创意产业内,78%的“电影、戏剧和相关的演员及导演”和“摄影师和音像录制师”的创意工作都在创意行业内。与此相对比,只有 28%的建筑师在创意产业内,其余的建筑师在其他行业工作。同样的情况发生在工艺和设计师工作中,46%的创意工作在创意产业内。

表 2.1 显示了创意产业之外的拥有创意性质工作的人数和占比。大多数这类工作是在“金融和商务活动”“制造业”“公共和私人服务”“批发零售业”和“酒店餐饮业”。例如,许多做工艺和设计的人在服装批发零售业工作;作家在出版社、银行、工会、软件开发和商务咨询等行业工作;建筑师在工程咨询业和不同类型的制造业工作。

表 2.2 显示的是有创意教育背景的在有创意性质工作的岗位工作的人数。总体来看,28%有创意性质工作的人受过创意教育。这一比例在音乐家中的比例最高,46%做创意工作的人拥有创意教育背景。视觉艺术中为 16%。这一点确认了前面的结果,即在有些艺术形

式中，例如音乐(特别是古典音乐)，专业培训是保持职业生涯的先决条件，而与之相比，画家中自学成才则比较普遍(Karttunen，1998)。

表 2.2 还显示了有创意性质工作但没有创意教育背景的人，都受过哪些类型的教育。大约有半数接受过短期教育。在“摄影师和音像录制师”“电影、戏剧和相关演员和导演”以及“舞蹈家”中间，接受过短期教育的人数最多。而这些接受过短期教育的人中，很多都没有在小学或中学之后接受进一步的教育。有些人受过一些技术教育或短期美术教育或是商务或办公室培训，有 1/3 的人接受过中等周期的高等教育，18%的人接受过长周期高等教育。在那些没有高等创意教育背景的人当中，大部分接受过技术或语言教育。

表 2.1　　拥有创意性质工作的人数(按行业分，丹麦，2007)

工作性质 行业	视觉艺术	舞蹈家	演员和导演	音乐家	摄影师等	作家	建筑师	工艺和设计	占比(%) (人数)
创意产业(%)	89	95	78	70	78	68	28	46	51 (21 134)
其他产业(%)	11	5	22	30	22	32	72	54	49 (20 460)
农业、渔业、开采业(%)	0	0	0	0	0	0	0	0	0(27)
制造业(%)	25	0	4	1	7	10	31	12	23 (4 764)
电、气及水供应(%)	0	0	0	0	0	1	1	0	1(132)
建筑(%)	0	0	3	0	1	1	6	0	4(749)
批发零售贸易、酒店和餐饮(%)	20	14	27	4	15	8	4	68	16 (3 197)
运输、邮政、通信(%)	0	0	6	1	3	6	2	1	2(445)
金融和商务活动(%)	25	0	20	3	18	27	41	16	33 (6 768)

续表

工作性质 行业	视觉艺术	舞蹈家	演员和导演	音乐家	摄影师等	作家	建筑师	工艺和设计	占比(%) (人数)
公共和私人服务(%)	30	86	39	92	56	48	15	2	21 (4 367)
其他(%)	0	0	1	0	0	0	0	0	0(11)
合计(%)	100	100	100	100	100	100	100	100	100
总人数	2 827	133	1 407	1 208	3 271	9 204	17 583	5 961	41 594

表 2.2　有创意性质工作的人数　(按教育分,丹麦,2007)

工作性质 行业	视觉艺术	舞蹈家	演员和导演	音乐家	摄影师等	作家	建筑师	工艺和设计	占比(%) (人数)
创意教育(%)	16	0	31	46	25	39	25	26	28 (11 770)
非创意教育%	81	58	59	42	72	59	71	70	68 (28 135)
短期课程	44	78	68	42	63	34	11	39	29 (8 031)
短周期高等教育	33	7	14	12	23	12	11	39	18 (5 089)
中等周期高等教育	16	14	13	26	10	27	52	18	34 (9 530)
长周期高等教育	6	3	5	19	4	26	26	4	18 (5 128)
博士及以上	0	0	0	0	0	0	0	0	0 (357)
没受过教育或未知	3	42	10	12	3	2	5	4	4 (1 689)
合计(%)	100	100	100	100	100	100	100	100	100
总人数	2 827	133	1 407	1 208	3 271	9 204	17 583	5 961	41 594

2.7.2　艺术或创意教育

丹麦有 60 363 人拥有本章定义的创意教育学历，大约其中的一半人所受到的教育是在美术、工艺和设计领域。约 9 000～10 000 人受到的教育是做建筑师和新闻记者，大约 5 000 人受过音乐教育，约有 3 700 人受过摄影方面的教育，只有很小一部分人有影视、戏剧、舞蹈和视觉艺术方面的教育背景。

表 2.3 显示，在那些接受过创意教育的人当中，有 25%在创意产业内工作，有差不多一半的人在创意产业之外工作，而有 30%的人在某种程度上没有就业（其中大部分，差不多有 80%，依赖于救济金，有些是失业者）。拥有创意教育背景并在创意产业工作的人，最大比重的是那些有影视教育学历的人，他们有 63%的人在创意产业工作。比较而言，只有 15%有美术教育背景和 16%有工艺和设计教育背景的人在创意产业工作。出现这样较小比例的原因，可能是美术、工艺和设计教育太宽泛，因而不与特定行业相关联。

表 2.3　　**拥有创意教育背景的人数**　（按行业分，丹麦，2007）

工作性质 行业	摄影师教育	影视教育	美术教育	新闻记者教育	戏剧教育	舞蹈教育	音乐教育	艺术教育	工艺和设计教育	建筑师教育	占比(%) 人数
创意产业(%)	25	63	15	39	55	49	17	19	16	41	25 (15,174)
其他产业(%)	32	20	59	27	24	43	70	28	45	39	46 (27 693)
农业、渔业、开采业(%)	1	0	0	1	0	0	0	1	1	0	1(142)
制造业(%)	19	1	27	5	1	0	1	5	13	5	15 (4 162)
电、气及水供应(%)	0	0	0	0	0	0	0	0	0	1	0(72)
建筑(%)	2	0	2	1	3	0	0	2	3	4	2(542)

续表

工作性质 行业	摄影师教育	影视教育	美术教育	新闻记者教育	戏剧教育	舞蹈教育	音乐教育	艺术教育	工艺和设计教育	建筑师教育	占比(%) 人数
批发零售贸易、酒店和餐饮(%)	13	2	14	7	10	31	3	7	34	6	15 (4 118)
运输、邮政、通信(%)	7	1	5	5	4	0	1	2	3	4	4(1 146)
金融和商务活动(%)	13	27	16	22	20	0	6	10	12	24	15 (4 264)
公共和私人服务(%)	44	69	36	58	61	69	88	73	33	57	48 (13 245)
无就业行业(%)	43	17	25	34	21	8	14	54	39	20	29 (17 496)
合计(%)	100	100	100	100	100	100	100	100	100	100	100
总人数	3 734	417	18 097	9 876	1 182	37	5 114	767	12 039	9 100	60 363

在那些有创意教育背景但又不在创意产业工作的人中，大部分在“公共和私人服务部门”工作，也有些在“金融和商务服务业”“批发零售、酒店、餐饮业”和“制造业”工作。只有一小部分有音乐教育背景的人也在创意产业工作，大部分都在“公共和私人服务部门”工作，主要从事各个层级的教学活动，大学、中学和小学不等。也有许多受过音乐教育的人在宗教机构（如教堂）工作。有美术教育背景的人都在不同类型的印刷行业和基金会工作，也会在一些诸如医院、学校和老年服务机构工作。有工艺和设计教育背景的人的情况也一样。他们许多人也在医院、学校和老年服务机构工作，但大部分是在服装批发零售行业。建筑师主要是在公共管理和教育部门。

表 2.4 显示，20%有创意教育背景的人拥有创意性质的工作，37%做其他工作（单调性工作），43%工作性质未知。很少有着艺术、舞蹈、美术教育背景的人从事有创意性质的工作（4%～5%）。有工艺、设计或音乐教育背景的人也是很少有从事有创意性质工作的（11%～12%）。这就是说，许多拥有创意教育背景的人并没有从事创

意工作(根据本章的定义)。

表 2.4　　**拥有创意教育背景的人数**

(按工作性质分,丹麦,2007)

教育行业	摄影师教育	影视教育	美术教育	新闻记者教育	戏剧教育	舞蹈教育	音乐教育	艺术教育	工艺和设计教育	建筑师教育	占比(%)(人数)
创意性质工作(%)	17	19	4	36	33	5	12	5	11	50	20(11 770)
其他工作(%)	25	29	52	16	23	38	57	30	39	25	37(22,511)
公司、组织和公共部门最高管理层(%)	4	5	3	15	4	0	2	0	3	15	5(1 154)
在需要最高层次知识的行业工作(%)	10	30	7	32	31	0	77	58	11	55	25(5 561)
需要中等层次知识(%)	25	57	23	22	32	21	7	7	29	16	22(4 879)
办公室工作(%)	14	2	22	19	7	14	4	8	9	4	14(3 133)
零售、服务和护理工作(%)	15	1	9	6	11	50	4	13	17	5	10(2 168)
农业、商品蔬菜种植、林业和渔业工作(%)	1	0	0	1	0	0	0	1	0	1	0(62)
工艺和相关行业工作者(%)	13	2	21	1	4	0	1	3	19	3	14(3 164)
工厂和设备操作和装配工(%)	8	0	7	1	2	7	0	2	4	1	4(961)
其他职业(%)	12	2	8	4	7	7	4	8	7	2	6(1 429)
未知职业性质(%)	58	52	44	48	44	57	31	65	50	25	43(26 082)
合计(%)	100	100	100	100	100	100	100	100	100	100	100
总人数	3 734	417	18 097	9 876	1 182	37	5 114	767	12 039	9 100	60 363

在那些有创意教育背景而从事非创意工作的人中,大部分从事的是本领域内要求有最高等级或中等级别的知识水平。这也包括教学。特别是许多拥有音乐文凭或建筑师文凭的人所做的工作,都是要求有

很高知识水平的，主要是教学工作。新闻记者也经常从事教学或商务咨询，而那些有美术教育背景的人则常常做一些一般性办公室工作，有工艺和设计方面教育背景的人经常做一些需要中等知识水平的工作，如销售。

43%工作性质未知的人，或者依赖于救济金，或者处于失业状态，也或许因某种原因他们的工作性质没有注明。他们中的许多人依赖救济金（如上述），但也有一部分人是失业的。对于一个有确切定义的群组，比如有创意教育背景的人，我们就有可能去深入研究一些问题，比如失业率等。表 2.5 揭示了有创意教育背景的人的失业状况。86%的有创意教育背景的人有全职工作，而有所有其他教育背景的人的全职就业率为 91%（表 2.6）。拥有舞蹈教育背景的人中，只有 28%有全职工作，有戏剧教育背景的全职就业水平为 61%。

表 2.5　　拥有创意教育背景的人的失业程度　　（丹麦，2007）

教育失业程度	摄影师教育	影视教育	美术教育	新闻记者教育	戏剧教育	舞蹈教育	音乐教育	艺术教育	工艺和设计教育	建筑师教育	占比(%)（人数）
全职就业比例	92	66	85	91	61	28	80	85	84	87	86（50 849）
1%～50%失业比例	6	23	12	7	31	42	16	9	12	9	12（6 653）
50%～99%失业比例	3	10	3	2	10	31	5	7	4	3	3(1 906)
完全失业比例	0	0	0	0	0	0	0	0	0	0	0(54)
合计(%)	100	100	100	100	100	100	100	100	100	100	100
总人数	3 658	416	17 816	9 740	1 169	36	749	11 838	8 988	8 988	59 462

表 2.6　　拥有其他教育背景的人的失业程度　　（丹麦，2007）

教育失业程度	短期课程	短周期高等教育	中等周期高等教育	长周期高等教育	博士及以上	未受过教育或未知	占比(%)（人数）
全职就业比例	91	90	90	89	93	98	91（4 277 073）
1%～50%失业比例	8	9	9	9	6	2	8(377 281)

续表

教育失业程度	短期课程	短周期高等教育	中等周期高等教育	长周期高等教育	博士及以上	未受过教育或未知	占比(%)(人数)
50%~99%失业比例	1	1	1	2	1	0	1(52 936)
完全失业比例	0	0	0	0	0	0	0(3 711)
合计(%)	100	100	100	100	100	100	100
总人数	1 942 751	1 392 919	542 724	216 774	12 225	570 308	4 677 701

当然,数据挖掘还有很多可能性,比如去研究工作条件和有创意教育背景的创意工作者的职业生涯,但这些超出了本章的研究范围。

2.7.3 创意产业——他们在哪里工作?

根据本章的定义,丹麦有 132 412 人在创意产业工作。

创意产业中岗位最多的是工作在广告、设计和出版业,工作岗位数量最少的是音乐和视觉艺术。

表 2.7 列出了在创意产业中就业的拥有创意性质工作的人数。平均来看,16%的在创意产业中工作的人有创意性质工作,45%的有其他工作性质(单调性工作),40%工作性质未知。同样,行业之间有区别,最多的创意性工作是在建筑业、视觉艺术和摄影,音乐产业①、独立艺术家②、广告和设计业中的创意性质工作比例最低。

表 2.7 **创意产业就业人数,按工作性质分** (丹麦,2007)

教育行业	独立艺术家	视觉艺术家	戏剧	音乐	电影	出版	广播电视	建筑	设计	广告	摄影	占比(%)(人数)
创意性质工作(%)	7	47	20	1	23	16	30	52	8	7	38	16(21 134)
其他工作%	82	19	49	71	45	47	40	27	73	24	25	45(58 979)
公司、组织和公共部门最高管理层(%)	1	7	2	3	5	5	9	10	5	7	5	6(3 401)

① 这也许是因为音乐产业包含有两个行业:“录音出版”和“音乐中介及其他服务”。这意味着,音乐家在这两者之外。

② 主要是新闻记者写作。

续表

教育行业	独立艺术家	视觉艺术家	戏剧	音乐	电影	出版	广播电视	建筑	设计	广告	摄影	占比(%)(人数)
在需要最高层次知识的行业工作(%)	94	26	22	69	10	10	15	19	2	7	3	10(5 932)
需要中等层次知识(%)	2	18	20	11	61	28	35	43	11	31	10	23(13 397)
办公室工作(%)	2	21	15	11	13	21	23	16	10	18	33	15(9,057)
零售、服务和护理工作(%)	0	12	14	3	5	5	4	3	2	8	35	5(2,991)
农业、商品蔬菜种植、林业和渔业工作(%)	0	0	0	0	0	0	0	0	0	0	0	0(25)
工艺和相关行业工作者(%)	1	2	9	2	2	8	7	4	35	5	3	17(10 156)
工厂和设备操作和装配工(%)	0	1	0	0	0	6	3	0	21	1	4	10(5 714)
其他职业(%)	1	12	18	1	4	17	4	5	13	22	7	14(8 306)
职业性质未知(%)	11	35	31	28	32	37	30	21	20	69	37	40(52 299)
合计(%)	100	100	100	100	100	100	100	100	100	100	100	100
总人数	1 627	654	7 767	536	4 486	26 719	9 152	9 421	31 309	37 390	3 351	132 412

表 2.8 显示，在创意产业工作的人中，11%拥有创意教育背景；拥有其他教育背景的人中(49%)，最大的部分拥有短期教育背景(大部分只是小学或中学毕业)；14%拥有非创意中等学习周期的高等教育背景；6%拥有非创意长学习周期的高等教育背景。

表 2.8　　创意产业就业人数，按教育背景分　　(丹麦，2007)

行业工作性质	独立艺术家	视觉艺术家	戏剧	音乐	电影	出版	广播电视	建筑	设计	广告	摄影	占比(%)(人数)
创意教育(%)	19	7	16	7	12	15	17	36	6	4	21	11(15 174)

续表

行业工作性质	独立艺术家	视觉艺术家	戏剧	音乐	电影	出版	广播电视	建筑	设计	广告	摄影	占比(%)(人数)
其他教育(%)	77	89	72	88	78	61	76	58	87	43	72	65(85 922)
短期课程	48	41	56	54	60	46	46	28	49	56	54	49(42 282)
短周期高等教育	20	35	24	23	18	30	28	19	41	26	37	31(26 641)
中等周期高等教育	20	18	14	16	13	14	16	44	8	11	7	14(11 666)
长周期高等教育	11	6	6	7	8	9	10	8	2	7	2	6(5 278)
博士及以上	1	0	0	0	0	0	0	0	0	0	0	0(59)
没受过教育或未知(%)	4	4	12	5	10	24	6	6	7	53	7	24(31 312)
合计(%)	100	100	100	100	100	100	100	100	100	100	100	100
总人数	1 627	654	7 767	536	4 486	26 719	9 152	9 421	31 309	37 390	3 351	132 412

有行业职业同样也有区别,有创意教育背景的最大比例是在建筑行业(36%),21%的摄影师有创意教育背景,大约19%的独立艺术家也是如此。

有着短期教育背景的人,最大部分在电影、戏剧、广告、音乐和摄影行业,最少部分在建筑业。

选定相关研究群体之后,很容易运用丹麦统计局数据去获得这个群组所有的社会经济信息。虽然超出了本章范围,但下面会给出一个例证。

2.8 演员:例证

在表2.9中,演员从三个方面划分:(1)有一个作为演员的工作;[①]

① 这里用了一个广义定义,因为除了电影、戏剧和相关演员及导演之外,还有编舞和舞蹈家,加上小丑、魔术师、杂技演员,以及相关专业人员。

(2)丹麦演员工会会员;(3)拥有表演教育背景。从这三组的社会经济特点来看,它们明显不同。

表 2.9　　根据三项标准划分的演员的社会经济状况分布　　单位:%

	职业性质为演员	演员工会会员	表演教育背景
收入(丹麦克朗)	2007	2007*	2007
0～100 000	20.9	40.3	39.9
100 000～200 000	19.6	21.6	18.8
200～300 000	14.1	15.8	15.3
300～400 000	13.5	10.8	11.6
400～500 000	10.5	5.7	6.7
500～600 000	4.8	2.0	2.8
>600 000	2.0	3.7	4.9
合计总数	1 457	1 987	973
行业			
戏剧、电影、电视	37.5	31.3	34.0
其他行业	45	38.3	28.0
就业状况不明	17.2	30.3	37.8
合计总数	1,457	2,204	984
演员工会			
会员	36	100	75
非会员	64	0	25
合计总数	1 457	2 204	985
年龄			
18～27	25.6	16.6	4.2
28～37	35.1	27.9	25.3
38～47	21.1	22.2	20.5
48～57	9.7	17.4	17.6
58～67	6.5	10.6	16.1
68 以上	1.9	5.9	16.4
合计总数	1 276	2 005	985

续表

	职业性质为演员	演员工会会员	表演教育背景
性别			
男性	54.2	46.0	47.6
女性	45.8	54.0	52.4
合计总数	1 457	2 005	985
教育背景			
表演教育	21.3	37.7	100
其他教育	78.7	64.3	0
合计总数(人)	1 457	2 005	985

* 2010 年丹麦演员工会会员数据。

收入分配状况显示,拥有作为演员的工作比作为丹麦演员工会会员或拥有表演教育背景的有更高的收入。这种情况告诉我们,后面两组也许将自己定义为艺术家,但却没有在表演行业内,不能满足传统的以市场为基础的对专业人士的定义。与其他两组相比,第一组中也有更大比例的人在创意产业工作,无工作的比例较小。还值得注意的是,只有 36%的从事演员工作的人是丹麦演员工会的会员,而 75%有表演教育背景的人是工会的会员。年龄分布告诉我们,作为演员工作的人中年轻人居多,有表演教育背景的人年龄较大,而丹麦演员工会会员的年龄介乎前两者之间。而且,拥有作为演员工作的人,男性多于女性,而其他两组则是女性比例较高。

表 2.10 还显示了一些有意思的结果。如果我们观察全部面板数据的长度(1996～2007 年),可以看到,2007 年有一份作为演员工作的人中,43%仅拥有这个工作持续一年时间,而且都只有很少的收入;那些有着较长演员职业生涯的人的平均收入要高很多。结果显示,很少人可以维持住作为演员的长期职业生涯,但很多人会拿着低收入去尝试机会。如果我们将在演员圈中只做了一年的人包括在内的话,那么,与只包括拥有较长演员生涯的人的情况相比,收入分配状况看起

来会很不同。只做了一年的人并不一定都在有表演教育背景的人当中,或是在丹麦演员工会会员当中。此外,许多丹麦演员工会的会员没有作为演员的工作。

表 2.10　　　　演员的职业生涯长度和收入

收入(1 000 丹麦克郎) 职业生涯长度(做演员的时间)	0～100	100～200	200～300	300～400	400～500	500+	合计
1 年	40.2	21.2	17.5	12.0	4.0	5.0	452(43%)
2 年	28.3	23.5	20.0	14.5	6.2	7.6	145(14%)
3～5 年无间断	11.5	21.5	25.3	25.3	6.9	9.3	130(12%)
3～5 年有一次间断	13.9	23.6	22.2	19.4	9.7	11.1	72(6%)
6～7 年无间断	0.0	6.5	16.1	35.5	6.5	35.5	31(3%)
6～7 年有一次间断	4.0	8.0	28.0	36.0	16.0	8.0	25(2%)
8 年无间断	5.0	10.0	12.5	35.0	32.5	5	40(4%)
8～11 年有一次间断	17.5	7.5	22.5	22.5	17.5	12.5	40(4%)
12 年无间断	0.0	13.3	17.3	22.7	33.3	13.3	75(7%)
12 年有一次间断	2.3	4.6	31.8	20.5	22.7	18.2	44(4%)
合计	25 924.6	19 818.8	21 019.9	19 118.1	1 049.9	928.8	1 054

2.9　结　论

本章集中讨论了三个主要问题:哪些人是创意工作者?他们做什么?在哪里工作?

运用丹麦统计局的分类对创意工作者进行界定,使我们能从三个不同方面分析创意劳动者,即:创意产业、创意工作性质和创意教育。在这三个方面,我们使用了相当狭义的定义,重点讨论文化和创意内容的生产,使我们的结论尽可能集中针对艺术创意及生产的劳动力市场状况。

哪些人是创意工作者?在此没有一个清晰的定义。本章用了两个标准:创意工作性质和创意教育背景。如果根据创意工作性质划分创意工作者人群,我们得到的创意工作者定义是“你(的职业)就是你所做的工作”(you are what you do);另一个是用创意教育背景定义。

他们做什么？如果用创意教育来定义创意工作者，那我们就可以研究那些拥有创意教育背景的人实际上在做什么。同时也可以解答其他一些问题，如他们在哪里工作？失业率是多少？收入水平如何？他们的职业生涯道路是怎样的？原因是什么？等等。

他们在哪里工作？运用丹麦统计局数据，我们可以了解创意工作者在哪些行业工作。本章呈现的描述性结论告诉我们，创意产业中有大量的非创意性工作(创意产业中只有 16%的人从事有创意性质的工作)，在这些行业中工作的许多人仅拥有短期教育文凭。大约有 1/3 的在创意产业工作的人拥有短期教育文凭(仅仅是小学、中学或类似的)。

创意工作者既可以根据创意工作性质来定义，也可以用受教育情况来定义。分析表明，用这样的定义方式，大多数创意工作者是在非创意产业的其他行业工作。从工作性质来看，50%的人在非创意产业中工作，而根据创意教育背景看，依据本章的分类，仅 25%的人在创意产业内工作。这就意味着，创意经济远比创意产业覆盖面广；从创意工作者的角度，创意工作大部分是分布在其他产业中的。

结论还告诉我们，在不同的定义标准之间并没有太多的交叉重叠部分。取决于创意工作者是根据产业、工作性质定义，还是创意教育来定义的，研究的对象群体就会不同，由此得出的结论也不相同。本章提出的分类可以通过交叉分析进一步改进登记类别。例如，我们可以界定拥有创意性质工作同时在一些选定的行业工作的人。

研究发现，不同创意产业之间、不同创意性质的工作之间，以及不同的创意教育之间，都有着很多差别。这就是说，对创意产业进行总体分析是没有什么意义的。不同创意行业的创意劳动力市场看起来都有所不同。

有最多的创意工作的行业是建筑业、工艺和设计、作者和作家(包括新闻记者)、摄影(包括音像录制师)。与此相对比，更多与艺术相关和专业化的工作，例如表演艺术、音乐、视觉艺术等，数量较小，但这些领域内的创意工作、创意教育和创意产业之间的关系更为紧密。

本章的研究结果受到一开始就提到过的严重缺憾的影响：不同的定义导致不同的结果。我们所用的标准——创意工作性质、创意教育和创意产业，都是主观确定的，也许可以用其他方式定义。2008 年丹麦企业和建设局[Danish Enterprise and Construction Authority (Erhvervs-og Byggestyrlsen)]的一份报告考察了 2005 年以来数据使用中存在的几乎同样的问题。表 2.11 中的括号中列出了本章的分析结果。尽管丹麦企业和建设局使用了一些广义定义，但与本章选用的定义相比，结果相去并不太远。丹麦企业和建设局的报告中，创意产业工作人数，比我们本章的研究结果，多出一倍。这个当然是由于丹麦企业和建设局使用广义定义造成的。然而，值得注意的是，在创意产业中工作的人的比重，和拥有创意性质工作或拥有创意教育背景的人的比重，几乎完全一样。

表 2.11　按行业工作性质和教育背景划分的创意工作者(丹麦,2007)

	创意性质的工作	创意产业	创意教育
创意教育	28%(32%)	12%(12%)	—
其他教育	72%(68%)	88%(88%)	—
合计%	100%	100%	—
创意性质的工作	—	16%(7%)	20%
其他或未知性质的工作	—	84%(93%)	80%
合计%	—	100%	100%
创意产业	51%	—	25%
其他或无就业行业	49%	—	75%
合计%	100%	—	100%
合计	41 594	132 412	60 363
合计(丹麦企业和建设局,2008)	46 248	266 448	

注：括号里的数字是丹麦企业和建设局(Danish Enterprise and Construction Authority,2008)。

本章所用数据是基于 2007 年丹麦统计局的登记数据。应该强调的是，有充分的理由相信，这里得到的较为一般性的结论，在很大程度上可以得到广泛应用。分析显示出与创意工作者划分有关的许多问题，这一点上，在其他国家和其他年份都是一样的。

我们根据行业、工作性质和教育背景，主要分析了对创意工作者和艺术家的划分。结果也显示出创意产业之间有很大差别，显然对每一个行业都需要有更详细的研究，这一点超出了本章的范围，但这里所使用的丹麦统计局数据，使我们有可能对创意工作者和艺术家的劳动力市场状况作进一步研究。像工作的流动性问题，不同行业间的流入流出，特别是不同创意工作者组别收入状况等问题，都是未来可以基于这一数据能做的更深入的研究。数据的面板结构在本章没有得以应用，我们的研究结果只是基于 2007 年数据做出的。但是，利用整个数据库 1994～2007 年的数据，研究职业生涯特点是有可能的。选择"正确"的艺术家或创意工作者群组是个极大的挑战。在选出一组艺术家或创意工作者后，就有可能利用丹麦统计局登记数据对创意劳动力市场有更多的了解。[见比勒等(Bille et al. ,2010)]

参考文献

Abbing, H. 2002. *Why Are Artists Poor? The Exceptional Economy of the Arts*. Amsterdam: Amsterdam University Press.

Adler, M. 2006. "Stardom and Talent." In *Handbook of the Economics of Arts and Culture*, edited by V. A. Ginsburgh and D. Throsby (Series: Handbook of Economics 25). Amsterdam: North－Holland.

Alper, N. O., and G. H. Wassall. 2000. *More than Once in the Blue Moon: Multiple Job Holdings by American Artists*. Washington, DC: National Endowments for the Arts.

Alper, N. 0., and G. H. Wassall. 2006. "Artist's Careers and Their Labor Markets.' In *Handbook of the Economics of Arts and Culture*, edited by V. A. Ginsburgh and D. Throsby (Series: Handbook of Economics 25). Amsterdam: North-Holland.

Bille, T., and M. Lorenzen. 2008. *Den danske oplevelsesøkonomi-afgrænsning, økonomisk betydning og vækstmuligheder*. Copenhagen: Forlaget Samfundslitteratur.

Bille, T., F. Agersnap, S. Jensen, and T. Vestergaard. 2010. *Performing Artists' Income Conditions and Careers in Denmark*. Working paper Creative Encounters no. 49. Copenhagen: Copenhagen Business School.

Birch, S. 2008. *The Political Promotion of the Experience Economy and the Creative Industries—Cases from UK, New Zealand, Singapore, Norway, Sweden and Denmark*. Copenhagen: Forlaget Samfundslitteratur.

Caves, R. 2000. *Economics of the Creative Industries*. Cambridge, MA: Harvard University Press.

Danish Enterprise and Construction Authority (Erhvervs— og Byggestyrelsen). 2008. *Vækst via oplevelser— en analyse af Danmark i oplevelsesøkonomien*. Copenhagen: Author.

Danish Ministry for Cultural Affairs. 2009. *Bekæftigelsesrapport* (Employment report). Copenhagen: Author.

Elstad, J. I., and K. R. Pedersen. 1996. *Kunstnernes økonomiske vilkår. Rapport fra Inntekts— og yrkesundersøkelsen brandt kunstnere* 1993—94 (INAS report). Oslo: Institut for Socialforskning.

Filer, R. K. 1989. "The Economic Condition of Artists in America." In *Cultural Economis 88: An American Perspective*, edited by D. V. Shaw et al. Akron: Association for Cultural Economics.

Florida, R. 2002. *The Rise of the Creative Class— And How It's Transforming Work, Leisure, Community and Everyday Life*. New York: Basic Books.

Frey, B. S., and W. W. Pommerehne. 1989. *Muses and Markets. Explorations in the Economics of the Arts*. Oxford: Basil Blackwell.

Heian, M. T., K. Løyland, and P. Mangset. 2008. *Kunstnernes aktivitet, arbeids-og inntektsforhold*, 2006(Report no. 241). Bø: Telemarksforskning—Bø.

Hesmondhalgh, D. 2007, January. Creative Industries Critique: Possibilities and Problems. Paper presented at the Cultural Industries Network: New Directions in Research: Substance, Method, and Critique conference, Edinburgh, Scotland.

Hesmondhalgh, D. 2010. "Normativity and Social Justice in the Analysis of Creative Labour."*Journal for Cultural Research* 14: 231—249.

Higgs, P., S. Cunningham, and H. Bakhshi. 2008. *Beyond the Creative Industries: Map-*

ping the Creative Economy in the United Kingdom. London: National Endowment for Science, Technology, and the Arts.

Jrffri, J., and D. Throsby. 1994. "Professionalism and the Visual Artists." *European Journal for Cultural Policy* 1:99—108.

Karttunen, S. 1998. "How to Identify Artists? Defining the Population for 'Status—of—the—Artists' Studies" *Poetics* 26:1—19.

Karttunen, S. 2001. "How to Make Use of Census Data in Status-of-the-Artist Studies: Advantages and Shortcomings of the Finnish Register-Based Census." *Poetics* 28: 273—90.

Kaufmand, and Sternberg, eds. 2010. *The Cambridge Handbook of Creativity*. Cambridge: Cambridge University Press.

KEA European Affairs. 2006. *The Economy of Culture in Europe*. Brussels: European Commission.

Menger, P. —M. 2006. "Artistic Labor Markets: Contingent Work, Excess Supply and Occupational Risk Management." In *Handbook of the Economics of Arts and Culture*, edited by V. A. Ginsburgh and D. Throsby (Series: Handbook of Economics 25). Amsterdam: North-Holland.

O'Brien, . J., and A. Feist. 1995. *Employment in the Arts and Cultural Industries: An Analysis of the* 1991 *Census*. London: Arts Council of England.

Rengers, M. 2002. *Economic Lives of Artists; Studies into Careers and the Labour Market in the Cultural Sector*. Utrecht: Utrecht University, Interuniversity Center for Social Science Theory and Methodology.

Rosen, S. 1981. "The Economics of Superstars." *American Economic Review* 71:845—858.

Throsby, D. 1994. "Work-Preference Model of Artist Behavior." In *Cultural Economics and Cultural Policies*, edited by A. Peacock and I. Rizzo, 69—80. Boston, MA: Kluwer Academic.

Throsby, D. 2001. *Economics and Culture*. Cambridge: Cambridge University Press.

Throsby, D. 2007, January. Modelling the Creative/Cultural Industries. Paper presented at the Cultural Industries Seminar Network: New Directions in Research: Substance, Method, and Critique conference, Edinburgh, Scotland.

Throsby, D., and V. Hollister. 2003. *Don't Give Up Your Day job Yet: An Economic*

Study of Professional Artists in Australia. Sydney：Australia Council.

Towse，R. 2006. "Human Capital and Artists' Labor Markets." In *Handbook of the Economics of Arts and Culture*，edited by V. A. Ginsburgh and D. Throsby (Series：Handbook of Economics 25)，Amsterdam：North－Holland.

UNCTAD. 2008. *Creative Economy Report* 2008：*The Challenge of Assessing the Creative Economy*：*Towards Informed Policy-making*. Geneva：Author.

Wassall，G. H.，and N. 0. Alper. 1992. "Toward a Unified Theory of the Determinants of the Earnings of Artists." In *Cultural Economics*，edited by R. Topwse，187－200. Berlin：Springer.

附录表 2. A　　创意性质的工作

创意职业	编码	创意工作
视觉艺术	2453	雕塑、绘画及相关艺术
舞蹈	2454	编舞和舞蹈
演员与导演	2455	电影、舞台剧及演员导演相关
音乐家	2453	作曲、音乐家和演唱家
摄影师	3131	摄影、摄像、录音设备操作
作家	2451	作者、记者及其他写作
建筑师	2141 2149	建筑、城市交通规划 建筑、工程设计
工艺设计	3471	装饰工程及商业设计

附录表 2. B　　创意教育

有创意教育背景的职业	HFUDD 创意教育
摄影教育	4461,4462,4474,4864,4865,4866,4867,4869,9757
电影电视教育	5801,5802,5803,5804,5805,5806,5807,5816,5817,6724,9167,9830
美术教育	4451,4453,4454,4458,4465,4472,4473,4475,4703,5082,5083,5087,5758,5759,5813,5820,6452,9706

续表

有创意教育背景的职业	HFUDD 创意教育
新闻教育	5735,5736,6147,6665,9144
戏剧教育	4315,5846,5847,5848,5849,5850,5852,5855
舞蹈教育	5856
音乐教育	5602,5603,5611,5615,5618,5619,5620,5895,5901,5902,5904,5909,5918,5919,5921,5922,5923,5925,5995,5996,6586,6587,6786,6787,7873,9171,9172
艺术教育	5811,5812,5814,5821,5822,5823,5825,9176
建筑教育	5470,5480

附录表 2. C　　创意产业

有创意教育背景的产业	创意教育 NACE 编码
独立艺术家	92. 31. 20
视觉艺术	52. 48. 35
戏剧	92. 31. 10,92. 32. 00
音乐	22. 14. 00,74. 84. 90
电影	92. 11. 00
出版	22. 11. 10,22. 11. 20,22. 12. 10,22. 12. 20,22. 13,10,22. 13. 20,22. 13. 30,22. 13. 40,22. 15. 00
广播电视	22. 31. 00,22. 32. 00,92. 20. 00,92. 20. 10,92. 20. 20
建筑	74. 20. 40,74. 20. 50,74. 87. 10
设计	74. 84. 10,74. 84. 20,17. 40. 20,17. 40. 90,28. 73. 00,17. 51. 00,17. 71. 00,17. 72. 00,17. 73. 00,17. 74. 00,17. 75. 00,18. 10. 00,18. 21. 00,18. 22. 00,18. 22. 10,18. 22. 20,18. 22. 30,18. 23. 10,18. 23. 90,18. 24. 10,18. 24. 90,18. 30. 00,19. 10. 00,19. 20. 00,19. 30. 10,36. 11. 10,36. 12. 00,36. 13. 00,36. 14. 10,36. 21. 00,36. 22. 10,36. 22. 20,74. 87. 20
广告	74. 40. 10,74. 40. 90
摄影	74. 81. 10,52. 48. 25,74. 81. 20

第二部分

戏剧、电视和电影

第 3 章　自由情形的含义
——德国的戏剧生涯

多丽丝·露丝·艾考芙(Doris Ruth Eikhof)
阿克塞尔·霍斯柴尔德(Axel Haunschild)
弗朗西斯卡·舒斯勒(Franziska Schößler)

3.1 引　言

对很多人来说,在创意产业中谋得职位是理想的目标,因为创意活动能够提供表现自我的机会,工作方式灵活,结交有趣的朋友,以及参与各种令人激动的项目。在国际上,诸如《X 因素》(*The X Factor*)和《流行偶像》(*Pop Idol*)之类达人秀记录,维系了人们对于这种既具魅力又可获得成就感之职业生涯的向往。正如一位在德国最有名剧院的出演者马提亚斯(Matthias)所言:"在舞台上的每个晚上,尽力表现自我,由此获得掌声甚至金钱,那真是绝妙无比!" 他认为,这种"绝妙无比"的感觉补偿了存在于创意产业职业生涯的那些困难和不足,因为这些产业缺乏公众的关注,表演者所承受的压力也越来越大。"你不仅一直要让人评头品足,还要不断自行监督……恐惧每每由此而生,总是担心出演的角色太少或太小,唯恐剧院管理者和观众不再欣赏自己。"

在有关职业生涯和创意产业的文献中，对于这种在“绝妙无比”与“心存恐慌”间来回折腾的现象分析，大多通过项目型就业和自由职业生涯的方式来进行。如果创意从业者连续从事多个项目，其职业生涯就超越了组织的界限，专业或行业则构成了其主要的参照框架。某些作者强调了这样一种机会，这类职业生涯让从业者能够依照自己的偏好、目标以及与专业目标相互一致的要求营造其职业生涯；另一些作者关注的焦点则是，失业期间维持生计的困难，以及这种职业生涯总体的不稳定状况。这两种观点都强调了这种职业生涯已经个体化。职场经历对于从业者个人而言是特定的，而决定这些经历能否有所成就的责任同样也是因人而异的。

根据德国各剧院的状况，本章考察这种自由的、项目型和个性化职业生涯的背景。因此，本章探索作为就业体系的剧院具备的一系列精致、隐蔽但又强有力的特征，这种就业体系限制了个人在职场发展中的能动作用。虽然职业生涯取决于演员个体，但这种就业体系的结构却没有为他们提供进行切实的、有针对性的个性营造的机会。相形之下，各种职业生涯的路径大多雷同。根据我们对作为职业体系的剧院所做的深入研究，本章阐明了受制于多种因素的职业生涯的自由程度。

3.2 创意产业中的职业生涯

综观各个产业和各国的就业体系，创意生产均以项目型工作为主。无论是电影、剧院、广告还是新媒体（Blair，2001；Dempster，2006；Grabher，2002；Jones，1996；Pratt，2009），生产过程都是由各类人才组成的“杂牌军”所进行（Caves，2000：6）。在某个时段，组建团队是为了完成某项特定的工作，诸如策划展览会、上演歌剧和制作电视节目；产品一经交付，团队就会解散。创意生产的这种特定组织形式使得人们认为，创意产业中的职业生涯在两个重要方面带有项目序列特征。

首先，我们可以将职业生涯视为个人所参与的严肃艺术或创意成就系列。这些成就在业内获得考察和评估；例如，正式的，在电影方面有奥斯卡和凯撒之类奖项和奖金（参见本书第 5 章）或视觉艺术方面的特纳奖；而非正式的，则是业内会谈和举荐。此类业内群体评估可以构建创意从业者的声誉（例如，参见本书第 8 章；Jones，2002；参见本书第 7 章）。另一方面，这种评估对于个人的自尊也十分重要，“当你走在大街上，知道业内其他创意工作者很看重你，快感自会油然而生”（某音乐制作人在获得格莱美大奖时的感言；Anand 和 Watson，2004：67）。一项工作获得集体的认可还能缓解演员马提亚斯所描绘的那种持续的恐慌：“我能一直获得足够的演出机会吗？有出演主角的更多机会吗？剧院经理是否愿意挽留我？或者糟糕地，他是否要解雇我？”另一方面，声誉会直接影响创意从业者参与未来项目的机会，业内对于创意从业者艺术才能的集体评价越高，他们获邀参与未来项目甚至参与具有艺术意义的著名项目的机会也就越多。“你只要表现得与上次工作一样就可以了”这句话，表明了整个创意产业的评估惯例，未来的项目参与在很大程度上取决于同行、公众如何看待创意从业者在上一个项目中的表现。

其次，创意产业中的职业生涯还被看作是一个项目序列，因为创意生产和就业往往是以项目为基础的（Blair，2001；Jones，1996；Randle、Culkin，2009）。创意从业者的职场道路并不是在某个组织层级向上攀升，而是根据一系列的就业合同参与不同的项目。创意从业者在各项目中的作用大多相似（例如，充当演员、灯光设计师或网络设计师），但是其工作质量和责任却可能因时而变（例如，从辅助工作到主要演员，或者从灯光助理到灯光部主任），类似于在较为传统的组织层次中的晋级。

这种项目型职业生涯一直被描述为自由的（Arthur 和 Rousseau，

1996;Jones,1996),组织界限与个人职业生涯、相关领域内职场认可已无关联。职业生涯不仅遍布各个行业的项目中,而且还要由特定用人部门之外的重要人士实施评估和检验;例如,通过在业内构建声誉的过程。有组织的职业生涯向自由职业生涯的变动进一步强化了个人的能动作用(Arthur,2008),并为其慎重安排自己的职场道路提供了机会(Arthur 等人,1999;Hall 等人,2002)。

根据个人的目标和偏好规划自己职业生涯的自由,也就意味着个人有责任把职场目标转化为现实(参见本书第 11 章有关视觉艺术家的类似压力问题研究)。因此,创意从业者需要积极地推销自己的劳动,特别是要(通过设置社会关系网络以及)在整个行业中构建和利用业内关系网(Eikhof 和 Haunschild,2006,2007;Grugulis 和 Stoyanova,2009;Jackson,1996;Jones 和 DeFillippi,1996;Randle 和 Culkin,2009)。综观各个行业,创意从业者都是通过策略性地构建、利用人际联系来寻找工作。虽然传统的招募过程依然存在,但招募者和应聘者的私人网络却至关重要,"我从未因送上自己的简历而获得过工作,一次也没有。我曾经投送出了上千份简历,从未因此获得过工作。获得的唯一一份工作是因为我认识该机构内能够看到我的简历者"(Blair 等人引用的化妆师的谈话,2003:629)。

那些重点关注项目型与自由职业生涯不稳定方面的研究强调了职业生涯个性化的相对的消极因素,项目型就业使得创意从业者需要承受相当大的生计压力(Randle 和 Culkin,2009;Skillset,2008)。有些项目的完成最多只需几天时间(例如,Blair,2001;Skillset,2008),所以项目型就业常常使得创意从业者用于寻找工作的时间多于实际(的)工作时间,"找工作和谈判是最难的事情。干活是一种乐趣,找活干反倒变成了职场生活"(Randle 和 Culkin 引用的剧本监督的谈话,2009,101)。除了找工作,创意从业者还要维持失业期间的生活,承担培训费用、专业发展、保险、病假工资和产假(Gill,2002;Skillset,

2008;Warhurst 和 Eikhof,2010)。由于个人的偏好和情况不同,这种压力可能会大得无法承受。“我的合伙人和我都决定到40岁左右才要孩子。在独立制片行业中,我们有点老了,无法承受风险和不确定性。”(Dex 等人引用的一位公司老板的讲话,2000:299。)

综观这些研究,无论它们关注的项目型和自由职业生涯的积极方面抑或不稳定方面,就业体系与职业生涯相关的三个特征获得了普遍的关注,即:是有(临时的)就业合同还是处于失业状态,个人在业内的名声,以及在私人关系网中的名声。蕴含于这些结构之中,创意产业中的职业生涯被看作是个性化的事情,尤其是对每位创意从业者的职场经历而言。以德国剧院业为例,后面几节拓宽了这一视角,探索了一系列影响项目型和自由职业生涯的更多特征(参见本书第4章对英国电视业的类似问题所做的分析)。

3.3　实证研究

本项研究所用数据包括由作者搜集的定性实证数据和二手数据,主要通过在2000年、2003年和2009年所做51次半结构化深入访谈而得。第一组访谈(10次访谈)在公共资助的德国剧院(国家大剧院)进行,它所在城市的人口约为50万;访谈对象包括剧院经理(艺术总监)、高级行政总监、导演、项目协调者以及与剧院签约的几位演员。第二组访谈(5次)对象是一些跨企业或机构的代表、国家雇主雇员协会、国家演员工作机构和国家戏剧学院(Haunschild,2003)。第三组访谈(16次)在一个约有200万人口的城市中的两家剧目剧院(repertoire theatre)进行,参加者包括演员、剧作家[①]、导演和剧院经理。受访者包括剧团成员(签约一到两年的演员)和独立经营的剧院艺术家。

① 在德语系戏剧界,作为艺术顾问,剧作家具有不同的工作定义,但在每个剧院的人员配置和招聘决定方面都会发挥关键作用。

第四组访谈(20 次)涵盖了附属于三家规模、名声相异的德国剧院的演员、剧院经理、剧作家和导演。

依据受访者的情况,访谈内容包括做演员的动机、职业生涯理想和经历、职业生涯规划、自我营销和私人关系网的作用、在剧院工作和就业的日常体验、"工作"和"生活"的关系、(感知的)衰老问题、就业关系(例如工资和合同条款)、剧院作为就业体系的结构问题(例如教育、劳工市场和行业关系)、人力资源管理问题(特别是招募问题)、剧院艺术家与性别有关的工作条件(特别是审美需求和角色要求),以及 1989 年德国统一后日益严重的经济压力问题。访谈内容由研究者组成的团队进行分析,访谈结果与二手咨询和数据是进行分析的三种依据。在整个数据收集阶段,与剧院艺术家、业内和参加首映庆典等行业活动的其他成员的访谈还提供了更多信息。我们所用的二手数据包括报纸、专业期刊上登载的剧院艺术家访谈、剧院和企业间机构网站上的统计报告和资讯。

3.4 德国剧院的就业和生产

与国际演艺业相比,对于创意从业者的职业生涯而言,德国戏剧界的环境比较特殊(Eikhof,2009;Haunschild,2003)。它的几乎所有艺术性剧院都是公共剧院,为城市或当地州政府所拥有。令人诧异的是,200 年政治制度的变化始终未给它们造成多大伤害,德国剧院由皇家宫廷剧院和自由民剧院演变成为大约 150 家公共资助的当代剧院。各个地方政府通过所得税对剧院年预算的资助高达 95%。私人剧院不太注重艺术意义,艺术声誉较高的公共剧院为近 10 家"A 级剧院"和"B 级剧院"。在理论上,剧院的声誉取决于负责剧院的整体艺术成果的现任剧院经理。其受雇的原因是,根据 5 年期合约,承担对剧院作艺术宣传的特定责任。实际上,A、B 级剧院大多位处人口在 50 万以上的城市，因为只有较大社区才能为当地政府提供足够的预算，为知名的剧院经理提供具备艺术吸引力的组织预算和个人条件。

德国的公共剧院雇用常备演员和建立剧团。在中等或大型剧院，剧团约由 25～40 位演员组成。他们的就业合约期为 12 个月，包含在"Normalvertrag Buhne"（NV Buhne），它是雇主协会和工会双方谈判的结果。虽然合约是短期的，但是能为演员提供一些就业保障。然而，在德国大约 9 000～10 000 位专业演员中，只有不到 1/3 者在 150 家公共剧院之一担任剧团演员。其余 2/3 或（1）作为自由职业者以"客座"雇佣方式出演某剧，（2）通过签约而在演出季节的某些时间演出，（3）以不同合约方式在私人的、商业性或"免费"的剧场演出，（4）横跨整个行业（包括电影、电视和广播制作）或者失业（Haunschild, 2004）。由于演员过多，求职市场竞争比较激烈，而对于剧团合约的竞争尤甚（参见第 2 章有关演艺界失业率较高问题的分析）。

除了剧团成员外，其他重要演艺人员的就业方式也是以各个项目为基础。负责艺术生产的导演一般都是自由职业者。在整个演出季，他们以连续或并行的方式为几家剧场工作。服装和舞台设计师大多也是自由职业者，他们时常和导演组成一个比较稳定的团队，以类似的方式从进行项目转换。正如布莱尔（Blair，2001）所描绘的，在电影制作业中形成"半永久性的工作团队"。针对一些特殊的制作，团队还常常聘用作为自由职业者的客座演员，其薪酬通常较高，但就业风险也较大。在制作期间，作为自由职业者的导演、舞台和服装设计师、演员统一整合到各剧院的排练和演出日程中。他们构成了内外劳务市场、各家剧院与整个剧院业之间的重要纽带。在 A、B 级剧院，客座演员常常会出演特别有名的角色。因此，剧院的演员将会发现，自己不仅要与剧团同事直接竞争，而且还要与来自外部劳务市场的演员竞争。再者，作为自由职业者，剧院的艺术家们不断地转换项目。这一点无疑有助于业内理念、想法与信息的长期交流。

德国的公共剧院都属于剧目剧院，每晚上演不同的剧目，每个演出季有15～30个剧目。有些剧目是在以前的演出季制作，新剧目是在演出季的特定时期开发制作，由演员、导演、舞台设计师、服装设计师和全套辅助人员组成的专业团队在白天排练而成。剧目开发阶段通常为期8周，在中型或大型剧院进行，同时开发的剧目多达4个。晚间演出时，那些曾经合作开发剧目的演员又再度组成团队，扮演各自的角色。一般而言，每晚出演的演员在白天会与一个或多个开发团队一道工作。因此，工作节奏适度的演员通常每天至少出演两个剧目，与两组不同的团队合作。

公共剧院剧团的就业制度，通过临时雇用自由职业艺术家的动态团队进行制作，是德国剧院工作与制作的重要特征。以下将探索这些重要特征如何与剧院就业制度的其他一系列特征相结合，从而影响演员的职业生涯。

3.5 演艺职业生涯

德国演员职业生涯的首要目标是成为A级或B级剧院的剧团成员，从而有机会在获得高度认可且具有艺术意义的层次上参与艺术创作。这同样有益于个人的声誉，使得演员有更多机会在其他作品、电影或电视中成为客座明星。作为自由职业者的剧团演员常常同时参与剧团的多个项目，这不仅可以增加收入，而且有助于拓展艺术视野，增强在业内的关系网（Haunschild 和 Eikhof，2009）。有些受访者承认，最理想的就业状态就是以自由职业者身份工作，且主要以客座演员身份与某家特定（最好是A级）的剧院合作。与剧团成员相比，这种状态让演员有更多选择，不仅更能掌控所愿参与的项目而且能获得较高薪酬，同时仍可保持与当地有声誉和价值的业内团体的紧密联系。然而，我们的受访者也承认，只有少数特别出色者才达到这种理想状态。加入 A 级或(最好更好些的)B 级剧院的剧团才是远为现实的职业目标,因此也是著名演员和戏剧学校毕业生的主要愿望。但是,在我们所研究的这段时间,在德国大约 2 350 份剧团合约中,只有 400 份是落实在 A 级或 B 级剧院。即使要实现这个比较切实的职业目标同样也需经过激烈竞争,因为合约只是短期的,要想一直能够在 A 级或 B 级剧院就业十分困难。这里详细探索营造演员职业生涯的结构性约束和影响。

3.6　戏剧学校

从理论上说,在德国的任何人都能当演员,没有法定考试、学位或其他入学要求。可以在许多私立戏剧学校“学习”演艺技能,而学校在录取方面大多并不苛刻。但是,这类学校的大多数毕业生参与的是音乐剧和电视。A 级或 B 级剧院几乎不从私立机构招募演员,而是从 15 所公立戏剧学校中招募。在 A 级或 B 级剧院的剧团中,很难见到那些非公立戏剧学校毕业的拥有其他教育背景演员。演员、剧院经理、导演、编剧和其他业内专家都承认,要想取得演艺成就,获得公立戏剧学校学位虽非法定要求,但却是现实的前提。公立戏剧学校属于德国大学体系的一部分,与私立学校不同,无需支付学费或者略微收点费。但是,其录取过程带来的心理压力很大,竞争特别激烈,有时录取率还不到 5%。申请人通常需在不同学校通过一系列面试。面对招生小组的主观考核尤其令人惊恐和憋屈,只有才艺出众和意志坚定的极少数申请者才能顺利获得录用而成为正式演员。

除了才艺和意志方面的选拔,进入戏剧学校还会产生两个重要的早期职业生涯效应。

第一,戏剧学校的声誉对于毕业生的首份工作影响很大。学校通常与当地剧院合作,在日常计划中包括了学生项目。这些实习机会可以增加学生的实际经验和技能，使其有充分的机会把自己直接推销给这些剧院的重要决策者。显然，A 级和 B 级剧院可以提供高质量的实际经验，构建更有价值的人际关系，但是它们往往只与少数知名的戏剧学校合作。此外，当知名的公立戏剧学校举办毕业演出时，来自全国的剧院经理、编剧和经纪人都会前来物色人才。那些无名的戏剧学校则只能带着毕业生四处周游以寻找潜在的雇主，这种试演方式无疑不利于毕业生充分施展才艺。在学习学位课程中间与当地剧院合作，让毕业生向雇主表演展示不同形式的艺术，已经成为由大学向就业过渡的有力而刻板的模式。剧院业这些具体特征对于早期职业生涯所产生的重大影响，无论好坏，在今后的岁月中都是难以磨灭的(参见本书 12 章有关新加坡艺术学校的论述，以及 13 章有关服装设计师从毕业到工作转换的论述)。

第二，戏剧学校的招生政策进一步加大了演员职场中已经明显的性别差异。剧院雇用大约 60％的男演员和 40％的女演员作为成员，但公立戏剧学校招收的男女者人数大多相同，女演员的职场前景因而从一开始就不如男演员。这种不利于那些有抱负女演员的因素还因女性申请者多过男性而愈发严重加剧。根据受访者的单方面描述，女性申请者通常比男性更加出色。再者，戏剧学校的录取决定由剧院经理、导演、观众和评论家根据出演某个(经典)角色的演员的体型、容貌的审美标准而作出。这些标准对女性的要求要比男性狭隘许多，可谓只有二元分类，要么是“年青天真的女孩”，要么是“强势、精明和较成熟的女士”(Dean，2005)。因此，通过戏剧学校、剧团就业而进入演艺界之路，对于女性的难度明显超过男性。

3.7 招募和人员编制决定

一旦从戏剧学校毕业，演员的职业生涯就取决于人员编制和角色

甄选的决定。这两个决定发生在两个层面，

3.7.1 剧团成员招募决定

剧院经理必须招募剧团成员，为演出季的剧目完成人员配置。尽管客座演员常可用作灵活的补充，但大多数作品还需由剧团演员出演。因此，剧院经理的招募决定需要确保有各种人才和物资储备。成员的确定可采用招募新成员的形式，也可延长或中止现有成员的短期合约。后一种做法需在演出季开始之前对所有合约加以梳理。因此。作为剧团系统，对演员职业生涯的评估不仅是一系列项目，且需考虑演员已有的剧团成员身份（例如，A级/B级剧院与省级剧院）。从而，关于剧团成员的决定对演员的职业生涯会产生重大影响。

3.7.2 剧目选角决定（即角色分配）

剧院经理与导演和编剧紧密合作，为新作品分配角色。这些决定主要基于艺术考虑（即决策者最想让哪个演员来出演某个角色，暂不考虑个人好恶的影响）。虽然剧团剧场的核心理念是由剧团成员来出演剧目，但通常会雇用客座演员。实际上，在A级和B级剧院，客座演员会定期地出演主角，成为剧团成员的实际竞争者。角色对于演员职业生涯至关重要，原因有二。首先，因为职场机会和变动通常基于演员在业内的名声。由于可以直接观察表演，出场频率对获得名声十分重要。主角或具有艺术性的角色能够提供这种知名度，因此，分配到这类角色对于演员来说十分重要。其次，剧团成员一直在为获得这种角色而竞争。选角决定大多带有专断性质，因此它是组织对于演员以往演出做出的最重要反馈，对于其职场机会的生成可谓至关重要。

剧院业的另一关键特征是，只有剧本才是决定招募、选角进而影响演员生涯的基本因素。德国各剧院虽也上演现代戏剧，但演出季的一半以上作品都是古典戏剧（即在1900年之前创作的作品）。因此，演员的就业和职业生涯受到特定文学作品所含角色的重大影响(有关当代和古典作曲家的类似效应,参见本书第 10 章)。与当代戏剧相比,古典戏剧一般只有几位主角,辅以一些艺术意义不大的小角色。在当代戏剧中,所有(或至少大部分)舞台人物的艺术贡献程度大多相同。因此,对古典戏剧的偏重加剧了演员们为获取那些可以增长、展现艺术才华机会之角色的竞争。再者,与女演员相比,古典戏剧能为男演员提供远为多的主角机会,而这又进一步加剧了女演员之间的竞争。确实,在整个剧院业,女演员的竞争常常被称为"毒蛇的巢穴"。再者,有限的女性角色基本上延续了传统的性别角色和对女演员近乎二元的审美标准(SchoBler,2008)。总之,文学内容构成了特定结构劳务需求的基础,导致男女演员们的高度竞争,尤其是形成了两性不平等的工作条件和从业前景。但是,这种歧视从艺术角度看被认为是正统的,而且也符合宪法的保障——"艺术自由"(Kunstfreiheit;详见 Eikhof,2009)。因此,在剧院业,对于艺术的注重压倒了有关平等工作机会的法律。

最后,剧院业的职场生涯很大程度上受制于关键决策者的主观偏好。剧院经理、导演和编剧根据个人偏好招募和配置剧组人员,这一点已为业内普遍接受,我们的受访者也坦率地予以承认。个人偏好可能与艺术方面的考虑有关,但是人们普遍认为,艺术观念是主观的,常常难以解释。即使全行业的工会合约也承认,"艺术原因"在决定角色分配和剧团成员中完全合法;即使遭遇法律纠纷,在做名义上的解释时,所谓的"艺术"理由就已足矣。再者,个人艺术偏好还服从于业内盛行的风尚,演出风格能否流行取决于业内当时的品味。关于人员招募和配置的决策,团队成员间的"共鸣"是人们常常引用的另一理由。虽然团队成员的共鸣感并非客观标准,但许多受访者认为,它对于形成愉悦的工作环境和取得卓越的艺术成果都是至关重要的。它被视为创意生产的职能性需求,团队成员期望决策者为了艺术之故能够明确考虑这一点。尽管如此，演员、剧院经理、剧作家、导演和业内其他专家还是一再公开承认，招募和人员配置总是归结为谁喜欢哪个人的问题，虽然程度或有不同。因此，剧团演员马蒂亚斯有关受到剧院管理部门"关爱"的说法不算夸张。个人好恶、友谊和爱情等，一方面是演员相互之间的，另一方面则是剧院经理、导演和剧作家之间的，这些都能够形成或者颠覆角色分配和招募决定。由于艺术人格和人的个性在剧院是紧密交织的，因此几乎没有纯粹的个人决定。然而，在整个行业内，据受访者反映，时常会出现以"艺术动机"作为维护这种决定的理由，而在很大程度上，这是出于团队共鸣或个性问题的考虑，或两者兼而有之。

前文所描述的生产和就业的形式无疑与演员的职业生涯有关，而这里则探讨对于职业生涯的影响，这种影响来自于剧院就业体系中各种隐秘而有力之特征的相互作用，包括戏剧学校与行业进入、文学内容与招募决定、人员编制决定与决策者特殊的个人偏好之间的关系，而且它们获得了普遍的认可，并且被认为是合理的(有关剧院业就业体系问题，另见 Haunschild，2004)。以下所要阐述的是，这些职业生涯影响因素如何造成了职业生涯的个体化但又模式化，而不是独特的、个性化的经历。

3.8　专业艺术生涯：个体化但又模式化

德国剧院专业艺术生涯的自由表现在，演员并非在某个组织的层级中攀升，而是不断进行项目转换(在德语国家几乎都是如此，有关小提琴独奏家更具国际性的职业生涯，参见本书第9章)。此外，剧团演员和自由演员时常同时为多家雇主工作。例如，除了在剧团工作，剧团明星演员还会出演电视剧，而自由职业者则同时客串于两家剧院。作为(剧团或项目型)合约序列，剧团的职业生涯就这样连续或同时越过组织界限。正如前面对于一般性自由职业生涯的描述，自由职业、短期雇用合约、跨组织社会网络以及个人业内声誉都会影响演员的职业生涯。

由于剧院戏剧作品生成于组织内部，剧团成员虽然只是短期的，“自由”并不意味着组织与演员的职业生涯无关。然而，组织所属人力资源部门的工作基本上只限于招募和人员配置决定，如前所述，即使这些工作在很大程度上也取决于决策者个人。与那些传统行业旨在增强招募决策客观性的人力资源部门不同，剧院业认可“艺术决策带有主观性”这一理念。再者，剧院并不从事传统的人力资源管理工作，诸如职业生涯规划、持续规划或人事开发工作（Haunschild，2003）。剧院经理、导演、剧作家或老演员也会指导年轻演员，但却是全凭个人好恶而在私下进行，而且不限于同一组织的成员。相形之下，跨越各组织的界限则可形成、维系友谊和专业联盟。

若无组织或其他制度性的职业支持，剧院演员就需完全自行把握职业生涯。剧团或自由演员的重要目标在于能够出演有名的角色，这不仅可以满足其得以出演的内在愿望，且能提升艺术声誉。正如我们在其他地方所详述的（Eikhof 和 Haunschild，2006，2007；Haunschild 和 Eikhof，2009），为此，通过个人关系网，借助评论、嘉奖甚而闲聊，演员们会策略性地推销自己，计算参与特定项目的成本和效益，评估和传播业内信息。

因此，德国剧院的职业生涯不仅是先验地没有界限，而且具有个体特性。然而，在这里我们将说明，演员的职业生涯距离真正的个人乃至个性化的经历还有多远，它们仍然显示出典型的模式，以及这些模式是如何产生的。

3.9 流动性和灵活性

在理论上，某人完全可能终生供职于一家剧院（这在统一前的东德实属常见)，但可靠的艺术生涯发展却应连续抑或同时参与几个组织的事务。在某种程度上，在改换门庭方面，演员能够主动行事。同时，剧院经理也持有固定期限的合约，通常在5年或10年后转换剧院。鉴于前任或后任经理都无法提供工作机会，与导演一道转换工作抑或被辞退属于转换组织的又一常见缘由。此外，演员常常在剧院、电影或电视中同时参与几个项目的工作。连续或同时跨越组织界限需要相当大的空间流动性和灵活性。这种需要对于那些按照项目型合约、在不同城市从事客座演出的演员尤为突出。

德国在地理上属于小国，只有较少且相对固定的组织和个人才能真正取得演艺成就。在理论上，这些因素应该增进业内的流动性，有利于自由职业者的发展。然而，公共融资的变化减少了取得自由职场成就的机会。德国统一(1989)以来，普遍的经济压力导致剧院预算削减甚而倒闭(这是获享高额补贴剧院背景下的新问题，包括东部和西部在内)，导致现存剧院面临很大的压力(参见本书第13章，有关过去10年间日益加大的服装设计师劳务市场压力问题的论述)。吃紧的经济形势从两个方面影响了职业生涯：一是为了削减固定成本，剧院加大了客座演员的雇用比重。这种人力资源管理策略造成成功转变为剧团成员的希望更为渺茫；二是文化都市与省级地区的差异变得愈加明显。在省级剧院工作(即偏离了最重要决策者的视域)降低了知名度，对职业生涯和工资造成负面影响。因此，诸如搬迁到高速铁路网未能覆盖的城市剧院之类一般性变动都会极大地损害职场前景。

为了应对这些流动性和灵活性的需求，演员会采取某些典型性行动。第一，为了在业内谋职，他们刻意过一种游牧式生活，一般不购置房产。他们优先考虑的是空间上的流动性，而不是他们及其家人在当地的社会关系。据说有些人甚至只拥有少量家具，为的是适应不断变动的租用住所。第二，特别是为了应对预算的削减，演员常常互相提供住处，剧院无须给自由演员支付住宿费用，由此降低了雇用成本，增加了获得(自由职业生涯)工作的机会。这种“与竞争者共眠”[①]的状况有助于演员维系与艺术界的社会关系,演员的朋友和情人往往也是演员或艺术家,具备类似(游牧式和工作为中心)的生活方式。第三,为了应对分布在各地的有利的职场机会,越来越多的演员迁移到柏林,因为在那里有众多的剧院,提供较多的工作机会;但是同样因为在那里的演员数量增多,使得付薪工作岗位未必一定可得。

总之,虽然初看起来剧院似乎有助于自由职业生涯的成功,但其特点在于,针对那些在省级剧院工作或/和缺乏流动性的演员,存在着明显的空间限制。因此,演员不得不以个体化但绝非特质化的方式营造职场道路和生活方式。

3.10 工作—生活的平衡和性别

同样,各剧院的人力资源政策也没有明确考虑到招聘和职场发展,“工作—生活”平衡问题遗留给了艺术家本人。演员们需要承担重负去参加所有的排练,不能错失单次演出(除非出现无可质疑的严重健康问题,常常还不包括骨折在内),只有 8 天的年假;只有在此 8 天年假期间,不能随意召唤他们,例如为生病同事顶班。在其他日子里,晚场演出都要优先于任何个人事务,比如生日派对、婚礼或休假。平衡这种苛刻工作条件与私人事务的责任需由演员自行担当。再者,老演员、剧作家、剧院经理或导演的指导都是非正式的,都是出于对某位演员的私人情感而不是组织的温情关怀。

在处理流动性和灵活性的问题时,单身者的能力远远超过那些为人父母或有其他看护责任者。因此,现在进一步考察自由职业生涯中事关性别的后果。演员工作条件的性别差异在德国有着悠久的传统。例如,根据历史记载,在 18～19 世纪,女演员必须自行购置演出服装,

---

① 我们要感谢克里斯·马修的这句话语。

而人们又期待她们在舞台上展现最新服饰(Kord,1992;Mohrmann,2000)。这就使得女演员经济拮据,不得不仰仗一些富裕的男性保护人;而后者的兴趣,正如舒尼茨勒(Schnitzler)在其剧作《振作起来》(Freiwild,1896)所描述的那样,常常并不仅限于艺术赞助。

这种极度歧视情形虽已不复存在,但是不平等现象依然相当普遍,大多比较隐蔽。如前所述,与男性同事相比,出演机会和狭隘的身体美学标准均不利于女演员。此外,女演员之间的竞争加剧又使其更加难以持续地取得职场成就。这一点对于"中年"女演员尤为突出,在剧院中,它指的是超过35岁者(也就是尤需关注家庭等私人问题的时期)。到了这种年纪,不仅出演的机会急剧减少,而且通常被认为只能够扮演"母亲"。鉴于过早地(在45岁之前)扮演母亲对声誉非常不利,妨碍职场发展,女演员都力图避免此类角色。然而,通常面临的抉择是,要么扮演母亲,要么没有角色。因此,到了这个年龄的女演员工作机会(扮演角色的机会,获得诸如加入剧团的新工作机会)大大减少。

职业生涯的另一个约束是为人母亲。充当父母的责任很难同剧院的工作要求相互协调,两者都属于长期的封闭性工作。由于压力重重,如果能在电视肥皂剧中扮演主角,怀孕期的女演员将不得不认真地考虑堕胎,以免丧失这种职场机会。我们的女性受访人时常提及,如果还有非工作性事务,(男性)剧院经理和导演就会认为她们不称职,也就意味着可能会"失去饭碗"。这种对于女演员不够称职的看法并非基于其艺术水准和才干,而是因为琐事缠身而无法全身心投入工作。艺术、审美和生活方式诸因素的掺和使得导演和剧院经理对于中年女演员的"兴趣"降低,而这种兴趣对于演员获得比较重要且具挑战性的角色,展示和发展才干,却是至关重要的。

在应对这种制约因素时,女演员大多难以自行决定职业生涯,只能在两种模式中抉择,要么不生育而仿效男演员的职业道路,要么让职业生涯大打折扣——担任配角，或做个自由职业者，或者彻底退出演艺界。

3.11 总结性结论

创意产业中的职业生涯被描述为是没有界限的，创意从业者从一个项目转向另一个项目，在积累业内声誉的过程中检验其职场发展道路。某些研究者认为，这种情形能够释放创意从业者的能量，使其能得以掌控自己的职业生涯，实现个人目标（Arthur，2008；Hall 等人，2002）；另一些作者强调的则是项目型就业方式和个体化职业责任带有的不稳定（Dex 等，2000；Gill，2002；Randle 和 Culkin，2009）。基于对自由职业生涯所含这些潜在因素的认识，本章拓宽了观察视野，不限于关注项目型就业、业内声誉和私人关系网，我们阐述了德国剧院的自由职业生涯问题，指出了一系列制约因素。

诚然，正如相关文献所述（Arthur 等人，1999；Currier 等人，2006），德国剧院职业生涯带有个体性质。在此，不存在传统组织的人力资源管理策略或程序，就业属于短期，自由型的或和私交性的，而个人声誉对于获得聘用是至关重要的。因此，规划、发展和维护职业生涯的责任均由演员自行承担。在理论上，按照个人偏好，德国的剧院业应该有利于自由职业生涯的发展，德国并非地理大国，成功艺术家所需结交的重要人物和组织的数目也比较容易掌控。此外，1/3 的创意从业者的就业都是基于短期和跨项目的合约，以此增加就业保障。然而，在现实中，仍有一系列因素制约着个人职业发展的能动性。首先，处在职业生涯的早期，戏剧学校对于声誉和性别化职业生涯经验具有很大影响。其次，招聘和人员配置决定并不取决于演员个人的艺术才华，而是取决于构成戏剧作品基础的文学内容。关键决策者的主观看法会进一步影响这类决定，进而影响演员的职业生涯。再次，演员必须具备流动性和灵活性。20 多年来，由于剧院面临日益加大的经济压力，这种要求已变得更加迫切。

在上述诸因素中，没有哪一个必定会以某种特殊的方式营造职场道路，而是综合成为一组条件。因此，从业者招募机构需要常备不懈，确保能够随时应对行业之需要。从事剧院职业生涯的典型模式就是四海为家，减少家庭和社会义务，从而确保自己的生活服从工作需要（Eikhof 和 Haunschild，2006；Haunschild 和 Eikhof，2009）。为了遵循这种模式，相比单身或年青的演员，那些上了年纪者、有家庭负担者以及女演员的难度要大得多。虽然人人都会衰老，但演员们还是极力延缓之。许多人要么决定不成家，要么因不能处理工作和生活的重负而不得不与合作伙伴告别。正如一位女演员所言："我活着就是为了剧院，最终孤身依旧，亲戚朋友都已消逝，或者相隔甚远。在年轻的时候，生活在剧院并为其效力无疑是唯一要做的事情。"她的这番话与创意从业者的通常形象形成了鲜明对照。人们以为，后者是一群"不受传统羁绊"而充满自由精神的自行其事者，能够利用市场赚钱（Banks，2006，457）。细节各有不同，但是关于创意产业的其他研究同样显示了自由职业生涯的类似界限，尤其在涉及性别和生活历程问题之际。例如，在新型媒体圈内，身体美学对女性从业者的影响力远远不及女演员。尽管如此，正如吉尔（Gill，2002）所表明的，由于缺乏新型媒体圈内盛行的"俱乐部氛围"一般的透明度，这就助长了对女性的歧视，铸就了职业生涯道路的性别差异。剧院演员放弃家庭义务，是为了确保自己在空间和时间上都能灵活地应聘；在其他行业则是收入的不确定使得从业者必须在职业和家庭间作出选择（例如，Dex 等人，2000；Skillset，2008）。这种特定行业对职业生涯的影响需要借助更详尽的、超越授权和不稳定的二元论来理解，尤其是在与学术界、脑库和政客进行讨论时。因为他们认为，创意产业将会提供"超越永久就业的生活"（Friebe 和 Lobo，2008）和"新的工作天地"（Leadbetter 和 Oakley，

2005)。

尤其值得指出的是，我们认为，还需要对创意从业者寻求和放弃职业生涯的时间、方式和原因作更详细的讨论。虽然剧团演员马蒂亚斯的自由职业生涯不仅为他赢得了“最佳演员”的提名和奖项，而且遭遇了痛苦的婚变，但他仍坦率地把登上舞台描绘为“最痛快的事情”。相比之下，其非常成功的同事爱列娜却非常强烈地意识到职业生涯的潜在消极影响，“很高兴，我把老板的流动性和灵活性要求都牢记在心，但我不准备被这些要求套住”。相对于个人生活经历而言，工作和生活重要性的变化事关职业生涯决定，并且同个人追求艺术的决心强弱、基本的波西米亚价值观和生活方式相关(Eikhof 和 Haunschild, 2006)。同样，行业性问题的变化，例如在融资和产假立法，也会产生影响。创意产业依赖于创意从业者，这就使得创意成为一种关键的资源。因此，将会令学术界和实务界感兴趣的问题在于，超越对于职场自由的理解，深入考察个体化的职业生涯，考察营造马蒂亚斯、爱列娜这些从业者之生涯、生活的结构与机构之间更加复杂的各种内在关系，进而对他们和整个创意产业做更加深入的考察。

参考文献

Anand, N. , and M. R. Watson. 2004. “Tournament Rituals in the Evolution of Fields: The Case of the Grammy Awards.” *Academy of Management Journal* 47: 59—80.

Arthur, M. B. 2008. “Examining Contemporary Careers: A Call for Interdisciplinary Inquiry.” *Human Relations* 61: 163—86.

Arthur, M. B. , and D. M. Rousseau, eds. 1996. *The Boundaryless Career*. Oxford: Oxford University Press.

Arthur, M. B. , K. Inkson, and J. Pringle. 1999. *The New Careers*. London: Sage.

Banks, M. (2006) “Moral Economy and Cultural Work.” *Sociology* 40(3)455—472.

Blair, H. 2001. “‘You're Only as Good as Your Last Job’: The Labour Process and Labour Market in the British Film Industry.” *Work, Employment and Society* 125: 149—169.

Blair, H. , N. Culkin, and K. Randle. 2003. “From London to Los Angeles: A Comparison of Local Labour Market Processes in the US and UK Film Industries." *International Journal of Human Resource Management* 14: 619—633.

Caves, R. E. 2000. *Creative Industries*. Cambridge, MA: Harvard University Press.

Currie, G., S. Tempest, and K. Starkey. 2006. "New Careers for Old? Organizational and Individual Responses to Changing Boundaries." *International Journal of Human Resource Management* 17: 755—774.

Dean, D. 2005. "Recruiting a Self: Women performers and Aesthetic Labour." *Work, Employment and Society* 19: 761—774.

Dempster, A. 2006. "Managing Uncertainty in the Creative Industries: Lessons from *Jerry Springer the Opera*."*Creativity and Innovation Management* 15: 224—233.

Dex, S., J. Willis, R. Paterson, and E. Sheppard. 2000. "Freelance Workers and Contract Uncertainty: The Effects of Contractual Changes in the Television Industry." *Work, Employment and Society* 14: 283—305.

Eikhof, D. R. 2009. "Does Hamlet Have to Be Naked? Creativity Between Tradition and Innovation in German Theatres." In *Creativity and Innovation in the Cultural Economy*, edited by P. Jeffcutt and A. Pratt, 241—261. London: Routledge.

Eikhof, D. R., and A. Haunschild. 2006. "Lifestyle Meets Market. Bohemian Entrepreneurs in Creative Industries." *Creativity and Innovation Management* 15: 234—241.

Eikhof, D. R., and A. Haunschild. 2007. "For Art's Sake! Managing Artistic and Economic Logics in Creative Production." *Journal for Organizational Behavior* 28: 523—538.

Friebe, H., and S. Lobo. 2008. *Wir nennen es Arheit*. Updated edition. München: Heyne.

Gill, R. 2002. "Cool, Creative and Egalitarian? Exploring Gender in Project-Based New Media Work in Europe." *Information, Communication and Society* 5: 70—89.

Grabher, G. 2002. "The Project Ecology of Advertising: Tasks, Talents and Teams." *Regional Studies* 36: 245—262.

Grugulis, I., and D. Stoyanova. 2009. "'I Don't Know Where You Learn Them': Skills in Film and TV." In *Creative Labour*, edited by A. McKinlay, and C. Smith, 135—155. Basingstoke: Palgrave.

Hall, D. T., G. Zhu, and A. Yan. 2002. "Career Creativity as Protean Identity Transformation." In *Career Creativity*, edited by M. A. Peiper!, M . B. Arthur, and N.

Anand, 159—179. Oxford: Oxford University Press.

Haunschild, A. 2003. "Managing Employment Relation in Flexible Labour Markets: The Case of German Repertory Theatres." *Human Relations* 56: 899—929.

Haunschild, A. 2004. "Employment Rules in German Theatres: An Application and Evaluation of the Theory of Employment Systems." *British Journal of Industrial Relations* 42: 685—703.

Haunschild, A., and D. Eikhof. 2009. "Bringing Creativity to Market: Actors as Self-Employed Employees." In *Creative Labour*, edited by A. McKinlay, and C. Smith, 156—173. Basingstoke: Palgrave.

Jackson, C. 1996. "Managing and Developing a Boundaryless Career: Lessons from Dance and Drama." *European Journal of Work and Organizational Psychology* 5: 617—28.

Jones, C. 1996. "Careers in Project Networks: The Case of the Film Industry." In *The Boundaryless Career*, edited by M. B. Arthur, and D. M. Rousseau, 58—75. Oxford: Oxford University Press.

Jones, C. 2002. "Signaling Expertise: How Signals Shape Careers in Creative Industries." In *Career Creativity*, edited by M. Peiperl, M. Arthur, and N. Anand. Oxford: Oxford University Press.

Jones, C., and R. J. DeFillippi. 1996. "Back to the Future in Film: Combining Industry and Self-Knowledge to Meet the Career Challenges of the 21st Century." *Academy of Management Executive* 10: 89—103.

Kord, S. 1992. *Ein Blick hinter die Kulissen. Deutschsprachige Dramatikerinnen im* 18. *und* 19. *jahrhundert*. Stuttgart: Metzler.

Leadbeater, C., and K. Oakley. 2005. "Why Cultural Entrepreneurs Matter." In *Creative Industries*, edited by J. Hartley, 299—311. Oxford: Blackwell.

Möhrmann, M. 2000. "Die Herren zahlen die Kostiime. Miidchen vom Theater am Rande der Prostitution." In *Die Schauspielerin - Eine Kulturgeschichte*, edited by R. Mohrmann, 292—317. Frankfurt a. M.: Insel.

Pratt, A. 2009. "Situating the Production of New Media: The Case of San Francisco (1995—2000)." In *Creative Labour*, edited by A. McKinlay and C. Smith, 195—209. Basingstoke: Palgrave.

Randle, K., and N. Culkin. 2009. "Getting in and Getting on in Hollywood: Freelance Careers in an Uncertain Industry." In *Creative Labour*, edited by A. McKinlay and C. Smith, 93—115. Basingstoke: Palgrave.

Schößler, F. 2008. *Einfuhrung in das hurgerliche Trauerspiel und das soziale Drama*. 2. Aufl. Darmstadt: WBG. Skillset. 2008: *Feature Film Production, Workforce Survey Report* 2008. London: Skillset.

Warhurst, C., and D. R. Eikhof. 2010. *The Creative Industries: You Don't Have to he Male, White and Middle Class to Work Here-But It Helps*. Paper presented at the Work, Employment, and Society Conference, September, Brighton, England.

第 4 章　竞赛职业生涯
——英国电视业的工作机会

迪米特琳卡·斯托耶诺娃(Dimitrinka Stoyanova)
伊列娜·格鲁格里兹(Irena Grugulis)

在当今世界，各种组织和工作正在变得碎片化；人们更加频繁地变换工作，其工作生涯就是“一大堆劳作”(Sennett，1998)。这种现象对于其工作和学习技能的方式，对于私人生活都会产生影响。不同的部门在工作和组织的碎片化程度上存在很大差异。过去几十年间，许多领域变化甚微，有些行业把清洁、保安等后勤任务外包出去，或者聘请临时工以补充人员不足。然而，某些行业则变化很大，英国的电视制作业就是其中之一。它的碎片化过程始于 20 世纪 80 年代，由垂直一体化的大型组织主导(譬如 BBC 和 ITV)，演变成由众多小型独立制片公司，或是以佣金方式为广播电台工作的少数大型公司。

本章考察这些变化对英国电视部门的职业生涯所产生的影响，研究由新型行业结构所助长的不确定性、机缘巧合和陷阱。自由职业生涯由个人所驱动，尤其在求职人员远多于可供职位的劳务市场上，他们常常面临“竞赛”似的激烈竞争而无法循序渐进。关于职业生涯的过多文献都设想，个人的影响力不受限制，取得进展是一件自然而然的事情。但是，自由职业生涯(Arthur，1994)同时取决于个人能动性(Blair 等人，2003；Jones，1996；Tams 和 Aethur，2010)和宏观层面因素(Jones,2010),前者常常会对后者作出反应(Baumann,2002;Platman,2004)。本章重点关注的是个人行为,揭示个人的行为方式。我们引入“竞赛职业生涯”的概念,以便把握导致失败和退却、成功和进展的微妙个性因素。“竞赛”,是指为了获得合意奖赏而参与竞争;它需要付出努力、做好准备、制订策略,以及与这些因素无关的成败因素。参与竞争者的数目总是大大超出赢家,他们在每一竞赛阶段都可能退出,所以胜利永远是暂时性的。这些是英国电视业的自由职业者建立职场路径方式的各个方面。就当代电视而言,在其不断变化的制度环境中存在着很多的机遇和偶然因素,超出了自由职业者的策略范围。在这种劳务市场中,偶发事件可能有利或不利于自由职业生涯的进展,进而增加不安全感,使得职业生涯的脆弱性超出大量文献所设想的程度。

4.1　电视职业生涯

在电影和电视业,职场经历通常以参与项目为形式,正如福格纳(Faulkner)和安德森(Anderson)(1987,883) 所指出的:

> 职业生涯路径是市场供求双方由一部部电影、一个个机会点的变动中打造而成的。职业生涯属性则是人们通过声誉所积累的。持续参与合约、声誉和属性的这种结构是取得持续成功的条件。

他们(1987,887)还指出:

> 构建职业生涯路径的过程充满了不确定性,而且时常相当怪异,因此会出现一系列可能的结果,其表现形式(a)针对某一时期的合约持续性,(b)与业内许多不同类型的人员的一系列重复联系。

根据自由职业生涯的方法,琼斯(Jones,1996)利用美国电影业数据构建了一个项目型职业生涯模式。她区分了四个阶段,即职业生涯的开端、制作、运作和维护。电影职业生涯的起步颇具挑战性,因为那是一个高度竞争的环境,没有既定的通道。个人职业生涯的“制作”过程包括借助在职培训掌握技能,接受行业价值观和文化的熏陶。作为第三阶段,“运作”包括建立声誉(通过创作好的作品)、提高技能和建立业内关系网络。因此,为了获得新的项目,制作高质量的作品至关重要。琼斯(1996)的受访者把他们的个人声誉与最终产品的声誉相联系(例如,其电影作品取得的成功)。职业生涯确实会变得很不稳定,因为,正如这位女作者自己所指出的,任何一部影片的成功取决于众多外部因素。电影职业生涯的最后阶段就是要努力地予以维护。琼斯强调了这一阶段的两个主要挑战,即维持和拓宽自己的网络,平衡职业生涯与个人生活。如此一来,我们关注的重点也就转移到求得其他方面的发展和维护业内地位。

在由组织和工作所组成的职业生涯中,在技能发展与职场发展之间同样存在着某种紧张关系。在组织框架中,两者曾经能够并驾齐驱,现在则体现为“职场发展悖论”(O'Mahony 和 Bechky,2006)。这个概念使得自由职业者为取得职场进步而努力扩展技能的方式出现了问题。根据这种就业形式,此类行动多半取决于先前所承担的项目角色。在碎片化的外部劳务市场中,雇主雇得一位具有恰当技能者的风险也加大了。在申请职位时,自由职业者会寻找与上次就业相似的职位,而雇主则同样希望受雇者具有相似经验(即,把声誉作为技能的指标)。因为雇用“外来”人员总是具有风险,所以自由职业者要找到一个与以前不同或“高级”的职位可能性极小。这就形成了一个悖论,而它可以由自由职业者通过明确的策略加以化解,即掌握更多的技能和不断进步(具备连带的工作能力)。

4.2　作为竞赛的职业生涯

可以把自由职业生涯理解为一场“竞赛”，马斯登（Marsden，2007）用这个词描述进入由项目型就业所主导的劳务市场。竞赛的理念与英国电视职业生涯高度相关。首先，它是一项可能赢又可能输的活动。有关“新型职业生涯”的论述往往集中在它们的表现方式，对于失败问题要么罔顾，要么远不如对于成功的关注。把“作为竞赛的职业生涯”概念化要求对失败和中断同样加以关注，这是创意职业生涯的两个重要和有影响的方面。第二，竞赛需要作好一定的准备，要求某种程度有意识的努力以具备取得成功所需要的技能、交往和行动。同时，它还表明，存在着很强的机缘因素，有着对后果产生强力影响而“无法控制”的事情。最后，竞赛意味着为了奖项、理想和成名而竞争。这也是电视业工作的元素，一个充满荣耀而且能够扬名的职业。把职业生涯理解为竞赛，这种做法通常可用随机的方式把握努力与结果间的微妙动态关系，而项目型职业生涯正是以这种方式所展现或者“发生”。

竞赛的概念历来就被运用于职业生涯。罗森鲍姆（Rosenbaum，1979）提出了一个竞赛流动性模型。它引入了把职业生涯当作一条竞争链的理念，“其中每一环节对于个人在后面所有选项所包含的流动性机遇都会产生影响”。它尤其强调为了取得后续所有结果而参与最初阶段竞争的重要性。这种模型有助于区分每一阶段的“赢家”和“输家”，“赢家有机会参与更高层次的竞争，但是无法确保最终获胜；输家则只能参与低层次竞争，或者完全丧失参与进一步竞争的机会”（Rosenbaum，1979：223）。当代电视职业生涯与这种竞赛相似，但竞赛的结果却以不断加剧的模糊性和不确定性为标志。

处在职业生涯的每一阶段，不仅成功是不确定的，理想的结果或者方向同样也都是暂时的。每个步骤都带有过渡性，都事关大量的潜在机会。此类职业生涯的一个重要特征就是随机性，缺乏清晰可辨的进展步骤。因此，“在组织化的职业生涯中，各种职位事先被列入大致可知的职业生涯轨道，而在本例中，却并没有这样的路标。事后，从业者可以知道他们先前和现在的工作或任务，但对最终通往何处却只能借助猜测”(Marsden，2007：979)。

除了个人的努力和策略，宏观层面的因素也会影响创意职业者的成就(Jones，2010)。在过去，处在电视制作由官僚组织与内部劳务市场主导的时期，职业生涯的各个步骤都同每一阶段所需技能和经验相关，这一点无疑是由专业社团所设定。监管的放松、外包、工会衰落、自由职业兴起以及小型独立企业改变了这一切。入行已不再受限，取得进展的路径已远为灵活，而工作资格与专门知识之间的关系也大大弱化。这是我们开展研究的环境，同样也是为我们提供信息者的工作环境。他们无疑有机会营造自身的职业生涯，许多人也尽力如此行事。但是，正如他们所言，这种混乱劳务市场的作用不同于先前那种有序的组织化体系。尽管个人仍然能够刻意谋求职业生涯的进展(例如 Jones(1996)所披露的)，清晰劳务市场结构的缺失意味着这种发展是不确定的。对业内许多人来说，成功既是好运气，也是判断正确的结果。因此，它是随机和偶然事件与自由职业者人为努力和营造职业生涯策略相互作用的结果。

4.3 英国的电视职业生涯

1990 年之前，英国电视业由四大地面广播电台所主导，而它们都是大型官僚组织，拥有强大的内部劳务市场。进入电视业通常是通过其中一家广播电台。一旦获得录用，那就有望以相对有序和可预测的方式提高技能，丰富知识，借助层级制获得进步。强大的工会组织保障了只有具备技能和经验者方能根据项目获得录用。20世纪80～90年代的各种变化造成了部门结构的更新，其主要特征是独立制作的发展和外包业务的加大（Saundry，2001）。这些又进一步使得人员配置大幅度减少以及自由职业者数目的相应增加（Dex等2000；Thynne，2000；Tunstall，1993）。原有的纵向一体化和层级制的制作结构被一些小公司所取代（Barnatt和Starkey，1994；Davis和Scase，2000；Saundry，1998；Starkey等人，2000；Tunstall，1993）。随着该部门的分块，新的一体化机制应运而生。专业人士的外部网络得以建立，小公司必须同广播电台建立关系以便获得佣金。劳务市场也发生了变化，固定职位减少了，自由职业已成普遍现象（Skillset，2007）。众多媒体学位得以出现，工会则趋于弱化。进入该行业的人数增加且愈加多样化，因为大型广播电台不再担当把从业资格局限于少数人的守门人角色，职业生涯进程也不再受到监管。电视业被划分为独立自由职业和独立公司，两者都面临着挑战。由于个人对于就业有了较大的掌控力，就业方式更加多元化，而不确定性和无规则性也进一步加剧。

这些变化对于职业生涯的演化影响甚大。在变革时代，处在职业生涯不同阶段的“几代”职业者都以不同方式体验到了这些影响。研究表明，行业的价值观已发生了变化，寻找工作的努力先于其他各项活动（Paterson，2001）。不安全感明显加强，造成人们更加看重职业搜寻。关注点的变化改变了人们为了取得职场发展所需各类技能的平衡状况，交际网络和社会资本的重要性得以增加（Blair，2000；DeFillippi和Arthur，1994）。这种转变类似于好莱坞电影业放弃了老式电影制片厂体系后发生的情况（Christopherson和Storper，1989）。

在大型组织内部，长期就业状况变化的结果事关内部培训和进展。通过界定清晰的结构，组织为短期合约设立层级和工作职位，所根据的则是名声、专职和自由的职业培训、模糊而流动的职位等。这一点已经造成了某些问题（Tempest等，2004）。其中之一是，职称与以往经验的关联越发模糊，主要表现为缺乏经验的员工被授予较高的职称，以弥补工资的不足。碎片化也影响了个人和企业获得的社会资本。在个人层面，许多老资格的自由职业者在为一家大型"星球乐团"(terrestrials)全职工作时，在从事自由职业前的组织工作过程中，都已累积了自己的社会资本，建立了社会网络。这个过程由常规就业、更多结交专家的机会，以及(常常是相当大的)大型组织规模等因素所促成。如果工作易变和为期较短，专业人士就很难有机会遇到同行；由小公司和小项目主导的劳务市场可提供的参与机会大大减少。这引起人们对于在未来在哪里寻得社会资本的担忧；由于行业转向灵活的就业模式和信用的降低，社会资本筹集问题愈加复杂，"当代企业的短期就业框架和灵活资本主义的不断重构限制了非正式信用的成熟"(Tempest 等，2004：1541)。这个说法与森尼特的担忧相呼应(Sennett，1998)；后者认为，当代的工作生涯出现碎片化，是基于削弱信用和互相承诺的短期关系。这种职业生涯不会造就持续的人生经历，对人产生不稳定的影响，"腐蚀了他们的个性"。因此，"个人的职业生涯"(即职场路径的碎片化和个体化)可能会对专业人士及其个人生活都有负面影响(Tempest 等人，2004：1542)。

对于英国电视业职业生涯模式的变化，不同年龄段的专业人士有着不同的体会(Paterson，2001)。20 世纪 80 年代前进入该行业者一直在"寻找具有目标、地位和收入丰厚的职业生涯"(Paterson，2001：498)，而新手面临的职场特点则是所不喜欢的不确定性，并努力用各种对策予以应对(Dex 等人，2000；Paterson，2001)。因此，自由职业者通过电视业之外的其他工作寻求额外收入，费时费力地构筑和维护人际网络，主要依赖自己熟悉的工作者。这些关于英国电视业的研究表明，该部门出现的新的商业压力是如何加剧了自由创意工作者在就业方面的不稳定，而在事实上限制了他们的工作和职业选择，为自由职业生涯设置了界限。正如朗厄姆(Langham，1996：49)所总结的：

> 任何一位在电影、电视或视频业求职者……必须了解行业的新结构(或者说,没有结构)和变化对工作机会造成的影响……这些行业内的职业要求人们具备承受能力,能够面对不确定性,甚至能够欣赏行业日益趋于迅速变化的过山车状态。

4.4　方法论

本章对 2005～2007 年的英国电视业状况进行定性研究。它包括两部分:一是与业内自由职业者和重要人士的 71 次面谈或半结构式电话访谈。与自由职业者的访谈围绕其工作历史,探索他们职业生涯的主要阶段以及对于工作的看法和体验;二是为期 3 个月的、对于英格兰北部小型制作公司的参与性观察。在那个期间,本文作者之一参与了一部一小时长的科学纪录片制作,同时观察公司办公室的日常工作。此外,我们还参与了行业的各种活动,旁观了为 BBC 某个食品节目所作的一天拍摄工作。

全部访谈都作了记录和转录。转录的平均长度为 21 页,而现场记录则随时作出,保留了研究日记。现场记录共有 160 页。

4.5　随机游荡:无法预测的竞赛

电视职业生涯的主要特征是缺乏清晰的结构,或不易区分职业生涯的各个阶段。受访者们表示,没有一个适当的体系来指导他们(参见本书第 13 章,Skov;参见本书第 11 章,Pralong 等人)。此点有别于与监管放松前的情形,老的专业人士对两者作过比较。资深制片人和导演亚历山大(Alexander)描述了电视业有组织的职场发展路径,如同工作技能一样。

问题是……人们现在再也没有职业发展路径……过去……我指的是曾经……它不完全是正式结构，而人们通常认为，对于刚开始担任研究员的大多数人，比方说初级研究员，通常需要工作3年，直到担任高级研究员……届时，如果成功，就能担任几年的助理制片人，或许再干3年，则可考虑让其担任制片人……是啊，现在仍然如此。所需技能和时间仍然相同。但却已经没有任何正式的结构。

技术上的变化与此相似，或许程度不同。摄影照明师亚瑟（Arthur）反思了清晰结构的缺位对目前自由职业者的影响：

在当今世界，值得记住的是，通过结构化阶梯的攀升难度已大大增加。我想，这就是你首先进行这方面研究的原因。过去，在制片厂很有掌控能力的日子，你可以很痛快地做个摄影实习生，接着担任场记操作员、调焦员、管理者和摄影导演。这是一条固定的办事路径，通常在固定的时间里去进行，但这实际上已不复存在了。因此，我觉得，人们很难知道该向何处走……我想，刚入该行者时常问我的问题是“接下来该做什么？”这确实是一个难题。

在工作或学习的机会与加入某个关系网之间的抉择时常取决于环境，“在正确的地点和正确的时间”，或许只要认识正确的人和获得工作。例如，摄影师休（Hugh）通过代替朋友进行工作而建立了其业内声誉。

约翰老是忙，没法分身，所以让我来干；而皮特同样要我去做些工作。就这样，我出名了。

桑德拉（Sandra，制片人、导演）获得首个制片经理职务的方式也很能说明问题：

我第一次干上制片……电视制片经理，是在当制片协调员的时候。他们说“嗨，请进！”。我就参加了星期四的面试，他们说“好吧，周一见”。我周一上午过去，制片经理因为患了妇科疾病而住院，于是我被提升为制片经理。因此，有时就是碰巧，确实就是碰巧。

至于奥利佛（Oliver，制片人），是在实习期结束后，花了6个月寻找首份工作，然后就撞上了好运”：

我回到Gap（一家服装店）工作…..所干的事情，相信很多人都能做，就是派送…..收集一下所在区域的电话簿/生产商电话簿，只需一支笔就可搞定。好，‘我写信给他们’，然后附上简历寄出，但却没有回音，因为我缺乏经验。最终，我的信件到了某人的办公桌上，当天我的前任正好向他们递交了辞职报告。由此，我得到了在一家制作公司的跑腿工作。

阿比盖尔（Abigail，制片人，导演）同样也因其简历在恰当的时间摆在了某人的办公桌上而获益。她概述了当时的情景：

我并不十分清楚，但想说的是，电视业内人人都有不同的经历。完全是随机的，没法掌控，情况是这样的……你知道的，有人会说，他们如何入的行，但这与你的情况完全不同，你也一样，“哦，真有意思”。

招聘人员也确认了这种偶然的机会。某独立公司制片人阿兰（Alan，制片人）经历过接受委托的压力，当时需要雇用作为“第二选项”的候选人，只是因为她能够立刻投入工作。

它的要求是，应聘者一接到通知后就上班。我颇感为难，因为他们的制作过程是突然启动的。招聘并不是提前1个月进行，而是需要某人在下周一就上班……这一点就成了获得那份工作的首要资质。

在这样的劳务市场上，升迁有时似乎比变换工作更加容易。项目型职业生涯模型提出，职业生涯的各个步骤形成于待业之时。我们的研究则表明，先前的工作经历和“为人所知”是有助于在项目过程中“更上层楼”的因素。处在较低层级且尚未建立庞大社交网或有价值的人际关系时，情况尤其如此。机会也会起作用。希罗（Ciru，研究员/助理制片人）就是在充当跑腿的同一家制片公司被提升为研究员职位的：

> 老实说，这完全是凭运气……我在那里大约也就只有六七个星期。他们问……我是否愿意打理这部分活计。他们要我去干这个。不过，这真是……也就是说，实在属于运气。喔，不，也不完全是运气！但是，我恰好就在那里，他们就说“瞧，就是她，让她干吧。”无论如何……他们原本是打算雇用其他人来干这事的，但现在这样办似乎更加简便，因为我在那已有六七个星期了，只要说声瞧，她能够打理这一摊的……也就是说，我的运气真好，因为只干了大概一个月的跑腿活。我认识的某些人跑腿都有两年了。因此，我实在是运气好……这完全是巧合，有人给了我升迁的机会。

通向成功的路途有无数条。这也意味着，自由职业者可以利用的机会也是包罗万象的。但是，这些选项也容易造成误导。即便某些成功的自由职业者也有多半时间处在待业状态（Randle 等人，2008）。时值职业生涯伊始，许多人都是为某家小企业工作甚至没有薪酬，或是参与某些可提供工作机会的项目（Holgate 和 McKay，2007；参见本书第 13 章），而支付这些行业成本并不能确保今后的就业。因此，允许各种不同的成功路径并存，能使更多具备潜质者入行而无需四处搜寻机会（Marsden，2007）。行业守门人的缺位造成了组织的混乱，青年人或许一直在申请工作并且希望，在被资深同事长期压制后，能够实现职业生涯的突破。这些人很少能够获得何时应该止步的明确信号；更加危险的是，许多人并未认识到，他们已经同电视职业生涯告别；待到明白之际，却为时已晚，因为也已无法在其他行业立足（Marsden，

2007)。

凭借机遇来改变职业生涯还意味着,名义上的职位相同者所需要的技能(肯定具有相同的职称)已变化很大。受访者们谨慎地避免过多议论职称;不然的话,他们所表现的经验、能力信号将会被曲解,在劳务市场的功能会被削弱(Dex等人,2000)。

机遇和偶然性影响职业进展的另一途径是,较资深同事给予的帮助和支持。辅导、技能开发、建议或仅仅只是表示善意,这些构成了支持自由职业者生涯的重要因素。许多受访者都强调这种人在他们职业生涯中所起的至关重要的作用,并再三强调了机遇的重要:

> (表演)进入收尾阶段的某一天,音乐部门的一位同事来到楼上。她对我说,"嗨,我帮了你大忙"。我当时好像说过,"你在说些什么"?然后,我接到了人力资源部一位女士的电话,给我在(另一场演出)制作秘书职位的面试机会……我很幸运,因为当时的制作经理与制作协调员是很好的朋友,一对友好搭档。幸运的是,我同他们十分默契。在从事制作协调员的工作时,前任制作经理离开,我就当上了制作经理。他们又引进了另一位协调员,同样也很出色。(格蕾丝,研究员)

同僚的友善使得格蕾丝的职业生涯进一步受惠。其同事说,她为了某地区广播电台而发了份电子邮件给某个特定人物:

> 很幸运的是,我又赶上了好时候。她……那时(节目)正在找研究员,我照例把简历发给了她,得到的回复是,"感谢你发出简历"。然后,在接到电话那天,我想问说,是否要我来面试……确实如此,但因自觉经验不足并未指望成功。但我最终还是得到了这份工作,一星期后就开干了!

与以往有关在这种"竞赛"环境中"取得成功"的研究一致(Barley和Kunda,2004;Baumann,2002;Blair,2001;Blair等人,2003;

Saundry,2001;Ursell,1998),受访者都强调了构筑人际关系网的重要性。在这种随机状态没有改变前,它属于对竞赛结果实施某些掌控的“规则”或“因素”。

> 我觉得,在整个电视业,完全就看你是否在恰当的时间处在恰当的地方,别无其他……我的意思很明确,当然也与技能有关,但情况大致如此,就看你和谁交朋友……我认识一些跑腿的,他们和所有人都结交并保持联系。工作之余,他们相处得真好……我认识一些一直做跑腿工作的人,你知道,他们费了很长时间想搞出点名堂,但什么也没成功,尽管他们确实很优秀。而有些人并不那么优秀,恰恰能撞上大运,所以就这样达到了目的。我一直认为,重要的是要与适当的人交朋友。(苏珊,制作经理)

有时,周边环境会让一些人承担更多责任,从而开启机会之门,通常也就在其供职之处,这是正向职业生涯变动的条件。但是,它首先要求已经涉足某个项目。如前所述,对自由职业者来说,为了持续地在不同职位上发挥作用,在同样工作或同样公司间的变动常常要比更换工作或公司容易许多。对于新的自由职业者、试图变换或增添“相关技能”的专业人士来说,情况尤其如此。通过持续工作而建立的声誉具有重要的作用,常常是只要一到现场就会有机会,特别是那些初出茅庐的自由职业者,因为身在现场就已证明了他们是有价值的团队成员。其他策略包括建立起乐观、可靠、勤奋和友善的名声。一些偶然因素包括语言知识,或有利于制作的独特技能和专门知识(譬如在科教片制作领域,可以挑选理科毕业生从事管理工作)。有时,组织的结构也能够提供支持,譬如某地各独立制作公司一道努力为自由职业者确定工作机会,使其能够成为地区性资源。但是,这种做法过于依赖人的因素,通过电话告知其他公司已有合适人员出现在市场;这种做法是不定期的,极有可能是由良好表现或个人行为所推动(加上初创公司对未来相关合约的信任)。

不同种类的文化职业看似有着不同的竞赛规则。在它们之间变换有时很难,个人在某个职业中的存在或许就意味着在另一职业中的竞赛失败。例如,社区电视台制作人不可能成为被追捧的自由职业者而为地区独立制作公司工作,制作创意电视节目的地方也不会为戏剧专业人士所接受。各类职业生涯还存在着基于社团内部名气等级,名气不大的职业很难变成较大者。

虽然强调了随机因素,我们依然建议自由职业者应该做出尝试,主动地自行“定位”,在职业生涯的各阶段为寻找“正确的”地点和时间制订对策(Jones,1996),或者增添“相关技能”(O'Mahony 和 Bechky,2006)。他们曾经为之付出了不同程度的精力、热情和才干。我们想要表明的是,鉴于劳务市场的性质,职业生涯的发展和毁坏还受到自由职业者无力掌控的因素,他们要面对其无法影响的因素。

4.6　脆弱的职业生涯

在电视业谋得职位并不意味着就可一劳永逸。自由职业者的工作生涯体现了职业生涯的脆弱,而未来是难以捉摸的。职业生涯围绕着不同的项目而演进,而项目型工作原本就有限,不确定性是永远存在的。譬如,这样的工作能否延续下去?是否还有下一个项目?职场生涯何时何地到头?许多受访者,包括处在职业生涯的各个阶段者,他们谈到了当下的疑虑和担忧,在电视业能否再找到下一份工作?正如制作经理克莱尔(Claire)所言:“我想,人人都有担心的那一刻。天哪,我得到酒吧去工作了!”这就是自由职业生涯固定不变的特征。有时,工作生涯就等于职业生涯的感觉似乎荡然无存,自由职业者对于电视业工作的可持续性和时间长度心生疑虑。制作人、导演安娜(Anna)回忆道,甚至在她的申请获准之际,都会觉得恍若梦中:

失业时，看到《媒体监护人》报纸上的一则广告，我寄去了简历，但却没有回音。我想，“我再也不会有工作了”。如你所知，上千万人都能看到那份报纸。大约一个月后，他们打电话给我，说，“嗨，过来面试吧”。就这样，通过那份报纸，我找到了工作！

在电视业从事自由职业的特点是，必须不停地考虑别处是否还有工作机会，拥有“备用”选项。受访者们提及了诸如参与治疗师培训、从事有机农业工作或是建一个小企业，等等，大多与其在电视业的工作相关。例如，一位外景制片主任建立了一个外景资源库，为同事提供收费服务；一位制作经理则建立了一个名片设计网站，希望发展成小企业。有时，一份平行的工作只是作为“填充”而非第二职业。失业之际，在办公室或酒吧做一份业余工作，以便在等待项目时挣得生活费。

电视被称为“年青人的游戏”。我们的受访者均未超过40岁，这种局面甚至也带有性别差异。女性大多早在30多岁就离职。对她们来说，她时常面对是否需要生育的抉择，因为长期不定的自由职业生涯很难与大多数护婴方式相互协调；若不打算生育，则会继续在电视业工作。

说起来很难受，但一到50岁或55岁，常常难以找到工作。我一直认为，这是属于年青人的行业，虽然并非完全如此，因为我确实有很多……我认识很多年长的外景制片主任，在那种最让他们烦心的年龄真的不易谋职。他们不喜欢提及自己的年龄，我的朋友拉尔夫就是如此，他已50岁左右，你不知道，他就是那样，“别让人知道我年龄，否则他们就不会用我了”……我觉得这很棘手，所以我才觉得他们确实需要提前有所准备才是。（劳拉，外景制片主任）

安波(Amber)也是一位外景制片主任,她无法确定自己能否承受得住工作压力。

> 我无法确定,大约已有 15 年了,或是……仍干这一行,或是退出改行。我觉得,这个行业发展太快,许多人不会终身在此。我想,许多人已是筋疲力尽,正想洗手不干,而去干点别的。

克莱尔也有类似的疑虑:

> 我的确有这种感觉,到了 50 岁就不应再干这行了。我觉得……现在我们这一行太年轻了!我想去做制作经理,有些领域,当人老了后仍可工作,仍受人尊重。但我还是觉得,许多行业希望招收年青人。这一点实在糟糕。我确实认为到了 50 岁就无法再干这一行了,所以需要制订对策。如你所知,到了我……的时候,几年后就要考虑应该怎么办……到底能做什么,如何获得再培训,还需要哪些技能才能工作……一旦过了 40 岁,我就会去考虑我们这行人需要考虑的一大堆问题,“现在我该怎么办?”是否设法退出,我也拿不准。我的同事和搭档杰基(Jacky),现在或许已有 54 岁,是制作人/导演,她还得继续工作。(克莱尔,制作经理)

较早的终止点和短暂的工作生涯,给那些希望在电视业界长期工作者增添了压力和挑战。正如工会代表西蒙(Simon)讥讽地说:“要知道,虽然你只有 21 岁,但是还有很多 18 岁和 17 岁的人紧跟上来呢!”

职业生涯的一个重要特征就是难以预知最终结局。用制作人—导演布利安(Brian)的话来说,“你不愿离开电视,但电视要离开你”。人们过去就曾明确关注今后的职业生涯,但是电视业的自由职业生涯不仅期限很短,终止时间也较模糊。人们必须了解这一点,因为唯一的外界提示就是不再会收到项目工作邀请。鉴于积极的自由职业者的工作存在着不规则和不确定的缺口,所以很难判断这一点。执行制作人克里斯(Chris)详析道：

> 我认为，最大的压力是……在未来几年的某些时候将不再有工作机会，因为自己太老了。在这个行业，在某些时间终将无法再做能做之事。在3个星期到15年的时间里，我不知道那个时刻在何时出现，也没人告诉我这一点。当我得不到工作时，它就会出现。

自由职业生涯脆弱而不确定，这一点至少表现在三个方面：第一，正如业内人士所承认的，电视业生涯缺乏连续的工作机会，个人在工作生涯的任何阶段都可能遇到这一问题；第二，电视业的从业者通常都有第二职业，为了在项目间隔期间得以谋生，或是为了逐步替换电视制作这种不安稳的工作；第三，这些职业需要耗费青春和精力，职业生涯因此很是短暂。这就意味着，人们会自愿或者被迫在年纪尚轻时就退出电视业，虽然从来无法知道准确的时间。

4.7 讨论和结论

处在项目和组织持续变动的间隔中，电视职业生涯带有很大的偶然性和脆弱性。成功的程度和定义各不相同，而个人的体验也大相径庭。不过，即使那些取得很大进展或者能够获得定期工作者，在叙述时都非常强调工作的短暂性和机遇性。

这种职业生涯至少造成了三个问题：

第一，事关技能发展和职业生涯的进展。鉴于电视业的技能主要是在职位上得以发展(Grugulis和Stoyanova，2009)，随机的或因经验和资格累积造成的职业变动，表明技能及其发展的变化极大。相同的职称可能蕴含着相当不同的经验和专门知识，特别是制作和编辑职位。因此，职称和职位基本上无法说明个人专长，雇主很难根据过去的资质判断其能力。这就进一步增加了各种社会机制的重要性(Baumann，2002)，因为它们可用于验证、选择可靠的候选人。

第二，这种动态的环境未必有利于构筑声誉。在许多情况下，自由职业者是在工作之时而非待业之际安排职业生涯的发展。此举可以节省在现有项目团队之外寻找人才的成本。它是化解“职业生涯进展悖论”的一条途径(O'Mahony 和 Bechky，2006)，降低了雇用能力不足者的风险。

第三，职业竞赛会深刻地影响自由职业者的工作经历。它们既加大了存在多种潜机的希望，又加剧了不确定性。两种现象的结合则是既促成又削弱了个人的成功策略，使得竞赛结果常常取决于机遇，尤其在竞赛者人数大大超过可得就业职位之际。

通过讨论当代电视职业生涯的某些问题，本章强调了自由职业工作路径展现方式的不确定性和随机性。当代职业生涯越来越多地体现出“自由性”(Arthur，1994)而不是“有组织性”(Watson，2003)。职业生涯路径不再是线性和静止的，而是动态和多维的(Baruch，2004)。这种转向还表明，现在的职业生涯取决于个人，需要他们在变动的职业生涯中进行调整、学习和即兴发挥(Arthur 等人，1999)。因此，自由职业者得以摆脱结构的桎梏，寻求各种工作组合和自己感兴趣的主题领域，或者干脆腾出时间去享受闲暇。

我们还可将这种组织内部的职业生涯比拟为现行的或扩大的竞赛(Marsden，2007，2010)，其结果只是部分地取决于明确的策略和竞争者的努力。正如其他竞赛一样，机遇会发挥作用。该因素在职业生涯文献和我们的受访者之故事中貌似作用不大，但是，在此需要提请注意碎片化新型劳务市场所具备的这一特征。

针对在自由职业劳务市场上推进职业生涯的有关问题，本项研究使得我们可以提出一些新的建议。其中一个与技能发展和职业生涯变动有关。如同奥马奥尼(O'Mahony)和贝基(Bechky)(2006)所言，为了克服“职业生涯进展悖论”，自由职业者需要作出诸多妥协。他们都认为，职业变动都是在待业而不是就业时完成。然而，我们的调查表明，尤其对于新的自由职业者而言，这一步骤有时在从事单一项目时较易完成，但也存在着不少制约因素。从事低层次工作时，提拔某人的风险或许较低，故而较易作出决定。鉴于公司寻找专业人士的时间往往十分紧迫，提拔现有的下层人员是最有效的解决办法。鉴于这些年青人已在现场工作，所以能够召之即来，进而“检验”他们是否属于可靠的候选者。如同德克斯（Dex，2000）等人也观察到的那样，有时，这种提升是对下层职员的“褒奖”，但大多不附带金钱利益。因此，生意的压力和不断变化的提拔规则使得“在恰当时间处在恰当地点”成为采取积极职业步骤的决定性因素，而不断变动的制度环境则使得这种意外调动得以实现。

还应强调的一点是，在当今的电视业劳务市场上，这种步骤未必属于整个职业生涯的一部分。正如罗森鲍姆（Rosenbaum，1979）在谈到竞赛变动模型时所指出的，那些“赢”家只不过是赢得了参与一个更高层次竞争的机会。

这项研究还令我们可针对自由职业生涯的竞赛性质提出三点见解：

一是不同类型的艺术可能具备多种竞赛规则。自由职业者在不同的艺术类型和社会网络中的地位不相同，取得进展的机会也就存在差异。其中一个方面是艺术种类受工作转换的影响程度。在某些类型的艺术工作中，诸如纪实型电视节目，从事制作者的人数就大大减少。各种职位角色常常并作一道，所谓“录音制作总监”或“摄影制作总监”者并不少见。在其他方面，诸如电视剧，制作过程的要求抑制了这种合并工作的倾向，我们仍能看到拥有较多中介性职位的大型团队。

二是对于身处职业生涯不同阶段的自由职业者来说，竞赛规则也不相同。鉴于以项目为基础的工作组织与自由就业的艺术劳务市场都是分块的(Christopherson,2009;Faulkner,1983),我们想要说明的是,自由职业者的不同板块会根据不同的规则开展竞争。比较年青的(或者有抱负的)专业人士在其职业生涯过程中更有可能遇到随机的竞赛因素,或至少更有可能在搜寻新的职位方面获益。正是在那个层面上,由于有大量的年青才俊竞争相对较少的职位,机遇才得以突显(Marsden,2010)。

人们(十分正确地)认为,机遇总是会在艺术生涯中起作用。然而,正如我们这类研究所表明的,在规制不断变动的环境中,由于入行不受限制以及庞大的人群渴望在这个领域干出一番事业,偶然的举措就会成为职业生涯演变的确定结构与正统规则。在由成功职业人士构成的小圈子之外,这种情况尤其如此。

三是我们想要提出的是,竞赛规则带有区域性质。在大型电视业枢纽(例如,伦敦)之外的劳务市场面临着挽留人员尤其是年青专业人士的挑战。对于他们,竞争规则有时不会那么严苛,年青人可以从公司获得某些支持,有助于获得新的职位,获得更多出头露面或者构建声誉的机会。

综上所述,需要指出的是,与多数有关职业生涯的研究工作一样,我们的研究夸大了业内人士的成功。诚然,在这项研究中,个人进入劳务市场这一事实(我们的样本)表明,他们至少在某些竞赛中是成功的。我们还听说,许多人已经退出,其中一些人去从事某些相关的工作(攻读戏剧学博士,到大学教书,或是在那些与电视业相关的高层机构工作),另一些人则转入完全无关的工作(开出租车,装修浴室)。然而,虽然指出了他们的存在以及这种周转对劳务市场的影响,但我们的研究不能代表他们的观点或体验。无疑,对于他们的鉴别虽在方法论意义上具有重大挑战,但却能为竞赛型职业生涯以及在其中生活和从业者之真实状况增添一些有价值的见解。

参考文献

Arthur，M. 1994. “The Boundaryless Career：A New Perspective for Organizational Inquiry.” *Journal of Organizational Behavior* 15：295—306.

Arthur，M.，K. Inkson，and J. Pringle. 1999. *The New Careers：Individual Action and Economic Change*. London：Sage Publications.

Barley，S.，and G. Kunda. 2004. *Gurus，Hired Guns and Warm Bodies：Itinerant Experts in a Knowledge Economy*. Princeton and Oxford：Princeton University Press.

Barnatt，C.，and K. Starkey. 1994. “The Emergence of Flexible Networks in the UK Television Industry.” *British Journal of Management* 5：251—260.

Baruch，Y. 2004. “Transforming Careers：From Linear to Multidirectional Career Paths：Organisational and Individual Perspectives.” *Career Development International* 9：58—73.

Baumann，A. 2002. “Informal Labour Market Governance：The Case of the British and German Media Production Industries.” *Work Employment Society* 16：27—46.

Blair，H. 2000. “Active Networking：The Role of Networks and Hierarchy in the Operation of the Labour Market in the British Film Industry.” *Management Research News，Patrington* 23：20—21.

Blair，H. 2001. “‘You're Only as Good as Your Last Job’：The Labour Process and Labour Market in the British Film Industry.” *Work Employment Society* 15：149—169.

Blair，H.，N. Culkin，and K. Randle. 2003. “From London to Los Angeles：A Comparison of Local Labour Market Processes in the US and UK Film Industries.” *International Journal of Human Resource Management* 14：619—633.

Christopherson，S. 2009. Working in the Creative Economy：Risk，Adaptation and the Presence of Exclusionary Networks. In *Creative Labour. Working in the Creative Industries*，edited by A. McKinlay and C. Smith，71—90. Basingstoke：Palgrave Macmillan.

Christopherson，S.，and M. Storper. 1989. “The Effects of Flexible Specialization on Industrial Politics and the Labor Market：The Motion Picture Industry.” *Industrial and Labor Relations Review* 42：331—347.

Davis，H.，and R. Sease. 2000. *Managing Creativity：The Dynamics of Work and Organization*. Buckingham：Oxford University Press.

DeFillippi，R.，and M. Arthur. 1994. “The Boundaryless Career：A Competency Based

Perspective. *Journal or Organizaional Behavior* 15：307—324.

Dex，S.，J. Willis，R. Paterson，and E. Sheppard. 2000. "Freelance Workers and Contract Uncertainty：The Effects of Contractual Changes in the Television Industry." *Work Employment Society* 14：283—305.

Faulkner，R. 1983. *Music on Demand. Composers and Careers in the Hollywood Film Industry*. New Brunswick and London：Transaction Publishers.

Faulkner，R.，and A. Anderson. 1987. "Short-Term Projects and Emergent Careers：Evidence from Hollywood." *American Journal of Sociology* 92：879—909.

Grugulis，I.，and D. Stoyanova. 2009. "'I Don't Know Where You Learn Them'：Skills in Film and TV." In *Creative Labour. Working in the Creative Industries*，edited by A. McKinlay and C. Smith，135—155. Basingstoke：Palgrave Macmillan.

Holgate，J.，and S. McKay. 2007. *Institutional Barriers to Recruitment and Employment in the Audio Visual Industries. The Effect on Black and Minority Ethnic Workers*. London：Working Lives Research Institute.

Jones，C. 1996. "Careers in Project Networks：The Case of the Film Industry." In *The Boundaryless Career：A New Employment Principle for a New Organizational Era*，edited by M. Arthur and D. Rousseau，58—75. New York：Oxford University Press.

Jones，C. 2010. "Finding a Place in History：Symbolic. and Social Networks in Creative Careers and Collective Memory." *Journal of Organizational Behavior* 31：726—48.

Langham，J. 1996. *Lights，Camera，Action：Working in Film，Television and Video*. 2nd revised edition. London：British Film Institute.

Marsden，D. 2007. "Labour Market Segmentation in Britain：The Decline of Occupational Labour Markets and the Spread of Entry Tournaments." *Economies et Societes* 28：963—98.

Marsden，D. 2010. "The Growth of Extended 'Entry Tournaments' and the Decline of Institutionalised Occupational Labour Markets in Britain." *CEP Discussion Paper No* 989. London：LSE.

O'Mahony，S.，and B. Bechky. 2006. "Stretchwork：Managing the Career Progression Paradox in External Labor Markets." *Academy of Management Journal* 49：918—941.

Paterson，R. 2001. "Work Histories in Television." *Media Culture and Society* 23：495—520.

Platman, K. 2004. "'Portfolio Careers' and the Search for Flexibility in Later Life." *Work Employment and Society* 18: 573—99.

Randle, K., L. Wing-Fai, and J. Kurian. 2008. *Creating Difference: Overcoming Barriers to Diversity in UK Film and Television Employment*. Hatfied, Hertfordshire: Creative Industries Research and Consultancy Unit, University of Hertfordshire.

Rosenbaum, R. 1979. "Tournament Mobility: Career Patterns in a Corporation." *Administrative Science Quarterly* 24: 220—41.

Saundry, R. 1998. "The Limits of Flex. ibility: The Case of UK Television." *British Journal of Management* 9: 151—62.

Saundry, R. 2001. "Employee Relations in British Television-Regulation, Fragmentation and Flexibility." *Industrial Relations Journal* 32: 22—36.

Sennett, R. 1998. *The Corrosion of Character: The Personal Consequences of Work in the New Capitalism*. New York: W. W. Norton.

Skillset. 2007. *Employment Census* 2006: *The Results of the Sixth Census of the Audio Visual Industries*. London: Author.

Starkey, K., C. Barnatt, and S. Tempest. 2000. "Beyond Networks and Hierarchies: Latent Organizations in the U. K. Television Industry." *Organization Science* 11: 299—305.

Tams, S., and M. Arthur. 2010. "New Directions for Boundaryless Careers: Agency and Interdependence in a Changing World." *Journal of Organizational Behavior* 31: 629—646.

Tempest, S., A. McKinlay, and K. Starkey. 2004. "Careering Alone: Careers and Social Capital in the Financial Services and Television Industries." *Human Relations* 57: 1523—1545.

Thynne, L. 2000. "Women in Television in the Multi-Channel Age." *Feminist Review* 64: 65—82.

Tunstall, J. 1993. *Television Producers*. London: Routledge.

Ursell, G. 1998. "Labour Flexibility in the UK Commercial Television Sector." *Media Culture and Society* 20: 129—153.

Watson, T. 2003. "Occupational Careers." In *Sociology, Work and Industry*, edited by T. Watson, 163—164. London: Routledge.

第5章　奥斯卡奖和凯撒奖
——美国与法国电影演艺生涯的高度加冕

安妮·林肯(Anne E. Lincoln)
迈克尔·艾伦(Michael P. Allen)

本书有几章研究艺术家与文化事业在声誉和凝聚力方面的相关性。布提诺(Boutinot)探讨了在艺术同行、客户和公众之中的声誉与法国建筑业的相关性。与此相似，琼斯(Jones)探索了建筑师佛兰克·劳埃德·莱特在职业生涯后期与少数人之间形成的重要专业联系。她发现，成名、融入行业和文化以及“备用的合作网络”对于艺术家的成功或许并无不利；相形之下，艺术家获得推崇的社会关系网的广度是一个十分重要的因素。本章探讨一些电影演员在职业生涯中获得“高度加冕”(deep consecration)的过程，他们曾在业内多次获得法国电影和好莱坞电影这两个重要的表演奖项。

5.1　演员的价值

作为一种“有价值的商品”，演员被普遍看作是影片取得商业成功的重要因素，对于影片获得认可、促销和上映可谓至关重要(Vincendeau,2000)。同样确切无疑的是,作为艺术成果,影片的成功取决于演员的天赋。大多数具有一定艺术价值的影片都会聘用献身于演艺的成熟演员。影片的商业成功通常以票房收入为衡量标准,而艺术的成功则可根据其所获奖项的数目和形式予以判别。作为艺术作品,为了衡量影片的象征性价值,最重要的标准之一是获得业内专业人士的认可。类似地,个人对于影片制作的贡献同样需要业内同行的认可而获得评判。

在文化产业研究领域,存在着这样一个悖论,即电影表演虽然受到严苛的审视,但对它的研究却严重不足,理论化程度依然不够。当然,今天的演员凭借其个性和银幕之外的各种开拓活动而博得公众的关注。初次阅读本文的学生或会感到惊讶,因为早期的好莱坞却并非如此。当时的银幕上并未留有明星们的姓名。诚然,在无声电影时代,制片公司不让明星留名的缘由是,他们担心,演员一旦获得公众认可而有了声誉,就会要求增加工资。因此,佛罗伦斯·劳伦斯(Florence Lawrence)仅仅被她的雇主比沃格拉夫制片公司(Biograph)称作"比沃格拉夫女郎"。那些因获得各种奖项而广受赞誉的演员通常也会受到学术界的最大关注。

正如我们在别处所细述的(Lincoln 和 Allen,2004),文化加冕是具有营造差异能力的正统文化机构的刻意所为。然而,几乎还没有任何比较性研究工作探索不同电影业的"加冕项目"(consecration project)。鉴于演员对于影片价值的重要性,我们在本章探讨这些差别在美国、法国大多数受冕演员的实施状况及其对于演艺生涯的各种含义。

5.2 框　架

1927 年,美国的电影艺术和科学学院创设于好莱坞,其宗旨之一是,促使人们把电影认可为一种艺术形式。其首任院长道格拉斯·菲尔班克斯(Douglas Fairbanks)提议,每年为电影和电影专业人士颁发一次“特殊成就奖”(Awards of merit for distinctive achievement)。除了认可影片的卓越制作,该奖项还旨在提升电影的形象,使它能够从纯粹的娱乐转变为艺术享受(Sands,1973)。

这些俗称“奥斯卡奖”的专业奖项每年颁发一次,1928 年举办了首届颁奖典礼。在随后几年间,奥斯卡奖就已发展成为全球最著名和最高端文化加冕项目。获得奥斯卡奖提名意味着演员的才干获得了业内的普遍认可,这是一项只有少数演员在整个职业生涯中才能获得的荣誉。

奥斯卡奖的成功在其他许多国家中也催生了相似的奖项,包括加拿大的“精灵奖”(Genies),西班牙的“戈雅奖”(Goyas),意大利的“唐纳泰拉奖”(Donatellos)(English,2005)。1974 年,法国的电影艺术和技术学院(法语,Academie des Arts et Techniques du Cinema)设立了“凯撒奖”(Cesar)作为其国家电影奖项,并在 1976 年作了首次颁奖。

除了获奖,一个演员的最高荣誉就是获得某个奖项的提名。在整个过程中,美国和法国皆然,每年都有 5 名演员获得提名,以便竞争根据性别、角色所设立的四个奖项:最佳男演员、最佳女演员、最佳男配角和最佳女配角(法语分别为 Cesar du meilleur acteur, Cesar du meilleur second role masculine,Cesar de la meilleure actrice,Cesar du meilleur second role feminine)。在本章,除了使用奖项的正式名称外,我们用“演员”一词泛指男女演员,。

美国奥斯卡奖遵循的是商业模式,它是一种“作为注册财产、大众化手段和营利性传媒特许经营的文化奖项”(English,2005,84)。当然,获得奥斯卡最佳影片奖的电影通常都有不菲的票房收入(Ginsburg,2003)。再者,获得最佳男演员或女演员奖提名之影片的票房收入也不错(Nelson 等人,2001)。除了可以验证的商业效应,奥斯卡奖荣膺者还会出于其他原因吸引公众和学术的大量审视，不仅来自电影研究领域，而且还有心理学界、社会学界乃至医学界。例如，心理学家对获得提名的男女演员所扮演的角色形式进行比较（Simonton，2004）；社会学家则考察合作者们的社交网络（Rossman，Esparza，和Bonacich，2010）；医生考察获得提名者和获奖者的死亡率（Redelmerier 和 Singh，2001；Sylvestre 等 2006）。另一方面，在法国设立相似的凯撒奖的 35 年间，对于获奖者的研究则明显不足。本章将对获得奥斯卡奖和凯撒奖提名者的职业生涯进行比较。根据先前对于美国电影界从艺年限的性别差异进行的研究（Lincoln 和 Allen，2004），我们主要集中研究那些"高度受冕"的项目，以及在法国和美国获得 1 次以上最佳主角或配角奖提名的杰出演员的职业生涯。

5.2.1 数据

为了比较获得提名对于演员在这两个最具影响力的电影业内职业生涯的影响，我们收集了至少 2 次获得各自电影学院奖（美国电影艺术和科学学院奖和法国电影艺术和技术学院奖，见附录表 5. A）提名者的职业生涯数据。我们刻意构建了两组最具可比性的演员。鉴于美国电影艺术和科学学院从 1929 年起就开始颁奖，而法国电影艺术和技术学院直到 1976 年才首次授奖，两组样本均只包括在 1976—2010 年间获得多次提名者。再者，为了确保这些演员的职业生涯具备可比性，每组样本均只包括 1940～1959 年间出生者。

在职业生涯中至少获得过 1 次提名的演员相对较多，但只有少数人才能获得 2 次以上的提名。许多获得 1 次提名者仍然会表现平平，抑或退出演艺界。仿照林肯（Lincoln，2004，2007）的做法，我们有意排除了在职业生涯中只参与过 1 部著名影片制作的那些演员，使得样本只包括在 2010 年前至少 2 次获得奥斯卡或凯撒奖提名者；样本仅限于"代表性"演员，只包括主要在法国从业的法国演员和主要在美国从业的美国演员。因此，我们排除了某些获得提名者，例如：起步于英国电影而后在美国从影的本·金斯利(Ben Kingsley)、出演法国电影的英国女演员夏洛蒂·兰普林(Charlotte Rampling)；我们还排除了朱迪·福斯特(Jodie Foster)和碧姬·福赛(Brigitte Fossey)等童星(其演艺生涯始于18岁之前)。基于对他们参与影片数目的统计，我们只包括了较长影片的出演，排除了诸如配音、短片、客串和电视剧等角色。根据这一标准，我们得到的样本共有61位法国演员和43位美国演员，他们在整个演艺生涯中参与了4 990部影片的演出，其中3 344部为法国影片、1646部为好莱坞影片。

5.2.2　结果

法国与美国电影界存在着明显的重大差别。首先，61位法国演员出演的影片数目多于其美国同行。在历史上，这些获得凯撒奖提名者平均每年出演1.6部电影，而获得奥斯卡奖提名者平均为1.1部，显然少了许多。我们的结果表明，美国年产影片数目多于法国，而且其重要角色的分布要比法国更加宽泛。例如，在2005年，美国放映了699部影片，而法国却只放映了240部(Lorenzen，2009)。

在电影业，为了确保商业成功，制片商常常会让明星演员担纲主演。同理，为了取得巨大成功，制片商也会挑选那些具有才华者出演。在1976～2010年，共有180部影片获得凯撒最佳影片奖的提名。表5.1显示了演员们在这些影片中的出演次数。这些总数只包括那些在出演时已获尊崇的演员。对于同期37位获奖法国演员的保守分析(他们获得过3次提名)表明，法国电影业的内部关系比较密切。总体而论，在180部影片中，有99部或55％至少是从37位顶级演员阵容中聘用1位，其中又有51部或28.3％的影片在37位高度受冕的法国演员阵容中聘用1位以上。

相形之下，在同期，共有180部电影获得奥斯卡最佳影片奖提名。

表 5.1 还显示了 43 位美国受冕演员在这些影片中的出演次数。如同前文，这一总数只包括在出演时已有 1 次获得提名者。在这 180 部影片中，只有 51 部或 28%的影片是从 43 位受冕演员阵容中至少聘用 1 位；再者，其中只有 9 部或 5%的影片聘用了 43 位美国影星阵容中的 2 名，尚无聘用 3 位以上影星的影片。通过对照，明确可见，获奖者与影片之间的关联程度在美国远远不及法国。其他的研究工作认为，在文化劳务市场上，艺术成就是合作性创意努力的结果(Rossman，Esparza，和 Bonacich，2010)。在电影界，一小群演员获得最多的奖项，获得最多的最好角色，与最优秀的人才合作，这种现象可称为“马太效应”(Matthew Effect)。不过，这一结果显然更多体现的是法国的电影界状况，而不是好莱坞的状况。

表 5.1　　1976～2010 年，获得最佳影片提名者所聘两次获得凯撒奖或奥斯卡奖提名者的百分比

受冕演员数量	法国	美国
0	45.0 (81)	71.7 (129)
1	26.7 (48)	23.3 (42)
2	21.7 (39)	5.0 (9)
3～5	6.7 (12)	0.0 (0)
样本数目	180	180

注：括号内为影片数目。

上述两组样本的描述性统计指标披露了两国电影界的有趣差异。获凯撒奖提名者在开始其电影生涯时比较年轻，在职业生涯的几个关键阶段已出演过多部影片，经历也比奥斯卡奖同行更加丰富(表 5.2)。

然而，一个重要差别是，获奥斯卡奖提名者在业内获得认可的时间要比获凯撒奖提名者早 3 年。另一显著差别是样本的性别问题。获凯撒奖提名者更有可能为男性，而获奥斯卡奖提名者则是女性。这后一研究结果符合我们的研究，对于好莱坞的年轻女性来说，存在着类似于“走马灯”的现象(Lincoln 和 Allen，2004)。现在，我们进一步考察这些差异。

表 5.2　获得凯撒奖和奥斯卡奖提名者的描述性统计(1976～2010)

	凯撒奖	奥斯卡奖
女性(百分比)	41.0	60.5*
首次出演的年龄	24.9	26.1
电影生涯	54.8	38.3***
获得提名次数	4.1	3.4
首获提名的年龄	34.5	33.8
首获提名的电影	17.0	7.7***
首获提名前的从业年数	10.7	7.7***
再获提名的年龄	39.8	39.2
再获提名的电影	26.2	15.1***
首获与再获提名相隔年数	5.2	5.4
首获与再获提名期间所拍影片	9.2	7.4
样本数目	61	43

* $p<0.05$；*** $p<0.001$(双尾检验)。

5.3　法国与美国的性别差额

一个大型研究机构发现，好莱坞男女演员的职业生涯在长度、角色质量和数量以及年龄方面都存在着差距。这些调查结果同样适用于那些多次获得凯撒奖和奥斯卡奖提名者。在上面两组样本中，51 位女影星在其演艺生涯出演了 2 087 个角色，53 位男影星则出演了 2 903 个角色。表面上看，法国的性别差异比较明显，36 位法国男影星实际出演了 2 072 部影片，25 位法国女影星仅只出演了 1 272 部影片；美国男女影星的数字则比较接近（分别为 17 和 26），分别出演了 831 部和 815 部影片。然而，在我们样本中，一些法国男影星有过非凡的职业生涯，从而增加了他们的出演数目。尤其是弗朗索瓦·伯兰德(Francois Berleand)和杰拉尔德·迪帕蒂(Gerard Depardieu)这两位影星，在我们研究的时期内，他们竟然令人吃惊地出演了 249 部影片。事实上，在这段时期，在 61 位法国演员中有 24 位出演的角色数目超过了 60 个；相形之下，在样本中，出演次数最多的美国演员克里斯托弗·沃尔肯(Christopher Walken)只有 82 部影片，样本中的美国演员只有 2 位出演过 60 部以上的影片。

与法国获奖提名者所演角色数目差别很大的同时，进一步的调查显示，实际上，在样本中，美国职业出演数目的性别差异同样大于法国。美国女演员在其职业生涯中大约出演 31 部影片，美国男演员平均出演近 49 部或者超出近 18 部（表 5.3）；法国的性别差异就小得多，女性获提名者在其职业生涯中平均出演 50.9 部影片，而受冕男演员平均出演 57.6 部电影，男女间的差异只有 6.7 部，不具有显著的统计意义。事实上，两国女演员在整个职业生涯中出演数目方面差异最大。在我们所研究的时期内，法国女演员的出演数目超出美国女演员近 20 部。图 5.1 清晰地列出了两国男女演员在整个职业生涯中的出演数目。也许最为引人注目的一点是，两国受冕影星们在职业生涯趋势上存在着性别差异。女影星的职业生理衰退速度快于男影星，美国女影星早在 39 岁就开始衰退，而法国女影星则与男影星相近，要到近 50 岁才开始衰退。然而，对于美国女影星来说，衰退与年龄的关系并不显著。

表 5.3　　受冕演员职业生涯中所演角色的数目

	法国	美国	差额
男演员	57.6 (36)	48.9 (25)	8.7
女演员	50.9 (17)	31.3 (26)	19.5***
差额	6.7	17.5***	

注:括号内的数字是演员数目。*** $p<0.001$(双尾检验)。

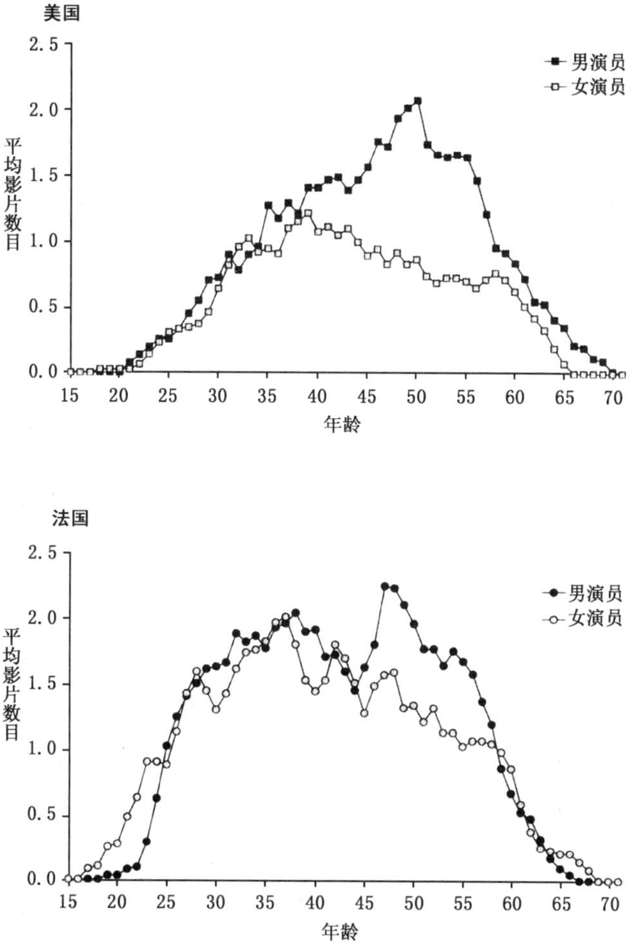

图 5.1　主要电影演员所饰角色的年度平均数

5.3.1 是否存在着“最佳女演员悖论”

以往关于美国奥斯卡获奖者的研究宣称，业内存在着所谓的“最佳女演员悖论”，即：在影片获得最佳影片提名同时，男主角有 2 次机会获得最佳主角奖提名，而女主角却没有这种待遇（Simonton，2004）。我们发现，这些受冕演员的情况并不支持这种观点。根据我们的数据，美国男演员在提名为最佳影片的电影中有 21 位出演主角，而女演员在同样获得提名的影片中有 34 位担任主角。考虑到我们的美国演员样本所含男女演员数目不同，这意味着，由女演员主演的影片获得提名的频率要比男演员高出 6%，见表 5.4。

表 5.4　获得法国和美国最佳影片提名者的主角同时获得提名的数目

提名类型	凯撒奖		奥斯卡奖	
	男演员	女演员	男演员	女演员
主角	56	48	21	34
非主角	58	31	29	16

虽然在我们的美国样本中缺乏证据，那么，在获得凯撒奖提名的影片中，是否存在“最佳女演员悖论”呢？我们认为，同样也无这种可能。法国男演员出演了 114 部获得凯撒最佳影片奖提名的影片，56 次获得最佳男演员奖提名；法国女演员则出演了 79 部获得最佳影片奖提名的电影，48 次获得最佳女演员奖提名。虽然因为样本太少而无法检测出具备统计意义的差异，但是这些数字表明，样本中的法国男演员被提名为最佳影片中最佳男演员奖的平均次数为 2.7，而法国女演员被提名为优秀电影中最佳女演员奖的次数略多一些，为 3.0 次。考虑到法国样本中的男演员多于女演员，所以女演员在被提名为最佳影片的电影担任主角的次数约比法国男演员多出 12%。简言之，在我们所精选的多重提名的样本中，无论是法国还是美国的电影表演都不支

持所谓的“最佳女演员悖论”。

那么，为何我们未能像其他学者那样发现“最佳女演员悖论”呢？虽然本章不对这一结果作深入考察，但可能的情况是，这一悖论属于与获得 1 次提名者有关的人为结果。在其他的研究中，林肯（Lincoln，2004，2007）发现，在整个演艺生涯中，男女演员获得 1 次最佳主角提名的机会大致相当。因此，这一悖论的出现或许是受获得 1 次提名者所演角色类型的影响。也就是说，相比仅只获得 1 次最佳男演员奖提名者，仅获 1 次最佳女演员奖提名者更有可能出演一些未获最佳影片奖提名的影片。我们将在今后继续研究这种差别。

5.3.2 奥斯卡奖和凯撒奖是否属于“双重危机”

在先前关于 20 世纪内 318 位好莱坞主要演员的研究中，我们发现了“双重危机”（double jeopardy）的证据。这一理念具有双重特征，即年龄和性别，而且它们具有乘法而不是加法效应。以电影表演为例，“双重危机”尤其不利于那些年长的女演员（Lincoln 和 Allen，2004）。具体地说，我们发现，好莱坞女演员开始从艺的年龄低于男演员，从业早期的出演数目不如男演员，而表演生涯也短于男演员。然而，在获得奥斯卡奖提名者中所见两性年龄差异要比我们考察的更广的演员群体来得复杂。林肯的研究（2004，2007）澄清了学者和公众评论员类似的观察结果，女演员获得奥斯卡奖提名时的年龄比男演员小（例如，Markson 和 Taylor，1993；Stark，2000）。这种差异的形成不仅是因为女演员入行时比较年轻，而且因为混淆了首次与随后获得提名，从而杜撰出统计数据。换句话说，其他的研究不仅把生理年龄等同于“职业生涯年龄”，而且直接比较处在不同从业阶段的各位获得提名者，把资深演员有时是极为资深者，与入行不久的演员加以比较。

为了说明这一点，可以获得 2002 年奥斯卡表演奖提名者作为便捷证据。在那一年，10 位男性获提名者的平均年龄为 52.2 岁，而 10

位女性获提名者的平均年龄则是 39.5 岁，年轻了近 13 岁。进一步分析显示，在这些男演员中有 7 位多次获得提名，4 位在先前曾获 3 次以上提名，包括杰克·尼古尔森(Jack Nicholson)，他因影片《关于施密特》(About Schmidt)而获得第 12 次提名。在那年获得提名的女演员也有很高成就，其中有 6 位曾获 1 次以上的提名，2 位曾获 3 次以上提名，包括梅丽尔·斯特里普(Meryl Streep)，她因在影片《改编剧本》(*Adaptation*)中的表演获得第 13 次提名。然而，若只比较在那一年首获提名者，情况则有所不同。首先，年龄差异大大缩小，男演员平均年龄为 39.0 岁，女演员平均年龄为 34.5 岁，相差 4.5 岁。他们在"获得提名"前的从业年数如何呢？获提名者出演的影片表明，男女演员在首获提名时的从艺时间大致相当，男演员在首获提名时已经从业 13.7 年，而女演员则为 13.5 年，对于这种事关年度奖评选的差异几可忽略不计。

笼统地说，演员在首次、再次甚至第三次获得奥斯卡奖提名时，男女演员的从艺时间大致相同(Lincoln，2004，2007)。这表明，表演奖的提名不是简单地取决于天赋才能。相形之下，它体现了这样一种可能性，演员们需要时间来发挥表演才干，确保能够进入圈子，如此才能出演一个最有可能获得好评的角色。接下来，我们再考察一下个中的含义，首先就几个关键因素对法国和好莱坞的电影职业生涯作一比较(表 5.5)。

表 5.5　　凯撒奖和奥斯卡奖提名人职业生涯统计

	首获提名时的年龄	拍首部电影时的年龄	距首获提名的年数	再获提名时的年龄	首获与再获提名相隔年数	首部电影与再获提名相隔年数
凯撒奖						
男演员	35.1	25.7	10.4	41.0	5.9	16.3
女演员	33.8	23.7	11.0	38.0	4.3	15.3

续表

	首获提名时的年龄	拍首部电影时的年龄	距首获提名的年数	再获提名时的年龄	首获与再获提名相隔年数	首部电影与再获提名相隔年数
奥斯卡奖						
男演员	35.1	26.8	8.4	42.7	7.6	15.9
女演员	32.9	25.7	7.2	36.9	4.0	11.2

显然，两国演员在首获奥斯卡奖或凯撒奖提名时的年龄高度接近，都在 30 岁出头。两国女演员首获主角奖提名时的年龄都小于男演员，而男演员首获提名的年龄则完全相同，35 岁。两国女演员之间存在 1 岁的差异。鉴于这两个奖项每年颁发一次，这种差异当可忽略不计。此外，由于样本很小，这些差异的统计意义也不大；然而，鉴于这里包括了所有的受冕影星而不只是样本，这些差异具有现实性和重要性。特别是，由于每年都进行评奖，这一点尤其适用于任何超过 1 年的差异。

女演员从业时间较早，造成了首获奥斯卡奖提名者年龄的性别差异(Lincoln，2004，2007)。根据这一发现，我们考察一下这些受冕演员入行的年龄能否解释首获提名者的年龄差异，即：入行时的年龄差异是否与首获提名时的差异相互一致？乍一看，它们并不相关。美国女演员初上银幕的年龄比法国女演员大 2 岁而接近 27 岁，而美国男演员的年龄则比法国男演员早 1 年多。此外，在每个国家，性别的截然差异显而易见。好莱坞女演员入行的年龄比男演员约小 1 岁，而法国女演员则比法国男演员年轻 2 岁。总之，美国男演员入行时的年龄最大，法国女演员则年龄最小，而美国女演员和法国男演员入行时的年龄相当。

法国男演员首获提名的年龄与美国男演员相同，都在 35 岁左右。这意味着，法国男演员首获提名的时间实际上比美国演员晚了两年多。同样,虽然法国女演员首次出演的年龄比美国女演员年轻 2 岁,但首获凯撒奖提名前的从业时间比美国女演员多了近 4 年。美国女演员首获提名要比美国男演员早 1 年多,这一事实与她们入行时的年龄优势大致匹配。相形之下,法国男演员从业 2 年后才首获提名,与法国女演员的时间大致相同。

总之,尽管法国女演员入行时的年纪最轻,但首获凯撒奖提名所需时间在 4 组演员中是最长的,而美国女演员所需时间最短。总之,好莱坞演员获得奥斯卡奖提名要比他们的法国同行快。这些差异显示了在两国获得专业认可过程的差异。诚然,倘若出演重要角色需要表演才能或者扩大的关系网,过程在两国多少有点不同。

从总体上看,分析表明,两国电影体系在演员认可的时间上存在两个重要的不同点。首先,若把凯撒奖或奥斯卡奖视为职业成功的标志,好莱坞最初“提拔”影星的速度显然快过法国电影界。其次,因为法国男女演员获得首次“提拔”所需时间的差异很小,法国电影界在演员认可方面似乎比奥斯卡更加平等。这些事实表明,两个体系的加冕过程根据略为不同的规则而运作。下面进一步探寻个中含义。

确定了两国影业在首次提名方面的差异后,我们比较一下再获提名所需要的时间。对于男演员,我们发现,获得凯撒奖提名者具有被“提拔”的优势。首获提名后,法国男演员不到 6 年就可再获提名,而美国男演员则需要 7.6 年。总之,法国男演员从业 15 年能够再获提名,而美国男演员则需要 16 年。两国女演员都在首获提名之后大约 4 年再获提名。最终,法国女演员再获凯撒奖提名时已从业超过 14.3 年,而美国女演员在再获提名时平均从业只有 11.2 年,这种差别可归因于首获提名所需从业时间不同。

如何剖析这些结果呢?表演生涯更多地是受到性别还是行业体系的影响?图 5.2 是总结这些结果的有力方式。一般而言,我们样本中的女演员在从业头 15 年间的一些重要节点上(出演第一部电影,以及首获和再获提名）要比男演员年轻(图 5.2)。在图 5.2 中,线段越直,则表明两个时期间的年龄差异越小。因此,在图中,把法国女演员的第一根较陡线条与第二根线条加以对照,可以看出,相比首获凯撒奖提名而言,法国女演员能够更快再获提名。在 4 组演员中,美国男演员的线条最直,说明首获提名所需时间与和再获提名所需时间最为接近。相比之下,其他 3 组演员的第二根线段的经历明显要比第一根更直,说明再获提名的时间更短。

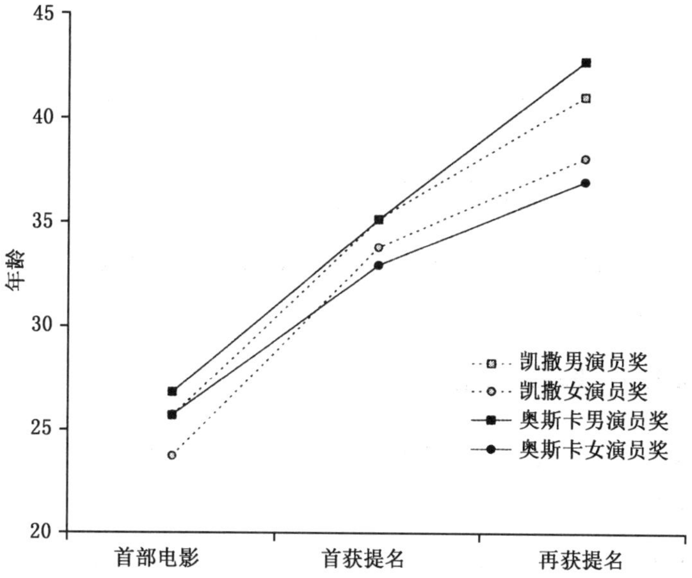

图 5.2　获得凯撒奖和奥斯卡奖提名者的从业经历

当然,鉴于不应使用生理年龄代表从业经历,我们描绘的从业时间长度是从出演首部电影到首次和再次获得凯撒奖或奥斯卡奖提名的时间(图 5.3)。在图 5.3 中,较陡的线条表示职业生涯较短。从图中可见,好莱坞显然从一开始对于演员的“提拔”速度略快些,但法国演员再获提名的速度则更快。

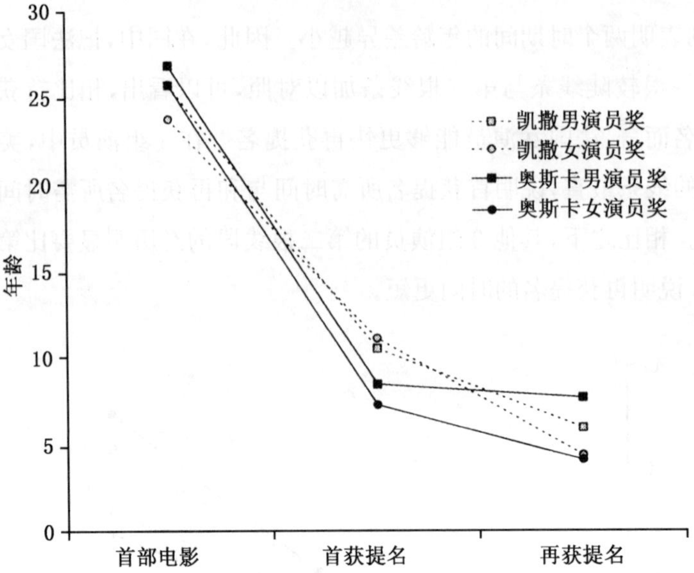

图 5.3　首获和再获凯撒奖和奥斯卡奖提名的期限

5.3.3　是否不同的褒奖体系

较早之前，我们发现，法国演员在整个职业生涯中获得提名的次数多于美国同行；平均而言，这些受冕法国演员大约获得 4 次提名，美国演员则获得 3 次。提名差异同样还体现在性别方面，在好莱坞和法国电影界，女演员获得提名的影片都比男演员多 1 部（表 5.6）。无疑，总会有例外。法国演员杰拉尔德·迪帕蒂和美国演员梅丽尔·斯特里普是在 104 位演员中获得提名次数最多者，每人都获得过 15 次提名。但是，一般而言，美国演员在从业时获得提名的次数少于法国演员，女演员则比男演员获得更多的认可。然而，两国间的这些差异与各自生产的影片数目差异无关。回想一下，2005 年好莱坞放映的电影数量几乎是法国电影的 3 倍（Lorenzen，2009），而我们样本中的法国演员则比好莱坞演员多演了至少 16 部电影。因此，为了更好地比较两国电影业,我们需要进行多变量回归分析。

表 5.6　从业时获得提名的平均次数

	男演员	女演员	差别
法国	3.7	4.8	1.0
美国	2.9	3.7	0.8
差额	0.8	1.1	

表 5.7 运用普通最小二乘回归法(ordinary least square, OLS)考察了演员的从业特征与其获得凯撒奖、奥斯卡奖数目的关系。诸如 t 一检验这类统计程序并非成熟的解读方法,因为它们未能兼顾诸如男女演员之间、凯撒奖与奥斯卡奖之间的更多差异。OLS 回归法则令我们可以估算两个变量之间的关系,同时调整其他多位作为预测指标的变量。因此,根据美国男演员在从业时出演的影片多于女演员这一发现(表 5.3),OLS 回归法可对事关男女演员各个关键变量进行比较,比如获得提名前的从业年数,在统计上对影片数目予以平衡。我们的分析采用经过标准化的回归系数,所有的变量都转化为标准正态分布,均值为 0,标准差为 1,从而可以直接根据强度和方向进行比较。所有的分析都采用美国德克萨斯州立大学的大学站(College Station)的 StataCorp 综合统计软件包所含 STATA 统计程序(第 10 版)进行。关于各变量之间相关性的结果列在附录表 5.B 中。

表 5.7　基于演员特征的获得提名次数的标准回归系数

职业生涯中的提名次数	凯撒奖	奥斯卡奖
女性	0.162	0.267
拍摄首部电影的年数	−0.025	−0.022
拍摄首部影片的年龄	−0.194	−0.012
从业期间所拍电影数目	0.421***	0.437*
获得首次提名前的从业年数	−0.372**	−0.281

续表

职业生涯中的提名次数	凯撒奖	奥斯卡奖
首获与再获提名的间隔年数	−0.260*	−0.398*
样本数目	61	43
R^2 系数	0.437	0.243
调整后的 R^2 系数	0.374	0.117

* $p<0.05$；** $p<0.01$；*** $p<0.001$（双尾检验）。

我们对获得凯撒奖和奥斯卡奖提名者进行了独立分析，因为各样本是分别构建的，代表了两个分别具有独特文化的电影行业。在分析中，我们估算了性别的影响、每位演员拍摄首部电影的成立年数、入行时的年龄、在整个职业生涯中所拍影片数目、首次与再次获得提名的相隔年数。我们预期，入行时年纪较轻者比入行较晚者有更多时间，从而获得更多的提名次数；我们还预期，假设其他情况不变，参与拍摄较多影片者获得提名的次数也会较多。

正如所预期，演员首获与再获凯撒奖提名所需时间越长，获得提名的次数就越少；而在好莱坞，只有首获与再获提名的时间间隔才对从业期间获得提名的机会产生具有统计意义的影响。如图 5.3 所示，两国演员获得提名所需要的时间有所不同。回顾前文，首获凯撒奖提名者的经历比较平坦，所以获得提名所需要的时间比较长。因此，那些迟迟未获首次凯撒奖提名者的职业生涯就不如那些较快获得提名的同行那样光彩，若不考虑他们自己所欣赏的出演数目。对于预测后续的奥斯卡奖提名，首次和再次获得提名之间的时间间隔的影响略大一些。男女演员在从业期间获得提名的次数并无很大差异，入行的年龄对提名也无很大的影响；这表明，在拍摄首部影片时，年龄较大这一点并未构成很大障碍，而性别也与入行的年龄没有多少关联（未显示这一结果）。

重要的是，出演的次数对于预测演员在从业生涯中获得提名的次数意义重大；简单地说，出演次数越多，获得提名的机会也越大。然而，其作用程度在好莱坞演员与法国演员之间大致相同。作为控制变量，它具有平衡法国和美国电影作品记录的作用。实际上，该变量的系数值意味着，在演员所拍全部影片中，每增加一部影片对其获得提名次数的作用在两国电影界大致相同。因此，从明显偏向于所饰值得提名的角色而言，法国电影的演技并不比好莱坞电影占有更多权重。因此，两国在提名方面的差异造成了法国电影界对获得凯撒奖提名者的利用程度大大超过其奥斯卡同行。法国模式比好莱坞模式更强烈地考虑到演员的受冕，因为它可以解释法国演员获得提名次数的变化程度达 1/3 以上，而针对获得奥斯卡奖提名者的相应数值约为 12%。

到目前为止，分析表明，首获提名之前的从业时期对于演员获得凯撒奖提名的次数至关重要，而再获提名之前的时间长度则似乎更能预示获得奥斯卡奖提名的次数，而不是演员在所有影片中的出演次数。那么，什么因素可以预示两国演员的职业生涯长度呢？它们又有何差异呢？我们先前曾经认为，演员会在从业过程中积累社会资本和表演才能（Rossman，Esparza 和 Bonacich，2010）。因此，我们估算了出演数目对于获得提名所需从业时间的影响，并且把性别和入行时的年龄用作控制变量（表 5.8）。可以预期，出演影片的数目完全可以预示获得奥斯卡奖和凯撒奖提名所需要的时间，在首获提名之前扮演角色越多，演员的职业生涯也越长。对于获得奥斯卡奖提名者而言，这一变量的系数大约超过 50%。这表明，演员在获得奥斯卡奖提名之前出演的角色较少，所以“角色”这一变量在回归式中的权重较大。换言之，扮演角色较多者与首获提名前的从业时间长度有关，因而对于获奥斯卡奖提名者的影响力度大于获凯撒奖提名者。后面这一点突显了两国在利用受冕演员方面的差异。在首获提名前的从业年数方面没有性别差异，但是入行时年龄较大者要比年纪较轻者能够更快地获得首次提名。在此，虽然为了简洁而未列出因此，但是性别与入行的年龄确实没有重大关联。

表 5.8　　　　首次与再次获得提名之间的年数

对获提名者从业特征的标准回归系数

	首获提名前的从业年数		首获和再获提名间的年数	
	凯撒奖	奥斯卡奖	凯撒奖	奥斯卡奖
女性	0.029	0.128	−0.054	−0.023
拍首部电影时的年龄	−0.263*	−0.181*	0.073	−0.082
获首获提名的电影	0.499***	0.820***	−1.398***	−0.599***
首获提名前的从业年数			0.072	−0.073
首获和再获提名间所拍影片	—	—	1.497***	1.131***
样本数目	61	43	61	43
R^2 系数	0.372	0.685	0.669	0.824
调整后的 R^2 系数	0.338	0.660	0.639	0.800

* $p<0.05$；** $p<0.01$；*** $p<0.001$（双尾检验）。

根据这些数据，我们再考察一下首次和再次获得提名之间年数的影响。我们保留上述分析中的全部变量，再添加"首获和再获提名期间所饰角色数目"这一变量，并将上述模型中的因变量作为控制变量。运用演员在此期间所拍影片数目就可预测两次提名之间的时间长度；如前所述，更多的出演角色记录通常需要时间来积累，这表明首获和再获提名之间的时期会比较长。然而，重要的一点是，根据这一模型，首获提名影片的系数符号变成了负数。这意味着，到首获提名时所拍影片数目缩短了再获提名所需要的时间。然而，首获提名所需要的从业时间，第一个模型的因变量和第二个模型的控制变量，不会影响再获提名所需要的时间。这说明，有利于演员的并不是从业时间的长短，而是所累积业绩的某些方面，它们为再获提名铺平了道路。这些业绩可能是表演才能的提升、社交网络抑或两者的结合。果真如此的话，由于演员职业生涯的进步增进了技能和社交关系，缩短了再获提名所需要的时间，并且带来各种巨大的收益。此外，在法国的这种效果是好莱坞的两倍。

5.4 讨 论

本章比较了法国和美国电影界那些受冕程度最高的演员在职业生涯中的诸多方面，这个群体出生于1940～1959年间，在1976～2010年间获得过2次或者更多的凯撒奖和奥斯卡奖提名。没有证据表明女演员只有在平庸影片中才比男演员更有可能获得表演奖提名，所谓“最佳女演员悖论”。再者，随着年龄的增长，虽然女演员出演的角色少于男演员，但是我们同样没有发现这些受冕演员的所谓“双重危机”效应。然而，我们确实发现了两国的加冕体系存在着重要差异。从职业生涯的业绩和获得认可的角度看，获得凯撒奖提名者比其好莱坞同行出演了更多影片，并以荣膺凯撒奖为形式而获得更多认可。我们的分析证明，正是那些追加的表演使得法国演员能够获得更多次提名。诚然，我们发现，所拍影片总数对于获得提名所起的作用在法国电影界与好莱坞基本相同。因此，出演影片数目多半可以解释两国演员在整个职业生涯中获得提名方面的差异。再者，如果演员最初有过获奖的表演，就会缩短再获提名所需要的时间。这一点表明，每增加一次出演都可形成社会资本，通过建立与导演、剧作者和其他创意生产者的关系和网络(Rossman，Esparaza和Bonacich，2010)。

在本章的最后，我们看到，法国演员出演的影片超过了美国同行。为何会出现这种情形呢？可能是法国的体系要比美国体系“封闭”，使得奖项集中于少数演员。相关数据显示，法国制片商比美国制片商更加依赖于受冕演员，也许是因为“艺术价值”在法国更受看重。法国政府以贷款为形式向制片商提供财政资助，后者只需在收回制片费用后再还贷。因此，他们对文化或象征价值的重视甚于经济价值。从这个角度看，与美国制片商相比，法国制片商在利用“新颖”表演人才方面可能偏于“保守”而缺乏“创新”。由此，在美国，一小群高度受冕的演员比众多较为逊色的演员拥有更多机会。这种解读可以解释首获提名前的从业时间对于预测法国演员获得提名次数要比美国演员更为重要。一旦进入加冕圈，法国影星的才干会得到充分的利用，而好莱坞演员却鲜有此类保障。

本章的研究成果强调了对文化产业进行比较研究的效益，为未来的研究和理论发展指出了重要的方向。我们的研究认为了两国产业之间存在的结构性差异点和相似之处，同时又可对跨制度框架的机制进行比较，以及进一步提炼理论。当然，尚待解决的问题多于我们已经回答的问题，诸如为何法国电影界迟迟才给受冕演员首次提名，为何好莱坞未能充分利用其精英演员，等等。未来对于文化产业职业生涯的研究应该把比较研究作为优先考虑的方法。

参考文献

English, J. F. 2005. *The Economy of Prestige: Prizes, Awards, and the Circulation of Cultural Value*. Cambridge, MA: Harvard University Press.

Ginsburgh, V. 2003. “Awards, Success, and Aesthetic Quality in the Arts.” *Journal of Economic Perspectives* 17: 99—111.

Lincoln, A. E. 2004. “Sex and Experience in the Academy Award Nomination Process.” *Psychological Reports* 95: 589—92.

Lincoln, A. E. 2007. “Cultural Honours and Career Events: Re-conceptualizing Prizes in the Field of Cultural Production.” *Cultural Trends* 16: 3—15.

Lincoln, A. E., and M. P. Allen. 2004. “Double Jeopardy in Hollywood: Age and Gender in the Careers of Film Actors, 1926—1999.” *Sociological Forum* 19: 611—631.

Lorenzen, M. 2009. “Creativity in Context: Content, Cost, Chance and Collection in the Organization of the Film Industry.” In *Creativity, Innovation and the Cultural Economy*, edited by A. C. Pratt and P. Jeffcutt, 93—118. New York: Routledge.

Markson, E. W., and C. A. Taylor. 1993. “Real Versus Reel World: Older Women and the Academy Awards." *Women and Therapy* 14: 157—172.

Merton, R. K. 1968. "The Matthew Effect in Science: The Reward and Communication Systems of Science Are Considered." *Science* 159: 56—63.

Nelson, R. A., M. R. Donihue, D. M. Waldman, and C. Wheaton. 2001. "What's An Oscar Worth?" *Economic Inquiry* 39:1—6.

Redelmeier, D. A., and S. M. Singh. 2001. "Survival in Academy Award-Winning Actors and Actresses." *Annals of Internal Medicine* 134: 955—962.

Rossman, G., N. Esparza, and P. Bonacich. 2010. "I'd Like to Thank the Academy, Team Spillovers, and Network Centrality." *American Sociological Review* 75: 31—51.

Sands, P. N. 1973. *A Historical Study of the Academy of Motion Picture Arts and Sciences* (1927—1947). New York: Arno Press.

Simonton, D. K. 2004. "The 'Best Actress' Paradox: Outstanding Feature Films Versus Exceptional Performances by Women." *Sex Roles* 50: 781—94.

Stark, J. 2000. "Age and the Academy." March 13. Available at http://www.salon.com/entertai nment/log/2000/03/13/oscar _age

Sylvestre, M.-P., E. Huszti, and J. A. Hanley. 2006. "Do Oscar Winners Live Longer than Less Successful Peers? A Reanalysis of the Evidence." *Annals of Internal Medicine* 145: 361—63.

Vincendeau, G. 2000. *Stars and Stardom in French Cinema*. New York:Continuum.

附录表 5. A　　获得凯撒奖和奥斯卡奖提名者

法国	美国
Isabelle Adjani	Joan Allen
Richard Anconina	Kathy Bates
Anémone	Annette Bening
Jean-Hugues Anglade	Jeff Bridges
Fanny Ardant	Cher
Pierre Arditi	Jill Clayburgh
Niels Arestrup	Glenn Close
Ariane Ascaride	Willem Dafoe
Danniel Auteuil	Geena Davis
Sabine Azéma	Richard Dreyfuss
Jean-Pierre Bacri	Sally Field

续表

法国	美国
Josiane Balasko	Whoopi Goldberg
Nathalie Baye	Tom Hanks
Francois Berleand	Ed Harris
Charles Berling	Holly Hunter
Dominique Blanc	William Hurt
Michel Blanc	Anjelica Huston
Richard Bohringer	Tommy Lee Jones
Michel Boujenah	Madeline Kahn
Carole Bouquet	Diane Keaton
Myriam Boyer	Jessica Lange
Clementine Celarie	John Lithgow
Carole Cellier	John Malkovich
Alain Chabat	Marsha Mason
Patrick Chesnais	Mary McDonnel
Francois Cluzet	Frances McDonnel
Gerard Darmon	Bette Midler
Jean-Pierre Darroussin	Nick Nolte
Catherine Denueve	Joe Pesci
Gerard Depardieu	Michelle Pfeiffer
Andre Dussollier	Susan Sarandon
Jacques Dutronc	Talia Shire
Andrea Ferreol	Sissy Spacek
Catherine Frot	Kevin Spacey
Jacques Gamblin	Meryl Streep
Nicole Garcia	John Travolta
Hippolyte Girardot	Christopher Walken
Bernard Giraudeau	Denzel Washington
Pascal Greggory	Sigourney Weaver
Joseph "Ticky" Hogado	Dianne Wiest
Isabelle Huppert	Robin Williams
Catherine Jacob	Debra Winger
Gerard Jugnot	JamesWoods

续表

法国	美国
Gerard Lanvin	
Domminique Lavanant	
Bernard Le Cop	
Philippe Leotard	
Vincent Lindon	
Therese Liotard	
Fabrice Luchini	
Christophe Malavoy	
Miou-Miou	
Eddy Mitchell	
Yolande Moreau	
Marie-France Pisier	
Jean Reno	
Alain Souchon	
Patrick Timsit	
Jacques Villeret	
Helene Vincent	
Lambert Wilson	

附录表 5.B　　　　　　　各个变量的相关性

法国

	1	2	3	4	5	6	7	8
1	1.0000							
2	−0.0937	1.0000						
3	0.0450	−0.1734	1.0000					
4	−0.3736	0.0085	−0.1628	1.0000				
5	−0.3669	0.1396	−0.1897	0.6342	1.0000			
6	0.1690	−0.1229	−0.1387	−0.3875	−0.3730	1.0000		
7	0.5490	−0.1029	−0.0673	−0.2498	−0.1982	0.4740	1.0000	
8	−0.0417	0.7958	−0.1513	−0.0338	0.0566	0.2435	0.0706	1.0000

续表

美国								
1	1.0000							
2	−0.0236	1.0000						
3	−0.1150	−0.3402	1.0000					
4	−0.4015	−0.1518	−0.0562	1.0000				
5	−0.2671	−0.1177	−0.1303	0.5704	1.0000			
6	0.1526	0.4694	−0.5807	−0.1444	−0.0547	1.0000		
7	0.7937	0.0618	0.3251	−0.1684	−0.0841	0.4169	1.0000	
8	0.0724	0.8990	−0.3929	−0.1151	−0.0692	0.6592	0.1737	1.0000

1. 首部电影和首获提名的相隔年数。

2. 首获和再获提名的相隔年数。

3. 性别。

4. 拍摄首部电影时的公司成立年数。

5. 拍摄首部电影时的年龄。

6. 从业期间所拍影片数目。

7. 首获提名时所拍影片数目。

8. 首获和再获提名期间所拍影片数目。

第 6 章　职业生涯打造中的中心合作关系

克里斯·马修(Chris Mathieu)
伊本·山德尔·斯特杰尼(Iben Sandal Stjerne)

6.1 引　言

本章分析职场发展过程的主观和客观维度，这种职业生涯多半基于整个过程中强烈的二元关系、个人和专业优势以及所遭遇的困境。分析的重点是双重交往过程中的两重性。一方面，我们考察双重关系的内在动力，因为这些属于个人职业生涯主观体验的核心(即，意义、工作经历的质量、雄心和成就)及其更加客观的路径。另一方面，我们考察如何通过既定的二元关系(即双方合作的声誉维度)了解外在于二元关系的个人感知和行为。在实证方面，本章采用收集到的有关丹麦电影剪辑师和摄影师与导演关系的数据资料。

各种结构性的、以个人为基础的因素会在这些过程中发挥作用。在结构方面，摄影、导演和剪辑在制片过程中具有不同的作用、不同的审美观和知识氛围、不同的技术专长和不同的领导作用，但又相互依存，难以获得或者享有充分的自主权，使得理念和判断的双向交流变成规则。制片商虽对演员的录用有最终决定权，并且能与出资人一同提出建议和要求，但在选择上述关键的合作伙伴时，导演通常作用甚大。除了拥有相对于摄影师和剪辑师而言的组织结构和文化特权，正如稍后所述，导演的聘用权进一步加剧了不对称的权力与依附关系。

导演的作用是电影制片过程的核心所在。尤其在欧洲，导演通常是项目的发起人，或在项目开发早期就已介入，受邀和期许能够构建一个符合愿景的项目。一句话，导演这一角色获权做出关于创意和艺术的最终决定。导演理论囊括了导演的结构和文化特权的最极端形式(Caughie，1996；Hicks 和 Petrova，2006)。虽然导演理论在若干框架下仍然属于主导性的论说和操作理念，但是人们已经普遍地认为，电影制作是一个复杂的团队合作过程，需要大量技术、管理和艺术人才及职位的专业贡献。

本章定位于比团队更加基本的角度。重点在于合作的二元维度，它是比更广泛的团队合作更加亲密、直接、深入和面对面的人际关系(Turner，2002)，它承认一般和特殊的层级结构、职位作用和艺术专业之间的依存关系以及个人资源的作用，无论个性或者社会特征(socially based)(诸如自尊、声誉，权威)都会在阐明现行互动和双重互动的特殊事件中发挥作用。

本项研究的基础是与 8 位丹麦摄影师和 10 位剪辑师就从业历史所进行的深入交谈。采访以丹麦文进行，所有的引言都由克里斯・马修翻译。这 18 位都是各自业内精英，根据持续期(较长时间从事其工作)、频率(有规律地工作，至少每年拍摄两部故事片)和参与项目的声誉(具有艺术抑或商业意义的重大制作项目)而言，因为其主要职责就是故事片制作。我们获取样本的途径是，对过去 10 年间制作了最受好评和欢迎(票房)的丹麦电影界人士所作分析以及合议推荐。据此选出了从事这两项职业的受访者，15 名摄影师和 19 名剪辑师。我们刻意挑选这些影业精英的原因是，他们能够充分地述说其职业生涯的发展、成功和变化。采访时间为 1.5～4 个小时，多为 2～3 个小时。样本的性别构成基本体现了两个职业的性别比率，剪辑师约为 50 对 50，而摄影师则多为男性。鉴于丹麦电影圈相当小，人际接触密切，颇难兑现为参与者保密的承诺。为此，我们通篇只用“剪辑师”或“摄影师”的字眼，因为造一个假名或诸如“编辑 A”的头衔很快会追踪到个别受访者，使得他们易于被识别。同样，我们使用“她/他”和中性的第三人称所有格“他们的”指代，而不用有性别指示的第一人称所有格“他的”和“她的”，这也是为了掩饰受访者的性别。

6.2　职业耦合与重复合作

在学术和日常话语中，“墙头草”(coat—tailing)和“搭便车”(piggybacking)之类词语意味着，某人或某群体总是能够“主导”与他人或其他群体的关系。在创意产业的研究中，首先是探索“职业生涯耦合”现象(Wagner，2006)以及重复合作。

瓦格纳(Wagner，2006，参见本书第九章)探讨了如何通过合作和非对称两人组合的声誉耦合来构建职业生涯，分析了学习小提琴和科学研究的学生与“导师们”、小提琴老师或著名的研究型科学家形成正式关系的过程。她考察了两种正式的“内容训练”过程，小提琴出演技术和科学技艺，以及她称之为“精英社会化”、构建社会资本和声誉耦合等问题。在职业生涯耦合过程中，她确定了三个阶段：(1)选择和匹配，导师和学生彼此发现，通常根据导师的声誉和学生实际能力与品格，从而建立永久的二元关系；(2)主动型合作，导师和学生携手工作，并且努力让更多人知道这一点；(3)被动型合作，使主动合作中止，导师和学生的名字和声誉继续相互关联，而且彼此保持着关系。概括地说，瓦格纳的职业生涯耦合概念关注的是长期的二元关系、主动合作之后留存的合作关系之长远影响、社会和技术知识的转让、私人情感与专业工作的不可分割性以及相互交织的职业命运。

瓦格纳(2006)探讨的框架与本章所考察的内容有着一些重大的差异;其中最大者在于,瓦格纳考察的是相同职业或课程中的“师徒”关系,而我们探讨的是职业不同的同辈专业人士的合作与职业耦合,所谓“A”功能,虽然如前所述,这些职业进而所具作用的排序存在着不对称。由此,在我们的案例中,不存在代际和业内的师生维度,而是不同职业的同辈精英的合作情形。

对于电影产业,人们已从多个角度研究了其中的重复合作问题。有些研究关注的是某个稳定核心圈所制影片的经济效益(Delmestri等人,2005;Simonton,2004),其他一些研究则考察如何为那些有才华的、怪僻的、特立独行的制片人构筑保护网(Alvarez 等人,2005)。从工作和职业角度展开的研究关注的是连续的再就业问题,必须直面“开放的外部劳务市场应该是什么模样?”这一核心理论挑战(Faulkner 和 Anderson,1987;Jones,1996;Jones 和 DeFillippi,1996;O'Mahoney 和 Bechky,2006;Zuckerman,2005)。布莱尔及其合作者(Blair,2001、2003;Blair 和 Rainnie,2000;Blair 等,2001、2003)则主要考察英国和好莱坞电影业的劳务市场运作,并且指出了他们所谓“半永久性的工作团体”的盛行。这些团体由单一职业或部门内按照层级而组织的“工作团伙”(work—gangs)所构成;其中,常常作为部门主管的领导者要确保他/她的“那帮子”(crew)能够持续地拥有各种项目工作。布莱尔对这一点的解释是,它是针对电影从业者周期性地为了寻找下一份工作而感到不安和迷茫的自然反应(Menger,1999);同时,通过减少招聘次数、了解这帮人曾经成功合作而无需“迅速信任”,可为制片商带来便利和安全感(Meyerson,Weick,和 Kramer,1996)。布莱尔的研究焦点是各类职业的合作层次,其他人则考察重复合作如何得以在跨专业或者跨职业地形成。

W. 比尔拜和 D. 比尔拜(Bielby 和 Bielby,1999:65)说明了人才机

构将如何影响职业生涯的成果,或用他们的话来说,"中介组织是如何为专业化的偶然性劳动力划分劳务市场的"。他们考察了好莱坞的人才机构如何把各类人才群体(作家、制片人、导演和演员)包装成一个团队或单位,然后再提供给制片厂。因此,处在这种机制下,重复合作取决于由人才机构得以调配的相同人员,以及能把行为人包装成富有创意、有价值的以及形象和谐的人才机构。福克纳和安德森(Faulkner 和 Anderson,1987)认为,在好莱坞进行重复合作的缘由是,成功者所累积的优势造成了劳务市场的分块,形成了专属精英者们的狭小顶端市场特征;其中,只有很少一些人得获挑选,而不是那些服务于个体行为人的主动型中介活动。

朱克曼(Zuckerman,2005)认为,根据 1935~1995 年好莱坞故事片制作数据的量化数据[包括演播室系统水平和当代"灵活专业化"时代(Christopherson 和 Storper,1989)],在"市场"灵活专业化时代的合作格局会令根据经典市场模式的结果预期落空。朱克曼(2005:32)的结论是,尽管企业朝着市场化体系变迁,但重复合作"似乎没有变化"。朱克曼解释道,市场比先前或者普遍想象得更加结构化,主要是因为搜寻过程受到限制;人们认为,由于没有或者鲜有更好的合作伙伴,从而对先前的合作伙伴"承担了(过度)义务"(Zuckerman,2005:33)。Ebber 和 Wijnberg(2009)强调了"潜在组织"的作用,以及它们在推动作为重复合作中心机制的延迟奖励所具备的促进、维系充分信任度的能力。对于荷兰电影业内制片人与导演的关系,他们发现,所有的贡献奖并非一次一付,或者至少不作提前支付;奖励采取几种形式,并且暂时推迟到未来;其形式包括,关于再就业的暗含承诺、工资水平的提升、职位晋级、增加预算、参与更有声誉的项目或者导演自启项目。据此,埃伯斯和维因伯格(Ebbers 和 Wijnberg,2009:1006)对(荷兰)电影业的开放和外在的劳务市场假说的现实性提出了质疑:"我们发现,潜在组织允许灵活承包和奖励措施,它使得'半'内部劳务市场和职业生涯路径成为可能。”

电影业通常被作为典型的外部劳务市场型产业而获得理解和考察,它似乎就是项目型行业的同义词。其中,各个项目由特定的临时性组织或企业合作予以实施。因此,职业生涯更多地是“企业之间而不是在企业内部”(Jones 和 Walsh,1997:59)。有关重复合作文献的基本假说是,反复参与(re-engagement),而非放弃参与(dis-engagement)属于基本过程。这种形象的形成可能是对具体项目团队的解散是在物质、经济和法律意义上的,而不在社会、情感和认知层面上。虽然前面列举的某些研究已开始质疑原子式的、个体的、开放的、由技能或人力资本驱动的外部劳务市场概念化的精确性,关于如何构建上面所认为的基本问题的这一更加根本的问题迄今仍未得到澄清。因此,本章的基础与我们对于基本过程的理解构成了两种对立的可能。目前对于该问题的表述方式是:“重复合作为何会在开放的市场环境中形成?”另一种表述方式则是:“重复合作为何会在密集、亲近的社会关系框架中瓦解?”电影业界可谓群星荟萃,两栖和多栖演员人才济济,形成了比“网络”概念所认可的更具活力的合作关系。布莱尔(2001)说明了永久性工作团队的运作情况;埃伯斯和维因伯格(2009)展示了周期性合作的某些机制;朱克曼(2005)则声称,在市场环境下合作者之间存在着“过度的承诺”。在后文中,我们将阐述关于持久性合作及其消解的事实和基础,然后论述合作的各个主要方面这一主题。

6.3 摄影师、导演和电影剪辑师的关系

在分析合作和职业生涯耦合之前,简要介绍一下这三种角色或有助益。

摄影师,有时被称作“摄影导演”(DP),操作或计划摄影工作。摄影师领导“摄影机部门”,包括打板员/装胶卷者、调焦员、其他摄影机

操作员和其他工作人员。作为制片过程的中心器材，摄影器材及其操作员是制片过程的核心，而摄影师则是全部人马的中心人物。我们采访的一位摄影师这样解释自己工作的主要作用，“摄影师是一切需要花费时间之事务的实际工作领导者”，诸如安排和移动摄影机和照明灯光；另一个摄影师说，“没有什么比不知道该干什么的摄影师更糟糕的了。他们对此极为恐慌”。每拍一个镜头，导演和摄影师通常都要就镜头与润饰的满意度交换意见，以此确定是否需要重拍。

在制片过程中，导演对艺术方向的选择拥有绝对的权力和责任。他领导着“导演小组”(director’s unit)，包括助理导演、场记和数码视频监督员。他向演员发出指令，他的工作要点就是故事(包括交流和声音)和视觉印象。导演是在场的“将军”，他可以按主流的或者经过调整的方式向“下级军官”分派任务。处在导演之上的“司令官”角色则是一位或数位(执行)制片人担当。

剪辑师的工作是把声响和影像相互匹配，再把各个片段编成连贯而有效的故事。今天，大多数剪辑工作都由电脑完成，数字化过程使得剪辑过程的时机、地点和物质、社会环境发生了根本性的变化。导演和摄影师在主要摄制期(拍摄电影)都在现场工作，剪辑师却不在现场工作，有时在现场附近的一辆拖车上，有时则在千里之外的剪辑室工作，可能紧挨着其他剪辑师、音响师或作曲家，或是单独工作，甚而在家中工作。剪辑工序可与电影拍摄同步进行，或是拍摄结束后即刻开始。根据我们采访的剪辑师反映，剪辑工序通常始于影片拍摄过程，直到主要拍摄工作结束后的几个月。虽然是由剪辑师对所摄影片进行剪切和排序，但导演抑或制片人同样也能监督或深入参与这道工序，参与讨论或对剪辑做出选择。

导演首先与摄影师在现场深入携手合作，再在剪辑过程中与剪辑师合作。根据大多数人的叙述和偏好，剪辑师很少到现场工作，而摄影师则更少参与剪辑工作。正如一位剪辑师所言：“它们(剪辑室和现场拍摄)属于两个不同的世界……我不想知道他们(在拍片中)有多少麻烦……画面如何及其说了些什么才是我需要知道的。”相形之下,摄影师经常评论道,剪辑师坐在黑屋子里,错失了现场所有的动作和惊险场面。总之,这三种职能者彼此极度尊重,他们认识到,需要相互依赖和“尽到义务”。用一位摄影师的话来说:“剪辑师是聪明的、能够进行反思的人。我的工作就是确保在剪辑时具备充足的画面(镜头),使得剪辑师能够进行有别于剧本的工作,无论是整部影片还是具体镜头,如此就能获得灵活性。”

一位摄影师描述了成为一名优秀摄影师的实质意义,他应能“把握导演的愿景,无论是技术还是艺术上,能够通过实际工作予以传递,把导演想要表述的内容反映在银幕上。作为合作伙伴,他能够增进这种表述,并且能够比导演所希望的更加出色”。

导演虽然是拥有特权者,正如前面所述,摄影师则是努力地把握或者增进导演的愿景,而年龄与经验则在处理一般关系和判定特定情境时会发挥作用。导演属于比较全面的角色,在特殊的环境下或多或少会形成权威。正如一位摄影师所解释的:“一般而言,导演所拍电影少于我们摄影师。这意味着,在拍片现场交谈时,我们有更多的经验基础可以借鉴,所以很多导演,尤其是初次拍片者,十分倚重我们。”

一位摄影师这样描述拍片过程:

> 一部影片需要经历三次制作。首先是制作剧本;在后续拍摄时,启动又一个新的过程,清晨,我们这些摄影师到达现场,面对着现实世界;如果当天进展不顺,则需重新确定故事,或是演员突然有了新的想法等。接下来则是剪辑阶段,它与剧本没有关联,因为唯一面对的是所拍摄的各种镜头材料,这又是一个新的过程,也就是运用各种镜头材料制作成一部影片。

6.4　合作过程的各个阶段

在本节，我们按计划考察整个合作过程中的三个节点：开始或启动合作；更新合作；结束主动合作。在后面各节，则将更详细地根据主题考察主动合作过程，以及它对职业生涯、个人事务的各种可以感知的含义。

合作被最为确切地视为一种关系而不是交易。我们在采访时所用术语往往更多地使人联想到婚姻和同居关系，而不是描述雇主—雇员或工作地点的合作情形。摄影师、剪辑师和导演之间的工作非常密集且为时较长，需要个人间的情感交流，而不是对合格服务予以补偿的非人性交换。面对这种情形，中止或退出而不是更新是一个值得考虑的首要问题。这是一个已经启动的合作案例。准“市场环境”将要形成的地方也就在发现和启动合作过程中，接着要考察的是第一个过程。

6.4.1　启动合作

从结构角度而论，根据一对参数，合作具备不同的启动模式。一个参数与相似或不同年龄/经历的一群人有关，另一个参数则事关同类们的接触方式。这些参数可以按各种方式组合，但是由于核心演员在影片融资和获批过程中的偏好，某些参数组合更为常见。

出于可以理解的原因，某些参数组合要比其他组合更为普遍。就启动合作关系而言，比较常见的方法是，由老练的摄影师/剪辑师与初出茅庐的导演的居间接触。由于故事片的制作往往成本高昂且带有风险，私人和机构制片商总是试图通过让资深而可靠者承担关键责任以降低风险，尤其在导演缺乏经验的时候。人们之所以要寻觅影星代际合作的优势或者富有经验的核心人才，就是为了恰当地平衡各位影星的经验。

有时，出于一些原因，年青而有才华的导演会主动寻找某位尤为资深的剪辑师或摄影师。例如，一位曾与丹麦电影史上最重要导演之一合作过的资深摄影师解释道，一位渐露头角的年轻导演之所以挑选他，主要就是因为自己曾与这位著名导演的合作经历，这位年轻导演可以通过摄影师建立与那位导演的私交。同样，一位剪辑师解释了他是如何启动与主要伙伴的合作关系的："导演 X 是导演 Y 的崇拜者，而我曾是导演 Y 的剪辑师，所以我认为，我就这样认识了导演 X，而导演 X 又知道我是导演 Y 的剪辑师。"一位初出茅庐的导演选择了某位剪辑师，因为后者享有特殊的艺术声誉。"我认为，这是因为人们知道谁擅长干什么。我想(缺乏经验的导演)不会来找我的，假如他制作的是动作喜剧片；但是，若制作的是悲情片，他需要怀揣悲情而为，情况就会不同。这是我的声誉使然，一个多愁善感的人！"

有时，那些资深导演也会寻求年轻的合作者，通过他人推荐、实际考察或提拔一些过去在其制片时做过他的下手者。一位摄影师声称，在早期制作时曾与某位摄影大师合作的一位著名导演"需要一位年青摄影师"，因为原先那位大师无法拍摄这部影片，所以导演选择了这位年轻摄影师，而后者从电影学院毕业只有两年，"做了两个夏天的助理"。他补充说："每隔一年才有 6 位(摄影师)毕业于(丹麦国立电影学院)，所以人选不多。"那位摄影师则把那次最初的合作称为"我的一次革命，无论是在职业生涯方向上还是表达方式上"。这段引言也验证了国立电影学院在丹麦所具有的精英教育机构的核心作用，通过著名的培训限制进入了丹麦电影业的人数，正如引言所指，它只让该校的毕业生才有资格竞争影业内的第一流职位。除了处在有利地位的那个人群，几乎没有意外的人才发现。还值得一提的是，这种合作在名义上把年轻的入行者带入电影业，使他们得以在艺术和职业能力上都达到另一种水平。如果原有的合作伙伴关系瓦解(由于解散、希望尝试新路子、合作伙伴退休或开始当导演等）和其他变故，就会出现这种情形。几位受访者说，某些导演有时会觉得需要"再造"自我，或是出于无所事事和艺术停滞，或是遇到了诸多挫折，而选择一位年轻的剪辑师和摄影师可为其工作注入活力。在另外一些场合，个中缘由甚至主要在于身体状况。一位摄影师解释说，在给一位喜欢拍摄奔跑追逐、高度流动场景的导演作了一阵子助理后，他被聘用为"A"号摄影师，部分原因就在于他似乎能够跟得上拍摄的节奏。

还能找到这样一些例子，某位资深导演与同样资深的剪辑师签订了合作协议，但后者却无法从事相关工作，而由其助手或助理予以担当，有时完全是因为那位资深剪辑师承诺给予监督和咨询。若是那位缺乏经验的剪辑师证明自己能够胜任，合作关系就可延续。有位首席剪辑师发现有太多工作需要单独完成，所以开始与导演合作；而对这位导演来说，一开始就能受聘于首席剪辑师，然后又被赋予更多工作，这无疑为其专业发展奠定了基石。那位年轻的剪辑师指出："（导演）和我从一开始就相处得很好。此后几乎什么事都由我来做，除了某某电影之外，因为那时我已有孩子了。"

在那些预算较低、旨在培养技能而以小说改编的影片或"圈外人"的项目中，可以看到一些经验比较欠缺的团队。这些项目有时也能取得票房或艺术成功，这群青年才俊会因此受到追捧（参见本书第5章，Lincoln和Allen），虽然所拍影片有限且缺乏经验，但往后就能获得从事高预算影片制作的机会。一位剪辑师认为，他们的职场经历就是通过电影学院项目中介人结交了某位年轻导演而成就。那位年轻导演和剪辑师合作的"圈外人"项目取得了很大成功，"从此……它为我们所做的一切铺平了道路。如果你能带着这样一部大片告别（电影学院），而不是剪辑其他东西，那就准会遇到好事。于是，我就成名了"。在此，我们看到这位年轻剪辑师的多重关系，与有创意的年轻导演的关系，与一部成功电影的关系，以及独特风格的关系。这就巩固了这位剪辑师与导演的关系，在今后所接项目方面可以有所选择，可在毕业后直接从事故事片剪辑师工作。但是，这种情况极为少见。在总结职业生涯机会时，这位剪辑师说："我不知道情况如何，完成(××影片)后的结局是什么。"与此同时，可以看到同代团队的涌现，而且长期互不来往。在此，我们却时常看见丹麦国立电影学院同学的合作，因为他们具有共事的经历和强烈的社交纽带，而那些低成本较低的项目通常能够获得资助，为初露头角的人才提供一试想法的机会，获得行业实际经验。正如一个编辑解释他如何开始与以前的同学在这一层次上的合作，"我参与了(××导演)根据小说改编的一部影片制作，因为我们曾是同学，时常通个电话。"由此，在进入该行业的商业圈之，就已经建立起了一些年青人的合作团队，他们在这一领域只能从事低成本、低风险的项目。

前面各个事例中值得一提的是，中介人是业内的演员、制片人(包括丹麦电影学会)、其他剪辑和摄影师，而不是职业中介人(即经纪人)。进入外国故事片电影业和广告影片需要通过经纪人，但是丹麦的故事片则无需如此。

在一个层面上，接受工作仅仅是获得就业，如许多人所言，是"把奶油涂在面包上"。但是，参与故事片制作同样被看作是构建永久关系的第一步，需要认真地权衡。一位剪辑师说，与年轻的导演合作进行有意义的项目，工资或声誉可能都不高，它"也属于一项投资"，因为如此可以逐步建立有价值的伙伴关系。另一个剪辑师则把选择与新导演合作的过程看作是一个深思熟虑的和个人偏好的过程：

> 我是凭兴趣来选择(所做的项目)，无需看剧本，而只需看人头。"谁会乐于在一间房里呆坐上半年呢?"若与某些人共事，可以同他们建立密切的关系，某种超过你的(国内)伙伴关系。人们可根据所看到某人的有趣影片来做出选择，但是我仍不愿这么做，如果对所遇到的人感觉不好的

话。你必须获得有擦出火花之类的感觉。如果互不认识，那就必须会面。假如我实在不想和那人相处的话，就不会仅仅因为形式有趣或有点声誉而作出首肯。

所以，我们认为，启动一项合作并不轻松，它常被看作不仅只是某个特定的项目，而是某种有可能加以拓展的人际关系。

6.4.2　合作的更新

针对后续项目的合作更新包括了作出积极的决定直到解决一切问题的全过程。本小节考察关于这一问题的肯定性解答，以及如何更新合作和相关的缘由；在后续几个小节，则将考察合作如何破裂及其缘由。在许多情况下，合作的更新是我们的研究重点，虽然通常把电影业作为项目型产业，并将项目作为分析的基点和指南，但是至少对丹麦的电影业来说，或者说其重要的维度，则是以关系为基础的。因此，若是这种关系出现疑虑，跨项目的持续合作就必定会成问题。

一位剪辑师说明了他是如何被要求与一个有经验的导演合作，而后者与另一位剪辑师的关系颇深。他首先指出“这些关系很牢靠，若是打算更换(剪辑师)，那就会打起来”，他接着解释道，之所以出现这一机会，是因为那位导演先前合作的剪辑师转而开始导演工作。

另一位剪辑师对自由选择的解释方式则是：“我得尝试跟许多不同的导演合作，没有义务局限于一位导演，所以也无法要求导演只用一位剪辑师……与不同的导演合作意味着风险，对导演而言，他们也不会无缘无故去冒这个风险。除了 X 导演(这位剪辑师的长期合作伙伴)，因为他乐意(与我合作)。”此处提供了关于变化和艺术挑战的总体说明，而且印证了特殊关系的重要性或关键性。另一位剪辑师表示，如果(某位特定的导演)在下一部影片不与他合作，他会感到“十分惊讶”。其他大多数剪辑师和摄影师也表示，至少对于某些合作伙伴，能否在下一部影片进行合作甚至不是问题。根据剪辑师和导演之间的长期关系,合作的更新未曾成为问题,因为这种关系带有一定的排他性。那位剪辑师指出:“这正是我在准备同意(为别人)剪辑某些东西时,总是要向他核实的事情。”

虽然可认为自由选择的理由是探寻新颖内容,如果曾经良好的特定合作未能更新,就会伤害感情且造成问题。一位剪辑师指出:“我为(某导演)制作了几部影片,他制作的影片一度不要我做剪辑师……我感到很伤心,但是已经克服了……当然,人们有权为特定项目选择所需要的剪辑师。也许你要制作的影片更适合选用其他剪辑师,或者想尝试一下新的东西。”这一点体现了进行“更新”的强烈愿望,尤其在经历了一个或几个项目密切合作的强烈人际关系之后。换言之,合作的人际体验程度已足以使得交易关系转变为人际关系。

为何会出现这种情形呢?正如一位剪辑师指出的,部分原因在于导演、剪辑师和摄影师努力地工作以便维持良好的、激励的关系,而且发现了这种关系的价值,“相互认可和相互依靠”。但是,我们认为,其主要原因却在于合作活动和过程所具备的亲密、广泛和强烈的性质。每当谈到合作,我们的受访者就会说起“把手放在(导演)的心上”,在剪辑室工作“如同做爱般的亲密”“要比你的配偶更加亲近的合作者”,常常会用到婚姻、亲密、义务、发展和忠诚等字眼。除了过程的内在动力极为强劲外,外部因素,诸如获得重要的、艺术上的或商业上的成功,也会进一步巩固这种关系。

6.4.3 合作的终结:离异

我们认为,合作,特别是长期合作,归根结底是核心利益问题。有意思的是,如前所述,重复合作和分手都被看作是自然而然的、可以接受和可以理解的,虽然我们再度看到“在原则上”以及“在我们的案例中,我们特定的或特别关系”推理之间存在着差异。

合作的终结可能出于多种原因,如:搭档退休或改换职业(开始从事导演工作)，导演未接到其他项目，搭档觉得需要重续先前的工作或者尝试一下新的东西，人际关系变糟，搭档转向不同的种类/形式的影片或者搬迁，可能日程安排的冲突(由于工作或家务)使得合作无法进行，或是第三方，通常是制片人，强烈建议或要求进行改动，等等。

虽然人们需花费很大努力才能确保自己参与核心合作者的制作项目(通常不利于其他就业前景)，无法继续合作的原因包括难以协调进度，故而只有放弃项目，使得双方新的合作关系时常带有风险。

另一个常被提及的原因是，一方或双方都觉得相互间的关系不再具有成效而应分道扬镳，其形式包括由于艺术分歧或同事关系而急剧爆发，平和地分道扬镳，或是不辞而别。一个剪辑师对长期成功关系之所以终结给出的解释是，对导演继续采用的艺术形式不满，“我已厌倦了那种影片形式……而觉得北欧的电影好，但国际电影……(不好)”。他还说，他们两人的合作并无多少踌躇就终结了。一位剪辑师则把工作关系的质量视为合作关系消亡的基本原因，他把自己在早期职业生涯中合作的导演描述为“难以理喻、固执己见和十分讨厌的人。”他对外给出的终止理由是：“再拍他的电影没有意思。我不想再与他继续共事了”。虽然明确地谈到了愉快和发展问题，但是这位剪辑师另有一项重大而极成功的合作项目正在进行这一点或许也影响了这一决定。这种积极重复合作的终结并不表明双方不再会合作。几年后，剪辑师在项目的后一阶段又参与进来，但是相互信任的项目合作关系却已然破裂了。

人际关系甚至会优先于积极的合作。一位摄影师描述了曾为其“打零工”的一位导演，后者在等待他的朋友具备足够经验后再开始积极的合作。当那位导演的朋友有了几部自己的影片后，导演就雇用了他而辞去了我们所采访的那位剪辑师，虽然他们的工作关系很好。

维持、平衡和终结合作关系的艺术和情绪是合作的核心。但是为了生动地结束本节，一个受访者以这种方式描述了以前的合作伙伴关系，以及在关系结束时，或至少因未来的合作尚未排除而还处于暂时中止时的最初看法："这是我们可能曾有过的很不健康的关系……我们几乎就体现了这种不良风气。"

6.5 合作生效(和持久)的因素：共同的语言、独特的领悟力和相互默契

本节考察若干可以巩固导演、摄影师和剪辑师之间双边关系的核心因素。其中两点尤为重要，即相互默契和共同的艺术领悟，或者至少具有讨论艺术问题的能力或言辞。

先前几段引文验证了工作关系和相互默契问题的重要性，"合得来"或从一开始就能融洽相处。但是，在最初的"发现彼此"后，还需进一步发展人际关系，主要是信任、尊重、鞭策以及构建共同的合作框架，还有"乐于呆在一道"。

在解释某见习导演与一位资深剪辑师如何开启合作时，这位剪辑师指出：

> 我坚持要求(××导演)从一开始就一直在现场，因为要与他一起找到共同语言。我需要知道他喜欢什么，需要什么；而不是追求某种很好的东西，导演参与进来后又觉得它并不怎么样。一道创作要开心得多。但是现在的情况是，他几乎从不到现场，因为我们(通过过去的合作)找到了共同语言。我(现在)剪辑长景和提供长期咨询，在接下来繁忙着的两周内，我们再一起作出重大决定。

这位剪辑师还说明了先前的长期关系是如何发挥作用的：

> (著名丹麦导演×××)已看了拍摄过程。若是在乡村进行，我们在午餐时通个电话即可。我们必须抱有信心，所以我说可行时，根据的是(该导演的)标准。或者，如果我说

现场表演不够好，他也不会满意，他必须相信这一点，转而回去重拍。这就是所构建的伙伴关系。因已合作拍摄了多部影片，我们彼此十分了解，如果我说些什么，他就明白含义何在。

换言之，伙伴关系包含了角色分离、活动分离和社交分离，使得剪辑师能够专注于“材料本身”，无需考虑如何竭力把握实际拍摄序列和现场人员的反应。然而，正如这位剪辑师明确指出的，在从事评估和专业工作时，他是按照导演的愿望和标准行事。这一点构成了互信和互尊的基础，确定讨论问题所需参照和用语的共同框架，形成实施创新和巩固以往成就的愿望，确定各自的作用以及需要满足导演的愿景和见解这项原则，而首要的则是“电影的优质”。

但是，这并不意味着，为了搞好关系，导演和摄影师必须居于从属地位。一位剪辑师指出，“对于究竟谁拥有决定权，一直存在着争执。因为独处太久，我们需要高度信任导演。与那些特立独行者难以进行全新的合作。相互了解需要时间，很长的时间，所以必须留得住所发现的人才。”另一位剪辑师也支持这种说法，“与同事融洽相处将决定他们是否愿意再度合作，但这并不意味着我需要委曲求全。恰恰相反，我要保持自我，敢于坚持自信人们终将接受我的意见。坐在剪辑室时，大家相互靠得很近，几乎是贴在一起，犹如婚姻。”因此，善于交流通常也属于职业诀窍或门道，这一点很重要，甚至可以使用“宰了你，亲爱的”之类俗语。它意味着，必须把个人的成就和才华提升到更好的层面，最佳镜头或大胆剪辑可能很漂亮而且有创意，但从总体角度而言却未必可行。镜头或者剪辑可能会喧宾夺主，有损整体故事内容。

有时，相比使用共同语言，工作惯例或做法原则可令合作更为顺畅。一位剪辑师始终坚持与丹麦最有创意的导演合作，他对他们的剪辑方式和原因作了如下描述：

我也认为,人们愿和我共事的原因之一是,不会闹得不欢而散;我不应该总是坐而论道,而是应该有所努力。我很快就明白,新的技术尤其使之成为可能。我们构建了共事方式,那种喋喋不休的讨论会令导演精疲力尽。确实不易理解的是,真正有效的解决方案时常会与实在糟糕的方案同时出现。与(那位富有创意的导演)在一道,就算有些想法似乎很糟,我们也要予以一试。只有这样,我们才能确定它确实不行。这一点却极有助益,因为能够转而尝试其他想法。正因为此,我们的合作得十分愉快……另一方面,作为剪辑师,我必须同导演形成某种默契。在此,不存在所谓愚蠢的想法,任何事都不妨一试。谁也并不更高明。时常会有一些看似错误的想法而事后证明是正确的,所以必须欣然接受。

因此,重要的在于能够坦诚相待。双方都乐于认为任何初步想法,愿意进行尝试并加以慎重考虑,愿意发掘好的方案并予以实施。对于某些看似琐碎的想法,即便未必确定,也乐于倾听。

人际关系的构建需要强烈的情感投入,两人的合作都是这样。正如一位剪辑师所言:“人们很快就会谈论电影部门的私人事情……相比其他部门,这个部门更加注重友谊。这是一个十分密切的工作过程,谈及对于影片的想法其实也就是谈论人际问题。毕竟,这也是我们所期待和关注的。”换言之,人际关系的强度与这些人的相处状况密切相关。

6.6 (独立)依赖的关注和声誉

稳定的伙伴关系虽在艺术和就业环境中具有重要作用,但还远不足以确保摄影师、剪辑师的适当生计或是满意的职业生涯。长期的伙伴关系对双方都有着巨大的内在价值，尤其是对摄影师和剪辑师而言，这些关系属于可以转化为其他机会的一种资本。与导演工作相比，这两种职业的工作期较短，这一特性使得摄影师和剪辑师所需从事的项目多于导演。一位摄影师说，“我们的受雇用期从未超过 4 个月，所以重要的是能够接到关于各种事情的电话”。这里的“各种事情”指的是故事片、纪录片和广告片。

6.6.1　职业生涯中持久关系的积极方面

成功的合作能够提升知名度，所以质量和数量都非常重要。项目合作若能取得重大成功，能使人扬名于电影业，引起业内广泛的观赏和议论，比如由谁出演等，人们由此开始了解和关注这个团队。同样，若能与频繁接片者合作，自己也就会得到关注。大多数影片在上映时都得到了展现机会，首映式、新闻发布会和聚会则提供了遇见潜在雇主的良机。在此，如果人名和工作能被谈论，即使短暂瞬间也好，而且多一点片刻时间就会给业界大佬留下印象。这些机会和曝光度更多地是合作的副产品，比关联关系本身与产品的联系更紧密。然而，正如我们在有关合作启动那一节所见，有些摄影师和剪辑师获得追捧，主要是因为他们与某位特定导演的关系。同样，如同已见，一旦建立了积极的合作关系，几乎可以自动地确保合约获得和继续工作。这是合作关联支持、推动目标职业生涯的主要方式，无疑也是对职业生涯进行主观考虑的重要而正式的基础，但在主观层面上，持久的合作或许最为重要。采访对象们所报告的大部分杰作和过往的最具艺术性、自觉满意的工作经历都与这些长期亲密的关系相关。换言之，这些双方的合作是艺术和工作生涯满足的主要源泉。因为根据这些关系，互尊、互信和艺术、创意都达到了顶点。

6.6.2　强力合作对于职场发展的负面结果

对于目标职业生涯的发展，持久而成功的合作也有一定的负面影响，此点颇为令人纳闷。一位曾成功参与长期合作的剪辑师说明了与其成就斐然的主要伙伴之间关系的负面影响：

当时发生了两件事情。第一，我已有了声誉……是位能干的剪辑师，人们想要（与我合作）但却未能如此，因为他们认为，“他只跟（××导演）合作制片，他没有空闲时间”……制片人和行内人认为，他不会想着打电话（给我），因为没有时间或兴趣……这太令人恼火了，因为我也得谋生，也需要挣钱……（而且）有一个时期，我拒绝了其他各种机会，因为随后无法脱身。因此，假如有（他的首位合作者）开拍其他影片，我宁可去拍那部电影。

上述两件负面事情令我们可以推测，他们要么忙于和主要合作者或团队中的其他同事进行合作，要么无意问津那些较小的、无名的、预算少的或者国内（而非国际）项目。因此，“排他”和“专有”的声誉得以建立，这并非是其个人之过，大大超越了其营造自身名声的能力，而是因为他与一流导演的关系。第二个过程是，人们费时费力营造出自己的“可得”而拒绝了其他项目，甚而加深了“无法接触的”形象，为的是参与主要合作者的项目。这会削弱其谋生能力。有些人则采用应承两个可能重叠项目的策略，预计延期或取消其中之一。另一些人则对这种策略怀有戒心，正如一位剪辑师所言：“同时应承制作两部影片的做法很不妥当，绝不该如此行事……如果这样对待与自己共事甚多的导演，那就几乎可以确定，从此将不再会有合作了。”

被列为“不是一路人”的问题在我们有关精英的样本中相当普遍。摄影师和剪辑师描述了他们如何通过同样参与一些低预算的制作，有意识地谋求各种项目。一个摄影师指出：“我也尝试做一些小预算的东西。我知道自己享有声誉，能够运用很多资源，所以有意识地选择一些小预算的作品，为了证明，即使预算小，我也同样能够制作出好的作品；即使预算不大，同样也能增进表达水平，所以我有意选择做这些。"一位剪辑师也采用了相同的策略,"未必总是好事的是,他们认为我如此优秀,有了那样多的作品,富有经验,所以我肯定不会问津或者要价很高。据我所知,人们确实就是这么说的"。因此,这位剪辑师也有意承接一些小型的、低预算或无预算的电影,以便纠正自己给他人留下的印象。

6.7 结　论

本章力求实现两个目的。第一个目的是探索,在制片项目中不同职能者持续合作关系的客观、主观职业动态的各种重要作用。我们发现,持久的合作关系通过名声效应和曝光效应可以为客观的职业生涯进展奠定基石。然而,名声效应并非全无问题。与精英导演的关系会带来"排斥"摄影师和剪辑师的不利标记,从而阻碍他们获得广泛的工作机会。在主观层面,我们发现,主要是在这种合作关系网中,由于制作过程和电影片本身质量的提高,最为满意的从业经验得以提升。第二个目的则在于,根据我们此项研究的一些核心调查材料,帮助澄清有关应如何改变对于电影界就业过程变化(至少对于丹麦之类的情形)之看法的争论。合作的基础,基本的社会关系,是如何变化或延续的?它们是否属于经济交易?属于一次性交换关系还是艾米拜尔(Emirbayer)意义上的交易,超越了特定的行动和事件,蕴含着持久的关系,而是否终止而非重复则构成了关键问题。

制片过程中这些主要人物的重复合作以若干因素为基础。最重要的是制作过程的性质,亲密的、时间较长、密集的互动和运作。至少,由丹麦制作的大量影片的内容需要就人际的、人类的以及真挚天性的题材进行深入讨论和辩论。在纯粹的人际关系层面上,这种交往有望构建紧密的人际关系,促成相互认同和尊重,进而使得合作能够不断更新。可以认为,影片的题材和制作过程的性质会对伙伴关系的长期性产生作用，而这种持久伙伴关系的基础就是强烈的、可靠的私人与职能关系。

针对此处讨论的关系，可能需要使用一些新的术语，因为它们既不是私人间的友谊关系，正如许多采访对象所言，在社会上未曾见过他们那种超越工作的长期伙伴关系，又不是那种在情感上相互独立的严格职业关系。这些关系的特征是，他们彼此极度认同，虽然偶尔会有分歧，但却相互尊重和信任，能够进行深入的倾诉和交流（Wagner，参见本书第9章）。因此，为了充分把握在影业界营造职业生涯的特性，我们需要评估由这些功能之间的合作关系所产生的独到之处。

参考文献

Alvarez, J., C. Mazza, J. Pedersen, and S. Svejenova. 2005. "Shielding Idiosyncrasy from Isomorphic Pressures: Towards Optimal Distinctiveness in European Filmmaking." *Organization* 12: 863—888.

Bielby, W., and D. Bielby. 1999. "Organizational Mediation of Project-Based Labor Markets: Talent Agenciesand the Careers of Screenwriters." *American Sociological Review* 64: 64—85.

Blair, H. 2001. "'You Are Only as Good as Your Last Job:'The Labour Process and Labour Market in the British Film Industry." *Work, Employment and Society* 15: 149—169.

Blair, H. 2003. "Winning and Losing in Flexible Labour Markets." *Sociology* 37: 677—694.

Blair, H., N. Culkin, and K. Randle. 2003. "From London to Los Angeles: A Comparison of Local Labour Market Processes in the US and UK Film Industries." *International Journal of Human Resource Management* 14: 619—633.

Blair, H., S. Grey, and K. Randle. 2001. "Working in Film: Employment in a Project Based Industry." *Personnel Review* 30: 170—85. Blair, H., and A. Rainnie. 2000. "Flexible Films?" *Media, Culture & Society* 22: 187—204.

Caughie, J., ed. 1996. *Theories ofAuthorship*. London: Routledge & Kegan Paul.

Christopherson, S., and M. Storper. 1989. "The Effects of Flexible Specialization on Industrial Politics and the Labor Market: The Motion Picture Industry." *Industrial and Lahor Relations Review* 42: 331—347.

Delmestri, G., F. Montanari, and A. Usai. 2005. "Reputation and Strength of Ties in Predicting Commercial Success and Artistic Merit of Independents in the Italian Feature Film Industry." *Journal of Manage11tent Studies* 42: 975—1002.

Ebbers, J., and N. Wijnberg. 2009. "Latent Organizations in the Film Industry: Contracts, Rewards and Resources." *Human Relations* 62: 987—1009.

Emirbayer, M. 1997. "Manifesto for a Relational Sociology." *American Journal of Sociology* 103: 281—317.

Faulkner, R., and A. Anderson. 1987. "Short-Term Projects and Emergent Careers: Evidence from Hollywood." *American Journal of Sociology* 92: 879—909.

Hicks, A., and V. Petrova. 2006. "*Auteur* Discourse and the Cultural Consecration of American Films." *Poetics* 34: 180—203.

Jones, C. 1996. "Careers in Project Networks: The Case of the Film Industry." In *The Boundaryless Career: A New Employment Principle for a New Organizational Era*, edited by M. Arthur and D. M. Rousseau, 58—75. New York: Oxford University Press.

Jones, C., and R. DeFillippi. 1996. "Back to the Future in Film: Combining Industry and Self-Knowledge to Meet Career Challenges of the 21st Century." *Academy of Management Executive* 10: 89—104.

Jones, C., and K. Walsh. 1997. "Boundaryless Careers in the US Film Industry: Understanding Labor Market Dynamics of Network Organizations." *lndustrielle Beizenhungen* 4: 58—73.

Menger, P.-M. 1999. "Artistic Labor Markets and Careers." *Annual Review of Sociology* 25: 541—74.

Meyerson, D., K. Weick, and R. Kramer. 1996. "Swift trust and temporary groups." In *Trust in organizations: Frontiers of theory and research*, edited by R. M. Kramer and T. R. Tyler, 166—195. Thousand Oaks, CA; Sage Publications.

O'Mahoney, S., and B. Bechky. 2006. "Stretchwork: Managing the Career Progression Paradox in External Labor Markets." *Academy of Management Journal* 49: 918—41.

Simonton, D. 2004. "Group Artistic Creativity: Creative Clusters and Cinematic Success in 1,327 Feature Films." *Journal of Applied Social Psychology* 34: 1494—520.

Turner, J. 2002. *Face to Face: Toward a Sociological Theory of Interpersonal Behavior*. Palo Alto: Stanford University Press.

Wagner, I. 2006. "Career Coupling: Career Making in the Elite World of Musicians and Scientists." *Qualitative Sociology Review* 2: 78—98.

Zuckerman, E. 2005. "Do Firms and Markets Look Different? Repeat Collaboration in the Feature Film Industry, 1935—1995?" Unpublished manuscript, MIT Sloan School of Management, http://web.mit.edu/ewzucker/www/look_different.pdf, last accessed January 22, 2011.

第三部分

建　筑

第 7 章　弗兰克·劳埃德·赖特的艺术家声誉
——网络和创意的作用

坎迪丝·琼斯（Candce Jones）

7.1 引　言

> （赖特）身上印着 19 世纪末期的印记，孤独相处，单枪匹马，没有同时代的画家和雕塑家施以援手，但他引入了一个崭新的理念。
>
> ——西格弗利德·吉迪恩（Sigfried Giedion，1940、1956）

确定艺术声誉的过程造就了一个基本悖论。艺术作品需要各种技能和职能的协作与相互依赖，但是艺术界。艺术家们以及吉迪恩那样的批评家则认为是“系统地漠视……其他人对成名作品的贡献”（Becker，1982，361）。组织学的学者们越发认为，从根本上说，创意具有社会性，而并非取决于个人（Perry-Smith 和 Shalley，2003）。例如，哈格顿和贝什蒂（Hargadon 和 Bechky，2006）关注的是集体创造力的那些时刻，其中寻求帮助、给予帮助、反思重构和激励对于创意过程都是至关重要的，而不是评估哪位对创意产品有功。相形之下，弗莱明

(Fleming)等人(2007)分析了专利的创造与贡献,表明作为个体的中介人更有可能产生新点子,但却不大可能得到他人采纳,而合作型经纪商,由个人组成协调性的团体人进行共同创造,则不太容易可能产生新的点子,但却更有可能为他人所采用。这些发现凸显了基于个人和基于集体这两种声誉间的张弛关系,个人比集体更具创造力,但却不易获得认可。

对个人创造力的提升及其社会认同之间的紧张关系,弗兰克·劳埃德·赖特的声誉和职业生涯事例看来遇到了难题。他很少与其他建筑师合作,但其思想却能获得接受和采用,进而把他尊奉为建筑行业的先驱。本章所要探索的问题是,赖特是如何驾驭艺术界内创造力声誉方面的“社会—个人”张弛关系的?

在艺术界,艺术家们所需合作程度各有不同。有些领域如绘画、雕塑和版画依靠个人的创造力和执行力,而其他一些作品如电影和建筑物则需要集体创造力,由于艺术作品的复杂性质,需要许多高技能人员和职能者的投入。即便像版画那样高度个性化的艺术作品,也需要一帮人保证艺术家能够获得关注和声誉(Becker,1982;Lang 和 Lang,1988)。在作品简单而且依赖于个人工作的领域,艺术家能够更好地把个人创作与保证创意作品获得受众和声誉的群体支持相互分离。相形之下,如果诸如电影或建筑物的作品需要各种技能的贡献和相互依赖,不太清楚的是,艺术家是如何独立于其余合作者而构建个人声誉的。

即使以相互依赖为条件的艺术领域,诸如电影业,批评家和同行们时常关注的也是个人。例如,导演理论根据导演的技术能力、显著个性和内涵诠释影片的质量(Sarris,1962—1963),忽略和罔顾无视各种互动的、影响影片质量的职能者,诸如“片场监管、制片人、编剧、剪辑师等”(即,Kael,1963,23; Schatz,1988)。一旦呈现在观众面前,比较容易看到和了解某些角色的创造性贡献,诸如演员和场景设计师。再者,艺术产品的合作特性蕴含在影片的声誉中。即便如此,导演理论仍然主导了影评,关注的是导演的作用和贡献。如果其他创造性的职能和贡献不为观众所知,情形就愈发如此。建筑业的情形同样如此。文艺复兴以降,建筑物一直归功于建筑师,如克里斯托弗·雷恩(Christopher Wren)、布利曼迪(Bramanti)、布鲁内莱斯基(Brunelleschi)(Becker,1982;King,2001),虽然建造楼宇需要大量的技工、专业和准专业人员。诚然,在建筑行业,只有建筑设计师可因建筑物而获得声誉(即,在行业史和档案材料上有记载),其他人的贡献则被忽略。这一点体现了设计在建筑业具有最高技能的地位(Jones,2010)。

我想寻求的答案是,弗兰克·劳埃德·赖特的思想是如何为行业所接受的,因为他以拒绝承认他人之贡献而出名,并且被评论家们列为绝无仅有的天才。为了确定新思想的产生,以及它们对于评估创造性的用途,学者们认为,我们必须考察创造性的成功,更大社会范围能够认可创造者的思想和工作(Becker,1982;Fleming 等人,2007;Simonton,1984)。因此,我考察了弗兰克·劳埃德·赖特在职业生涯各个阶段所取得的创造性成功,考察社会网络对于建立其艺术家声誉的作用。他为评估声誉提供了一个恰当的范例合适。建筑史家们普遍认为他是现代建筑业的"先驱",为建筑业同行们奠定了基础(Giedion,1940、1956;Scully,1954)。他获得了诸如菲利普·约翰逊等杰出建筑师的认可(Philip Johnson,1949),并且被看作是 19 世纪和 20 世纪最伟大的建筑师之一,因为他对空间重新进行概念化,营造了现代建筑的开放式布局(Blake,1960、1996;Scully,1960)。接下来,我描述一下所使用的方法和数据。

7.2 数据收集和研究方法

7.2.1 数据收集

我应用归纳和多维法进行研究,如档案研究法(Ventresca 和 Mohr,2002)、多重数据源以及多重定位法(Jick,1979)。为了把握他的成就,建筑业人士给予赖特的关注,我应用"建筑期刊埃弗利指数"(Avery Index to Architectural Periodicals)确定有关赖特每一年职业生涯的文章数目。这些关于赖特的文章是其整个职业生涯和去世后获得认可的标志,批评家和建筑史家的持续关注,并且成为共同的文化传承(Collins,1998)。

7.2.2 赖特的艺术作品——建筑物和著作

为了评估赖特的成就,这里集中讨论他一直从事的两类产品,即建筑和著作。对于建筑物,我应用安东尼·艾鲁夫辛(Anthony Alofsin)在其《弗兰克·劳埃德·赖特,塔利辛通讯录》(*Frank Lloyd Wright: Taliesin Correspondence*)一书汇编的项目指数,它完整记录了赖特的建筑作品,包括被列为所接项目的草图和规划,以及被列为已完工的建筑。它把握了赖特在整个职业生涯不同时期的生产率。我用赖特第一座建筑物的日期作为其建筑师生涯的开端。

为了确定赖特的著作,我运用了几个数据源。对于其期刊文章,应用的"建筑期刊埃弗利指数",因为它全面刊登了有关其建筑和设计的文章,涵盖了700种美国和国际期刊上的44万多个条目。为了确定他的书籍,我首先运用"联合曲目编选库"(WorldCat)这一在线数据库,它确定了全球各图书馆或个人持有或拥有的全部图书,属于世界上最大的图书馆内容和服务网络(www.worldcat.org/whatis/default.jsp)。我最初的搜索就得到了670个条目,但不少条目都出自同一参照书(例如,不同版本、修订版或译本),以及出自介绍赖特而非赖特本人所写的书、关于他的展览和一些刊物文章。因此,我选用弗兰克·劳埃德·赖特基金会来对照检查"联合曲目编选库"条目的有效性,以此确定赖特撰写的著作(http//www.franklloydwright.org)。由此,我确定了赖特在整个职业生涯所撰写的20部著作。

通过集中研究赖特的艺术作品，我得以跟踪两类网络，即合作网络和宣传网络。

7.2.3　赖特的合作网络与宣传网络

合作网络涵盖了赖特的著作或建筑所蕴含的共同成就，由赖特本人或历史学家们认可的他人对于赖特作品做的贡献，具体形式是共同设计或者合著。对于建筑物，我运用了《现代建筑师》（*Contemporary Architects*，Emanuel，1980；Morgan 和 Naylor，1987）这本参考书，它鉴定了像赖特那样的现代建筑师们所设计和创作的所有建筑物、手工艺品，以及生平数据。此外，《现代建筑师》还确定了在建筑物方面与赖特合作的业内人士（如果有的话）。就著作而言，许多著作和文章所标作者是赖特，因为他为它们的编写者提供了建筑物草图、规划、立视图和照片。我应用"联合曲目编选库"中的条目注释，以便评析这两种类别，介绍赖特的书和赖特帮助编辑、选择文章的著作。

我们把总结赖特作品的书籍作为推广网络，共有 54 本书由他人撰写，旨在宣传他的建筑、著作和建筑方法。

与合作网络相对照，宣传网络则是其他人通过介绍赖特的艺术作品来进行推广，使他能够获得重要观众的关注。为了评估这类书籍，我利用了"联合曲目编选库"的条目和埃弗利的文章。我交叉核对了"联合曲目编选库"中的专著，它附有弗兰克·劳埃德·赖特基金会网站上有关赖特条目的出版记录。鉴于埃弗利建筑指数所含专业杂志介绍赖特的文章数以万计，我从埃弗利的全部文章中随机抽取了 5% 的文章，涵盖了他早期、中期和晚期的文章，以便把握宣传网络的感觉。由此，我收集了 28 篇文章。

按照定义，宣传网络属于正面的。一位博士生和我确定了文章的基调，包括正面、负面和中性的。中性主要指的是规划、草图和照片，它们展示了赖特的作品，但给出正面评论。评级者必须为每个类别编号(例如,1 表示负面、中性或正面评价;0 则表示未作评价)。因此,我们采用固定的多位评级者卡巴系数(multi-rater kappa)(Brennan 和 Prediger,1981;Siegel 和 Castellan,1988)。总体吻合的卡巴系数为 Po:0.887641,固定的边际卡巴值为 0.738813,大于 0.70 的值意味着各评级者的看法比较接近。在 28 篇文章中,有 3 篇的数值为负,所以未被列入宣传网络。我把 25 篇专业杂志上的正面文章和 54 本有关赖特的专著相结合,以便把握关于他的宣传网络。

合作网络和宣传网络两者并不重叠。鉴于完工前的建筑物不太会引人注意,宣传网络很少会与合作网络重叠或成形。需要注意的是,赖特的许多塔利辛会员(Taliesin Fellow)均为他的门徒,后来都成为他的重要宣传者,例如布鲁克斯· 法伊佛(Brooks Pfeiffer)和小埃德加·考夫曼(Edgar Kaufmann,Jr)。因此,若把会员当作合作者,合作网络本应优于宣传网络。但是,这些赖特会员从未被看作是共同设计者或对赖特建筑物有何创造性贡献。

最后,为了了解赖特的职业生涯,我采用了介绍赖特的大量传记、文章和书籍,它们都已包括在参考书目中。

7.2.4 研究方法

我把赖特的职业生涯分为三个阶段,早期、中期和晚期。早期职业生涯始于首座被以赖特命名的建筑物,设为 10 年。研究表明,掌握某个领域的专业知识需要 10 年时间(Prietula 和 Simon,1989)。这大致相当于他在 1885 年 18 岁时的首座建筑物到 1896 年的 29 岁。中期职业生涯设定始于首座建筑物之后的第 11 年到第 39 年,相当于 1897～1926 年的(30～59 岁)。晚期职业生涯则定为首座建筑物之后的 40 年到其去世,大致为 60～90 岁(赖特在 90 岁时去世,当时古根海姆博物馆即将完工)。

7.3　赖特的声誉:合作与宣传网络

首先,我对赖特的艺术生产力和被同行所认可的情况作一概述,旨在评估他在职业生涯各阶段中最重要的活动。他的建筑和著作构成了其艺术产品,而各种展品(获得博物馆关注的)和专业杂志介绍他的文章则是其得到建筑界和艺术界承认的标志。我们把他在职业生涯各阶段的创意作品数目除以该阶段的成立年数,可以统一各个尺度。

如图 7.1 所示,在建筑物方面,赖特的作品最多。其建筑物数目和专业杂志的认可程度随着每个职业生涯阶段而增加。在晚期阶段,专业杂志的认可最终超过了其艺术生产能力,获得认可的数目占的比重已超出他正在建造的建筑。显然,在艺术生产力和专业的认可方面,其晚期阶段获得了随着时间推移而形成的累积效应。

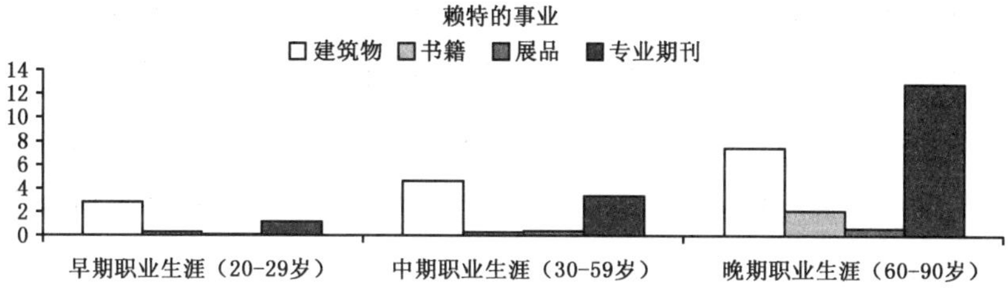

图 7.1　赖特的事业——艺术作品(建筑物和书籍)和认可(展品和专业杂志的评论)

接着,我考察了两种形式的网络,以艺术作品的合作生产为基础的合作网络,包括建筑物和文章,以及介绍其专业文章和专著的宣传网络,它使得赖特在行业内和社会上获得了广泛关注。

表 7.1　　职业生涯各阶段的合作网络、建筑物和写作的合作者

职业生涯阶段	建筑物合作	写作合作
早期(1885—1896 年)	无人	无人

续表

职业生涯阶段	建筑物合作	写作合作
中期(1897—1926年)	无人	无人
晚期(1927—1959年)	1923年与劳埃德·赖特建造 Sturer 大厦,1924年与劳埃德·赖特建造 Ennis 大厦,1924年与劳埃德·赖特建造 Freeman 大厦,1927年与阿尔伯特·麦克阿瑟建造亚利桑纳巴尔的摩酒店	1937年与贝克·布朗内尔写作《建筑和现代生活》,1941年与弗里德利克·古特海姆写作《论建筑》,1955年与小埃德加·考夫曼写作《美国建筑》

就其作品的合作网络而言,赖特很少承认他人对其建筑物作出的贡献。例如,虽然每座建筑都有监管建筑师,其女婿威斯·彼特斯(Wes Peters)常常担任建筑工程师(Freidland 和 Zellman,2006),但他们从未获得"合作者"头衔。如表 7.1 所示,其合作者几乎为零。在前两个职业生涯阶段,他(以及那些编制数据者)没有把任何人纳入到对其建筑物有所贡献者之列。相形之下,在晚期阶段,其建筑合作者只有两位,儿子劳埃德·赖特(Lloyd Wright)和过去的学生阿尔伯特·麦克阿瑟(Albert McArthur)。这些项目只不过是赖特晚期阶段所建248座建筑物中的4座(1.6%)。对于极度需要相互依赖和集体合作的建筑项目,这一点实在令人感到诧异。

在其著作中,赖特同样鲜有承认合作者。有三位曾被算作共同建造者,即贝克·布朗内尔(Baker Brownell)、弗里德利克·古特海姆(Frederick Gutheim)和小埃德加·考夫曼(Edgar Kaufmann, Jr)。贝克·布朗内尔在20世纪20年代曾任《芝加哥论坛报》(*The Chicago Tribune*)和《芝加哥每日新闻》(*The Chicago Daily News*)的记者和编辑,后任西北大学的哲学教授,而且在20世纪40年代担任《哈勃和劳》(*Harper and Row*)期刊的编辑。弗里德利克·古特海姆是一位著名的城市规划师、建筑师和作者。小埃德加·考夫曼则是赖特最重要的客户埃得加·考夫曼之子,赖特为他建造了流水山庄(Fallingwater)。小埃得加·考夫曼从1933～1934年在塔利辛(Taliesin)拜弗兰克·劳埃德·赖特为师。他撰写了有关赖特全部职业生涯的许多书籍,通篇记载了他作为建筑师、批评家和现代艺术博物馆工业设计总监的一生。

为了与宣传网络加以比较,图7.2可以使合作网络更加直观。后者在早期和中期阶段都不存在,在晚期也是相当地稀疏。

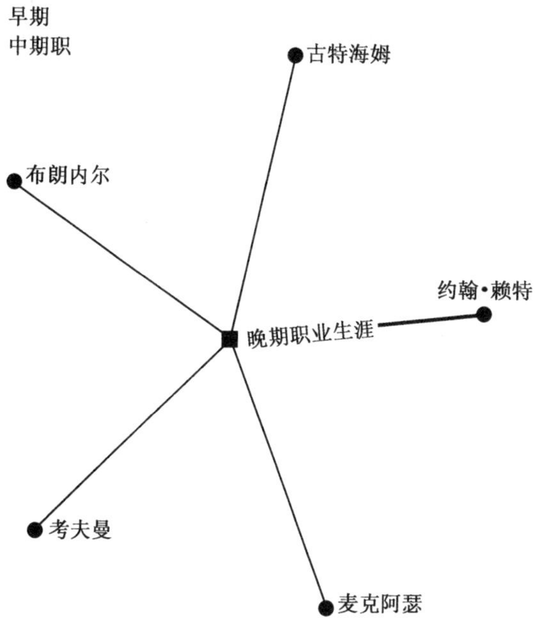

图7.2　赖特的合作网络(建筑物和著作)

赖特的宣传网络远比其合作网络来得广泛。因此,我仅用网络直观化格式呈现这些内容,以便传递信息、增进清晰度和可比性。

与其稀疏的合作网络相比,赖特的宣传网络十分广泛。在早期,赖特很少获得赞助。在专业杂志上,赖特有两篇匿名的短文、几幅照片和未加评论的规划介绍其建筑物。在中期,他聚集了一些宣传者,他们积极不断地选择、编辑和撰写有关其建筑物的教科书,其中两位最积极者是其合著者——宇己雄二川(Yukio Futagawa)和布鲁斯·布鲁克斯·法伊弗(Bruce Brooks Pfeiffer)。他们的合作始于1900年,一直延续到1951年,时间跨度达50年。他还持续地同几位关键人物保持联系,主要是在晚期,诸如亨利· 卢塞尔· 希区柯克(Henry Russell Hitchcock)。他最初是赖特作品的批评者。希区柯克和菲利普·约翰逊(Philip Johnson)于1932年在现代艺术博物馆策划了现代建筑展。在其展品目录中,他们把赖特称为"半个现代人"。在赖特的事业末期,希区柯克和约翰逊都称赞他是健在的最伟大的建筑师。另一位积极的宣传者是格兰特·曼逊(Grant Manson),他在哈佛大学撰写了关于赖特的论文。最后,赖特在塔利辛时的徒弟小埃德加·考夫曼是其一位重要客户之子;赖特在1935年为其父设计建造了流水山庄,也是赖特著名的重要建筑物之一。赖特的宣传网络由客户、批评家和追随者所组成,他们在他的中期,主要是晚期,通过小册子、文章和书籍,以及编辑或汇编赖特的文集来宣传他的建筑物和方法。

赖特的合作网络与宣传网络之间差异甚大,这有助于解释艺术家为何难以在合作网络内建立持续而广泛的联系,或许是便于把握艺术,确保建筑物得以归功于设计师。数据表明,赖特的创造性网络,也就是与其一道积极从事创作和被他认作合作者的人,几乎不存在;在早期和中期,他没有合作者,或者至少他不承认他们的贡献;在晚期,他只与两个人合作,他的儿子和先前的徒弟,因为相互高度信任。赖特积极地与这两位合作,而后者受其影响颇深。赖特不能否认他们的功劳,何况他们还能积极地为他宣传(Kaufmann 和 Gutheim)。与文献记载相比,稀疏的合作网络并未对赖特的艺术成功造成不利影响,赖特出名并且得以享誉于建筑业和文化界。借助于积极利用广泛的宣传网络,赖特使其名字和事业获得了认可。

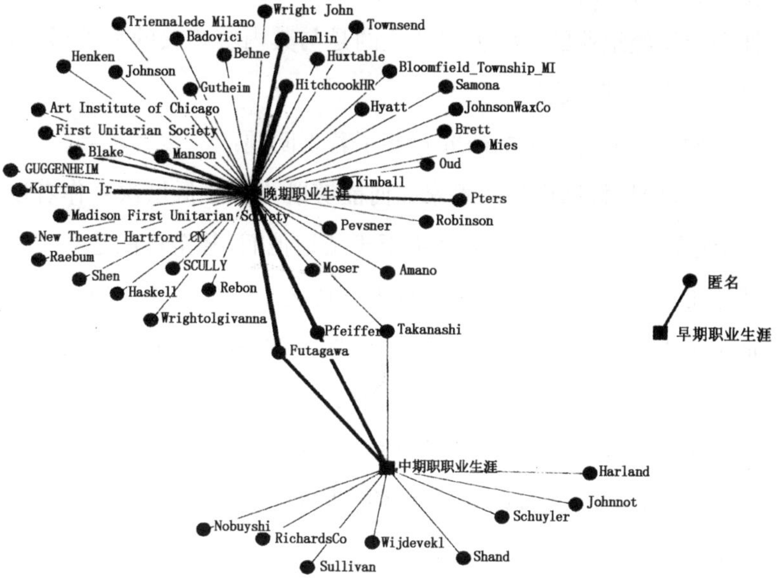

图7.3 赖特的宣传网络(书籍和文章)

7.4 讨 论

利用两个明显不同的网络,赖特解决了艺术创造与艺术名望之间的张弛问题,或者说通过获得认可而取得了成功。他很少与他人合作,或者至少不承认别人对其建筑物的贡献,从而得以把持控制权以及独到的艺术特征。他与那些积极宣传他的人构筑了广泛的宣传网络,使其艺术理想和视野获得了建筑界和更大的文化领域的认可和接纳。饶有趣味的是,他的客户们出版了小册子,介绍赖特为其设计建造的建筑物,因而在这方面发挥了积极作用。赖特还极其精明地发展与媒体界人士的关系,如贝克·布朗内尔。后者在不同的职业生涯阶段担任过芝加哥两份最重要报纸的作者和编辑,然后又在书籍出版商Harper and Row工作,并且担任过西北大学教授。关于解决产生、传播原创思想所需的个人—集体行动间的张弛和权衡关系，有关集体创造性和合作经纪业的文献大多关注的是与其内容相关的某种形式，但却可能会错失其他途径。

我们的研究为未来的研究解答了若干问题：

第一，像赖特那样的艺术家如何能够既不赋予低层次合作者以荣誉，如他在塔利辛的同事，但又不至于疏远他们，甚至还能建立牢固的感情纽带，并且得以转化终生献身于宣传艺术家的工作。赖特与小埃德加·考夫曼、布鲁克斯·法伊弗、威斯·彼特斯之间就是这种关系。对这些关键宣传者的私人通信和回忆录进行分析有助于确定产生这种牢固感情承诺的行动、事件和环境。这类研究还能确定网络的内容，如何营造未来网络，以及艺术家把某种网络（即培训）转变为明显不同的网络类型，宣传网络的能力。

第二，哪些观众，或者更具体地说，哪些网络对促进名声的建立至关重要。G. 朗和 K. 朗（Lang 和 Lang，1988）认为，为了获得认可和成名，艺术家的宣传者主要是家庭成员。赖特的事例表明，家庭成员的确很重要（其妻子就撰写了一本介绍他的书），而门徒、培训网络与家庭联系在确保艺术家获得认可和成名方面同样或更加重要。然而，布提诺（Boutinot）在本书第 8 章的调查资料表明，同行们的认可最为关键，接着是客户，然后是普通大众。他没有评估家族关系或作用；家族关系或许在创作者去世之后才变得更加重要，而网络在其健在时则更重要。这也是布提诺所关注的问题。而赖特关注的焦点是客户。若无来自客户的机会，就不可能获得建筑业同行的认可。对于法国、美国建筑师和同行奉献精神的作用所作的比较分析，类似于林肯（Lincoln）和艾伦（Allen）在本书第 5 章的论述，将有助于进一步解答不同时间、机构和国家在构造方面可能存在的差异。

第三，对于营造个人认可的创造性贡献者和那些基本上属于集体合作行为（譬如交响乐），声誉动态过程和职业生涯的差别是否很大

(Dowd 和 Kelly,2011)。此类研究将可解答引言部分认为的悖论和张弛问题。对于创造过程和声誉,以集体性和合作性为基本特点的创造性和以个人特征作为创造过程与创造性声誉之核心的创造性形式存在重大差异吗?

本研究的调查资料或有助于解释艺术家在其职业生涯中如何培育艺术和个人天才的声誉,甚至是在需要众多技能者和角色的贡献方能创作的艺术界。通过限制创造性行为的认可程度,同时与那些艺术作品的宣传者构建牢固的长期纽带,艺术家可以摆脱这样的困境,集体经纪人的艺术作品质量低但认可度高,而个体经纪人的作品质量高但认可度低。合作网络和宣传网络这两种社会网络形式的互补性表明,艺术家在如何管理以及与谁一起掌控自己的声誉问题具备不同的选择。

参考文献

Alofsin, A. (ed). 1988. Frank lloyd Wright: An index to the Talisin Correspondence vol 1 and 2. New York: Garland Publishing Inc.

Avery Index to Architectural Periodicals. www.ebscohost.com/public/avery-index-to-architectural-periodicals. Downloaded September 2009.

Becker, H. 1982. *Art Worlds*. Berkeley, CA: University of California Press.

Blake, P. 1960/1996. *Masterbuilders: Le Corbusier, Mies van der Rohe, Frank Lloyd Wright*. New York: W. W. Norton.

Brennan, R., and D. Prediger. 1981. "Coefficient: Some Uses, Misuses, and Alternatives." *Educational and Psychological Measurement* 41: 687—699.

Collins, R. 1998. *The Sociology of Philosophies: A Global Theory of Intellectual Change*. Cambridge, MA: Belknap/Harvard University Press.

Emanuel, M., ed. 1980. *Contemporary Architects*. First edition. New York: St. James Press.

Emanuel, M., ed. 1980. *Contemporary Architects*. Third edition. New York: St. James Press.

Fleming, L. , S. Mingo, and D. Chen. 2007. "Collaborative Brokerage: Generative Creativity and Creative Success." *Administrative Science Quarterly*, 52: 443—475.

Friedland, R. & Zellman, H. 2006. *The Fellowship: The Untold Story of Frank Lloyd Wright and the Taliesin Fellowship*. New York: Regan (Imprint of Harper &Row).

Giedion, S. 1940/1956. *Space, Time and Architecture: The Growth of a New Tradition*. Cambridge, MA: Harvard University Press.

Hargadon, A. , and B. Bechky. 2006. "When Collections of Creatives Become Creative Collectives: A Field Study of Problem Solving at Work." *Organization Science* 17: 484—500.

Jick, T. 1979. "Mixing Qualitative and Quantitative Methods: Triangulation in Action." *Administrative Science Quarterly* 24: 602—611.

Johnson, P. 1949. "The Frontiersman." *Architectural Review* 106: 105—110.

Jones, C. 2010. "Finding a Place in History: Social and Symbolic Networks in Creative Careers." *journal of Organizational Behavior* 31: 726—48.

Kael, P. 1963. "Circles and Squares." *Film Quarterly* 16: 12—26.

King, R. 2001. *Brunelleschi's Dome: How a Renaissance Genius Reinvented Architecture*. New York: Pengiun Books.

Lang, G. , and K. Lang. 1988. "Recognition and Renown: The Survival of Artistic Reputation." *American journal of Sociology* 94: 79—109.

Morgan, A. , and L. Naylor, eds. 1987. *Contemporary Architects*. Second edition. New York: St. James Press.

Perry-Smith, J. , and C. Shalley. 2003. "The Social Side of Creativity: A Static and Dynamic Social Network Perspective." *Academy of Management Review* 28: 89—106.

Prietula, M. , and H . Simon. 1989. "Experts in Your Midst." *Harvard Business Review* 67: 120—24.

Sarris, A. 1962—1963. "Notes on the Auteur Theory." *Film Culture* 27: 1—8.

Schatz, T. 1988. *The Genius of the System: Hollywood Filmmaking in the Studio Era*. New York: Henry Holt and Co Inc.

Scully, V. , Jr. 1954. "Wright vs the International Style." *ArtNews* 53: 32—5, 64—6.

Scully, V. , Jr. 1960. *Frank Lloyd Wright*. New York: George Braziller, Inc.

Siegel, Sidney and N. J. Castellan, Jr. 1988. *Nonparametric Statistics for the Behavioral*

Sciences. Second edition. McGraw-Hill.

Simonton, D. 1984. *Genius, Creativity and Leadership: Historiometric Inquiries*. Cambridge, MA: Harvard University Press.

Ventresca, M., and J. Mohr. 2002. "Archival Methods in Organization Studies." In *The Blackwell Companion to Organizations*, edited by J. Baum, 805－28. London, UK: Blackwell Publishing.

第8章　法国建筑领域中的职业声誉构建

艾米丽·布提诺(Amelie Boutinot)

> 许多因素帮助我成为一个建造、开拓自身之路、受到法国和全世界召唤的建筑师……但是可以肯定,声誉的建立始于能够迎合同行和公众的需求。这正是建筑师变得有意义的途径。
>
> ——一位法国建筑师的采访笔记(2009)

在当代法国建筑界,从业者们的发展道路不尽相同。有些人成为明星建筑师,扬名于同行、政府、法律界甚而普通大众;一些人则凭借其建筑作品的质量和相关意义仅只获得同行的尊重,而广大公众可能既不知其名,又不知其作品。

琳多瓦等人(Rindova et al., 2005)形成了关于声誉的双重观点,包括经济意义(基于组织成果的质量和价值)和制度意义(基于组织和个人如何在组织范围内获得普遍认可)。本章的重点在于后者,以便更好地理解创造性个人如何在艺术领域构建多种声誉,以及受众和相关领域的作用。

制度性观点认为,声誉属于总体印象,体现了受众如何看待组织和个人(Fombrun,1996;Rindova 等,2005)。“受众”一词在此是指一群组织或个人,他们在同一组织范围内具备相同的作用和特征(DiMaggio 和 Powell,1983),以及共同的社会角色(Ashforth 和 Mael,1989)。尽管各成员的想法会有不同,但因思想框架相同而会遵循相同的基本思路。在如何评估个人方面,因为受众们具备了内在共识,由此得以在那个受众群中建立某种特定的声誉。在创意产业中,艺术家可能期待另一位艺术家的才干和创造力,而潜在客户则可能期待程序和潜在的知名度。

以往的研究也强调了声誉形成于组织范围内这一事实(Deephouse,2000;Fombrun 等,2000;Rindova 等,2005)。所谓组织领域是指“一群组织,总体上构成了某种公认的机构生活,重要的供应商、资源和产品的消费者、监管机构和其他生产类似服务和产品的组织”(DiMaggio 和 Powell,1983)。因此,它属于由若干组织构成的协调一致的机构性领域,我们把它视为具有不同期望和评估其他领域成员方式的独特受众群体(DiMaggio,1988)。如果应用于创造性活动,创造性的组织领域体现为一个多元空间(Kraatz 和 Block,2008)。其中,个人会同时面临多重期望,因此他需构建不同的声誉。把组织领域引入讨论中,会造成声誉构建过程中一个令人困惑的缺口,即仍然不易清晰地构建和结合若干不同声誉的特定机制,尤其是从个体受众的潜在作用、可能形成的共识、差异以及在此过程中的整个创造性领域角度。

加深了解上述过程,创意产业的声誉研究就能更好地把握声誉构建的多重性。个体行为者如何从某位受众那里获得声誉,进而发展到在整个创意组织领域建立声誉呢?换言之,创意工作者如何构建和整合在多位受众中的声誉,进而在整个领域层面取得声誉呢?

通过对 11 位赢得法国最重要建筑奖项——“全国建筑大奖”(Grand Prix National d'Architecture,GPNA)的著名建筑师的案例研究,我对这些机制作了实际调查。除了得以成为建筑明星,该奖项对我们的研究尤具意义，因为其评委包括了与建筑有关的几位“大人物”、批评家、客户、法律当局和建筑师自己，体现出候选者们必须打动的各种潜在受众。

本章首先评述有关创意产业中声誉构建过程的制度性观点的文献，然后解释所用的方法论、所选案例及其分析；接着，我将介绍自己尤为关心的解答研究问题的两种机制，最后则争取对适用于创意产业的声誉构建理论做出一些贡献。

8.1 在创意组织领域的声誉

8.1.1 事关一位受众的声誉

1. 受众声誉的核心特征

从事声誉研究的制度学者把它看作是某种正面的大众印象，体现了集体如何看待某个组织或个人(Fombrun，1996；Fombrun 和 Shanley，1990；Rao，1994)。在本章，我把这样的集体称为“受众”，可将其理解为同属某个组织领域的一些组织或个人(DiMaggio 和 Powell，1983)，他们在该领域的社会生活具备相同的作用。例如，生产者是一种受众，消费者是另一种。每个受众都拥有社会认同(即，具有相似的特质、相同的社会团体归属感)(Ashforth 和 Mael，1989)，以便其成员们形成共识。即使某些成员想法不同，但却通常会遵循某种共同的思路。

这样的受众评估某个组织，并通过与其同行的比较来确定其声誉，让人了解那些比竞争者具有更优越创造价值能力的有名组织。基于此，金和惠腾(King and Whetten，2008)认为，不同于符合受众期望的资格，相当于，声誉与胜过同行的内容判断有关。达到特定受众的最低标准，行为人或组织得以获得资格，而只有那些能比同行达到更高标准者方能在受众中获得声誉。

然而，受众不会很快地赋予声誉。相形之下，根据过去数年的行动（Weigelt 和 Camerer，1990），只有那些经受了时间考验的超群者才能取得声誉（Fombrun 和 Shanley，1990）。因此（与不劳而获的地位相反）（Washington 和 Zajac，2005），声誉必须由时间所证明，在财务、制度、策略或一些非正式方面（Deephouse 和 Carter，2005；Fombrun，1996；Fombrun 和 Shanley，1990），能够形成组织与受众成员之间的交流。在理论上，可将这种交流理解为简化和抽象的过程，确定类型、各种属性和关系（Greenwood 等，2002）。因此，在整个职业生活中，某些类型的组织会发表介绍自己工作的书籍或文章，参加展会和会议等。

最后，这种长期特征意味着，声誉并不是静态的，以往的一些研究工作考察了其创立、构建和维护（Fombrun，1996；Fombrun 等，2000；Fombrun 和 Shanlry，1990；Rindova 等，2005），以及它的自洽问题（Merton，1968）、损害和修复问题（Rhee 和 Valdez，2009）。因此，受众不是一劳永逸地赋予声誉，声誉的构建属于演进过程的一部分，无法确保终身。

2. 创意产业依赖受众声誉的若干形式

人们已对各种潜在的受众或声誉形式做了研究。弗布伦和斯坦利（Fombrun 和 Stanley，1990）研究了评估组织的不同受众，诸如雇员、消费者或媒体；然后，琳多瓦（Rindova，2005）等人确定，消费者和当地社区也是评估组织的有影响力受众；迪普霍斯和萨其曼（Deephouse 和 Suchman，2008）以新创项目为框架，论述了组织或个人如何能够超越若干公众、合作伙伴、媒体或整个社会而建立声誉；而佩特科娃、琳多娃和古普塔（Petkova，Rindova 和 Gupta）（2008）则表明，声誉可以是地方性的（直接体验公司的少数受众）或更具普遍性（在建立关系前期待确定公司声誉的大部分受众）。

在创意产业范围内，诸如艺术和娱乐（Caves，2000）甚而研究活动，其活力完全取决于具有创造力的个人[①]，他们珍视人才、创造性、创新性和功绩，从业者（普遍）希望"尽快构建声誉"（Becker，1988：135）。受声誉之驱动，创意产业显示了声誉的多重形式，例如艺术声誉、创造性和才干被艺术社团认可的程度、奖项或评审展会作品被接受程度（Becker，1988；Lang 和 Lang，1988），而经济声誉则与这些人如何成功地管理商业项目并取得很大的成功有关。有时，两种声誉均可获得，例如，意大利的电影导演们就可将艺术声誉和经济声誉都收入囊中（Delmestri 等，2005）。

借用"声誉"概念，我以多种形式阐述创意产业中的声誉是如何运用并取决于受众的特定方式而建立。艺术声誉是在同行中建立，而经济声誉则形成于比较广泛的公众，且同客户或与组织、个人具有生意往来的其他人有关。然而，先前的研究同样表明，声誉还能形成于更加广阔的空间——组织领域，想要建立这种声誉的个人或组织可能会面临多重期待，需要满足和超越所有人的期望。有关组织领域的文献或有助于更好地理解这一点。

8.1.2　面向多种受众——组织领域声誉构建的挑战

1. 作为多元空间的创造性组织领域

在此，我把迪马乔和鲍威尔（DiMaggio 和 Powell，1983）关于组织领域的定义运用于创意活动，营造了"创意组织领域"这一概念。这些领域包括艺术、娱乐等创意部门。通过把各种组织整合为一个领域，这对先前解决声誉构建过程的方式提出了质疑。诚然，获得领域层面的声誉，相当于在该领域多个不同受众群体中所获声誉的组合。因此，我们有必要借鉴多元化的概念，把组织领域看作是一个多元空间，其中行为人同时面对一组不同的群体（Kraatz 和 Block，2008）。成员

① 在我们的研究中，组织声誉被视为个人声誉的同义词。个人而非公司是创意部门的引擎。诚然，可以采纳有关组织声誉的文献，因为作为研究对象的建筑师多半都根据自己的才能和对建筑业的看法而创办自己的公司，这些公司就是他们自身的全面体现。

们在价值观、规范和意义方面可能一致(Scott,2001),但构成它的各组织团体(DiMaggio,1988),在此称作“受众”,各有其规范、准则和逻辑,从而决定其行动和现实观(Thornton 和 Ocasio,1999)。组织领域由多种权威资源所构成,在声誉构建中的作用或各有不同;无论具备核心作用还是边缘作用(Greenwood 和 Hinings,1996;Leblebici 等人,1991),每种受众都会影响声誉的构建;而核心行为人则因融入领域更深,所起到的作用可能超乎边缘者(Dimaggio,1988;Scott,2001)。

2. 构建创意组织领域的多种声誉

针对领域内期望和逻辑的多元化问题,以往的研究运用了若干可能的方法(DiMaggio,1988;Kraatz 和 Block,2008)。首先,拉奥(Rao,1994)指出,不同的受众因各具信息系统,能够获知团体内部和更广泛领域的动态,进而相互交流。同样,琳多娃、佩特科娃和科塔(Petkova、Rindova 和 Kotha,2007)确认了大众媒体的重要性,把媒体视为向各位受众传递信息的制度性中介,有助于声誉的构建。再者,个人可根据取决于受众的理论性作品来管理这种多样性(Rao 等人;Svejenova 等人,2007)。例如,通过在专业出版物(如《餐厅》杂志)发表文章,厨师可与同行交流,通过大众媒介(即《纽约时报》的文化栏目,后文均称作“文化出版物”)与客户交流。最后,在研究创意产业期望的多元性问题研究时,鲍内斯(Bowness,1989)还阐明了把多个受众的期望整合到声誉构建的时机。构建声誉的艺术家若需面对多种受众,比如同行、批评家、客户和大众(Becker,1988;Delmestri 等人,2005;Lang 和 Lang,1988),鲍内斯提出了关于艺术家在创意领域成名的清晰演进过程:先是在同行中出名,再在专业批评家中出名,接着扩展到媒体和评论界,最终则为客户们所知。这种演进过程由艺术家所确定,他们摆脱了一类受众(“移位”)以便适应另一类受众(“重新定位”)。

然而,以往的研究并未阐明在创意领域构建不同形式声誉的实际机制,也未解决它们如何结合的问题。更具体地说,我们不知个别受众或整个领域在声誉构建过程中的作用。因此，我所研究的问题是，创意工作者如何在不同的受众中建立声誉，并且把它们相互结合，以便获得领域层次的声誉。

8.2 研究方法

8.2.1 研究框架和案例选择

鉴于所研究的问题具有解释性和开放性，故以定性方法为宜。首先，我选择法国建筑领域的原因在于，前面提及的几个理论要点均在该领域清晰可见（Yin，2003）。首先，法国建筑业属于声誉驱动型的创意产业，当代建筑师，除了设计和建造建筑物外，就是希望自己的名字获得肯定和记取。更具体地说，自从行业规则在 20 世纪 70 年代末变更以来，法国建筑师们一直在追求个人声誉。此前，法国鲜有建筑师能以自己的名义进行操作和竞争，因为参与国家建筑的竞争者[①]只能是那些获得了巴黎美术学院（Academy of the Beaux Arts of Paris）所颁罗马大奖赛（Grand Prix de Rome）奖项的建筑师（Champy，1999），没有其他学院可以颁发建筑方面的证书或奖项。然而，到了 20 世纪 70 年代，法国又创办了几所建筑学院，使得更多人能够成为建筑师，创建自己的建筑公司，并以自己的名义参与国家竞争。在 80 年代前期，法国建筑师获准参与欧洲和国际竞争，把法国的建筑师群体纳入国际行业标准范围。从此，建筑业的卓越和创新，加上个人声誉，成为驱动法国建筑部门发展的动力。

其次，可将法国建筑业理解为一个由众多组织/个人团体所构成

---

① 建筑竞赛属于竞争性机制，旨在确定建筑师来设计由政府当局、企业或个人委托的建筑物。这种竞赛可以是开放性的（任何建筑师只需提交项目建议书就可参与这类竞赛）或是应邀参加（一般而言，只有 4—6 位建筑师会收到承包商的邀请，依据他们先前所设计的建筑物以及声誉等标准。）

的多元领域，可把它们视为建筑师们各种受众的代表，同行、客户、法律当局、供应商、教育行政当局，甚至那些生活或工作在新建大楼里的人们。因此，建筑师的日常活动可谓包罗万象，他们要与多种受众建立联系、进行交流，拥有各种形式的客户（政府当局、私人企业和私人），为建筑、设计和造型艺术学校的学生讲授各种课程，撰写有关近期的建筑构思、一般审美问题的专著和媒体文章等。

最后，为了回答研究的问题，我采纳阿南德（Anand）和华生（Watson）（2004）的观点，集中探讨各类奖项问题，因为它们在确定谁是该领域佼佼者方面作用日增。法国建筑师很少获得国际奖项，但很多建筑师以不同方式在国内获得了认可，比如他们的首座建筑物[由法国主要的建筑杂志《导报》（Le Moniteur）和法国文化部联合颁发的“建工大奖”（Prix de la Premiere Oeuvre）]，比如单体建筑物（由上述两个部门颁发的“银角尺奖”（Equerre d’Argent），或者一组建筑作品（GPNA，它是由法国文化部所颁发，给予在法国工作的建筑师，由建筑师、政府机构客户、记者和评论家组成的评委进行评判，以嘉奖卓越的建筑水平以及对建筑业的实际和理论贡献）。

本研究把 GPNA 作为法国建筑领域声誉的良好标志。这是因为：第一，与贝克（Becker，1988）的观点相一致，我们需要考量艺术家的整套作品，以证实他们的声誉，GPNA 只认可具有示范意义的热门的整体建筑作品；它不奖励单体建筑物。第二，该奖项是对这些作品的集体确认，因为评委会代表了建筑师必须让他们信服的多种受众（同行、批评家和法律当局，其中还有客户和用户）。第三，每一次 GPNA 奖项只颁发给同行中“最出色”的建筑师，无论在建筑物抑或建筑思想上都获得评委会多个成员的一致认可。

GPNA 奖项自 1975 年至 2004 年，每年颁发一次，2004 年后，每两年颁发一次。自该奖项创建以来，颁发了 24 次，1988 年、1994 年、1995 年、2000 年、2001 年、2002 年、2003 年和 2005 年因未知的原因

(unmentioned reasons)没有颁奖。虽然本章没有提及他们的名字,但那段时间共有 28 位建筑师获得 GPNA 奖项。为使数据连贯和可追溯,我从样本中排除了三类建筑师,即名字不包含在他们企业的品牌中(因为建筑业的声誉在此被看作是与个人的名字相关的事)、不再从事建筑业的人和 2008 年前去世的人,因为不能采访到他们。这就剩下 11 个曾获得 GPNA 奖项的可比的建筑师案例(附录 8. A 提供了若干传记内容)。

这些建筑师都以自己的名字建立了他们的声誉。与琼斯(Jones)有关弗兰克·劳埃德·赖特的研究相一致,对于这些把自己当作"导演"的建筑师,创造性是重要的。他们认为建筑更多地是寻找新的解决社会问题的方法,而不是提供服务,同时也是创新者。构思建筑物,如一个建筑师所说:"那不能由别人来干。" GPNA 获得者与那些既出色又有创新精神但不太出名的其他法国建筑师相比,他们愿意就他们的作品和思想进行交流,他们声称要把他们的思想理论化,并得到提升。

8.2.2 数据收集

数据收集主要记录这些建筑师从获得建筑证书到赢得 GPNA 奖项这段职业生涯史中发生的事情。主要的数据源是有关这些建筑师的文件和档案,根据传记的数据方法(Roberts,2001),我首先通过他们的网站、履历和书籍,以及有关建筑的网站,收集他们生活方面的数据。我还阅读 1975 年到他们获得 GPNA 奖项那一年的法国的建筑出版物和文化出版物,尽可能多地收集资料。[①]

我还采访了多个类别的法国建筑领域的从业者作为补充材料。我首先采访建筑师,以核实档案资料,掌握那些有利于构建他们声誉的某

① M. Perruchione 是一位从事建筑业研究的艺术史专家,她帮助我收集了大量的数据,并且运用其专业知识验证了我所选择的研究建筑师生涯的方式。

些因素是如何发生的及其原因，了解在职业生涯演进过程中动员了哪一类受众。采访在 2008 年 9 月～2009 年 3 月进行，若对方同意，我都做了录音。我应用默顿等人（Merton，1990）的重点访谈法（focused interview methodology），来理解和质询文件中提及的某些事实。例如，他们如何理解建筑业的声誉；涉及哪些受众，如何与他们专业生涯中的事实相联系；建立声誉的策略是什么；成为一个有名的建筑师是否有某些前提条件。如有可能，我还访谈了若干他们的客户，以便了解他们如何为他们的建筑物选择建筑师，他们利用什么信息源，等等。最后，我采访了法国建筑学院的校董和报道建筑业的记者，以便清晰地观察法国的建筑领域。（以下所有的引言都摘自采访笔记。）

8.2.3　数据分析

我采用文本复制案例研究方法（literal replication case study method）（Yin，2003），对情景作出详尽解释，并对 11 个案例中不同受众声誉构建的一般过程进行探索。第一步，我利用档案和采访，追溯了建筑师从获得证书到获得 GPNA 奖项的经历。我采用有关声誉的文献资料和斯特劳斯（Strauss）和科尔宾（Corbin）有关编码的建议，阐明两种踪迹的类别："行动"，揭示建筑师在构建其声誉时的积极性；"事件"，代表其专业生涯中发生的种种不自愿的积极和消极的事实（表 8.1）。[①] 建立的编码首先应用于一个案例，然后再用于其他案例。

表 8.1　　建筑师专业经历中的踪迹类别

踪迹类别	踪迹子类别	定义
建筑师的行动	建筑物的知名度	建筑物与建筑业和社会的相关性
	他们所服务的客户类型	公共的（政府、城市）或私人（公司）

① 展览会和会议同样属于建筑师所经历的活动。但在后续分析中不再包括这些内容，因为缺乏正式记录而难以收集这类数据。

续表

踪迹类别	踪迹子类别	定义
	建筑师的著作	由建筑师撰写、在建筑业出版物或大众出版物上出版书籍或发表文章
事件	在建筑行业的媒体上发表的有关建筑师的出版物	在法国五大建筑业杂志上发表的文章，由法国建筑出版社出版，由其他建筑师、评论家或记者撰写的书籍
	在文化媒体上发表的有关建筑师的出版物	法国文化版的介绍建筑师的书籍和法国五大文化期刊（有文化栏目的大众期刊）上由评论家或普通艺术类的记者撰写的文章
	奖项	国家或国际建筑奖，如 GPNA（国家）和普利兹克奖（Pritzker Prize）（国际）
	荣誉	公众奖励，如荣誉军团奖章（Legion of Honor）
	合作伙伴	与其他建筑师合作的作品

注：展览会和各种会议是建筑师专业经历中的其他事件。但是，其后的分析中并不包括这部分，因为此类数据由于没有正式的记录而难以收集。

每一个子类别都经过精选。例如，“建筑物的知名度”再细分为“建筑物类型”（文化、住宅、工业、教学等），“竞赛类型”（公开或邀请），“竞赛声誉”（国家的、honorific、高预算，在法国城市以花哨的主题举行的，或国际的）和“建筑场所”（法国地区、巴黎和国际文化场所）（Jones 和 Maoret，2010）。至于编码，顺应了各个时期每个标准的重要性。例如，在法国，20 世纪 70 年代的住宅开发很有知名度，但在 80 年代末到 2010 年前这段时间冷落下来，但随后由于法国政府社会住宅政策的实施又重拾雄风。

第二步，我用 Nvivo 分析所收集的采访资料。

第三步，我对档案材料和访谈数据进行三角定位分析法，以理解每个建筑师职场经历，根据建筑师的话和某些客户的意见，每个踪迹子类别都与一类或多类受众有关，所以我能发现在建筑师的专业经历中代表了哪一类受众。我把某些声誉构建理论和创造性的组织领域特征应用于数据分析，发现建筑师和受众为了结合（或不结合）各个时期的不同声誉如何“摆弄”（play）领域规则，从而对此有了进一步的理解。

最后，为了把这种分析转化为视角，我把 GPNA 奖获得者的踪迹与若干未获 GPNA 奖的建筑师[①]（由于 GPNA 奖项在建筑师获得证书后的 10～22 年颁发）职业生涯的前 20 年作了比较，这样我就能集中关注 GPNA 奖获得者经历中的相似性，并与其他人作比较。

8.3　法国建筑领域声誉构建的累积模型

我的研究结果表明，影响法国建筑领域声誉构建的主要是三类受众，即同行、大众客户（public clients）和知识界；声誉的取得多半通过两种机制：三类受众活动的积累和各个时期三类受众中声誉的结合。

8.3.1　在三类受众中构建声誉

> 一切都从同行和大众客户开始。这是基础……当我的名声大噪时，大部分公众开始谈论我。

对于在构建 11 位作为案例研究的建筑师的声誉中发挥作用的三类主要受众是：他们的同行，那些在法国从业的、给予艺术声誉的其他建筑师；大众客户，法国国家当局（政府、市镇当局、地区和城市），他们常常委托建造新的建筑物，并赋予经济声誉；知识界则是所有的法国知识分子和文化评论家，他们鉴赏和传播艺术和一般文化。

正如文献评论提及的，每类受众各具思路。建筑师看重的是同行

---

① 在我目前所作的更广泛的研究中，确定了 100 位最为知名的法国建筑师，包括 GPNA 奖获得者。我添加了被法国五大建筑杂志在 2000－2008 年间至少两次正面提及的法国建筑师的名单。作为相应的对照样本，我只保留了非 GPNA 奖获得者，他们的职业与 11 位获奖者相同。

针对社会问题所认为的创新性解决办法;政府、城市和其他政府机构寻求的是改善城市空间的方法;普通民众则渴望拥有漂亮的建筑物来满足自身的需求。根据这些思路,各类受众都有自己的期望,因此也有特定的评估建筑师方法。表 8.2 引出了一些重要标准,通过这些标准,GPNA 奖获得者得以在其中一类受众建立起声誉。

表 8.2　　建筑师在同行、大众客户和社会中获得名声的行动和事件

	同行	大众客户	知识界
建筑师的行动	才能和区别:“没有才能就无法出名。在此,才能意味着自己与其他建筑师不同,与过去成就的不同。” 理论化的能力:“写下你对建筑业的看法,以确定你在同行中的地位,进而获得认可。” 维持活动:“能出名所必需的第二个因素是拼命工作。”	因定期完成高端公共建筑物而值得信任:“我们需要已经完成了多个重要建筑物的建筑师。” 理论化的能力:“我选择他们是因为我觉得他们的书很有趣;我想他们能为我建造出色的建筑物。”	……
事件	获得过奖项:“奖项并不能加速建筑师的成功建构,但能巩固你的成功。” 定期在建筑业媒体上发表文章:“在建筑期刊发表大量文章有利于在其他建筑师中获得很高的名声,他们可以知道你能否建造有趣的建筑物,你能否解释它。”	定期在建筑业的媒体上发表文章:“大众客户认定的建筑师必须频繁地在建筑杂志上发表文章 已在建筑师群体中享有声誉:“客户邀请建筑师参与竞赛是因为他们的名字已经被其他建筑师获知,这是一种共同选择最有才华的人才的方法。”	定期在文化期刊发表文章
声誉成就的指标	定期被建筑期刊引用(与建筑师投稿相比)	定期被邀参加公共竞赛(与仅仅参加公开竞赛相比)	定期被文化期刊引用

注:引言摘自采访笔记。

尽管同行们与大众客户寻求的东西不同,但他们评估建筑师的方法却很相似;方式虽然不同,但都是凭借着相同的业绩记录。因此,高雅的建筑物对同行很重要,因为它们证明建筑师具有解决社会问题的独创能力;同理,相同的业绩对大众客户也很重要,因为它表明建筑师值得信任,能够掌控一些庞大且伟大的项目。

8.3.2 积累三类声誉的路径,各类受众的自洽式声誉动态过程

帮助建筑师建立综合性领域层面声誉的第一个机制是,在每位受众中所累积的声誉经历。累积,在此可视为增添那些能使从业者在各类受众中的正面声誉超过负面声誉的因素(自愿或非自愿的)。我对建筑师业绩的追溯更多地在于正面而非负面因素,体现出他们对于每类受众的合理性(Rao,1994)。建筑师根据各类受众规则构建声誉;他们设计、管理高雅的国际性建筑物,把工作提升到理论水平,撰写深浅不等的著作和文章。虽然这些因素的数目因经历而异。其中,11 位建筑师所积累的声誉远远超出那些非 GPNA 奖获得者。具体地说,与普拉龙及其同事有关未成功艺术家的那一章相呼应(Pralong 等人,参见本书第 11 章),这 11 人的业绩积累过程展现了那些未获奖者所缺乏的特征。

首先,声誉积累取决于行动和事件的混合。获得 GPNA 奖的建筑师开启了与同行和客户的交流,每年参加若干次竞赛,定期著书立说。一旦建筑师的行为方式引起人们的注意,建筑业评论家就会发表一些介绍他们的文章,促进其声誉的传播。

其次,他们的业绩累积服从某种规律。在获得证书后,他们会多次获邀参加各种有影响的竞赛,顶级建筑杂志每年至少会提到他们一次,以及不定期地发表一些著作。

再次,之所以能够形成这种积累过程,或许是因为各类受众的思路大体一致。同行欣赏其解决社会问题的创新能力,大众客户看重的是城市和社会环境的改善,而知识界关注的则是能够满足社会审美需要,因此受众们相互补充而非相互矛盾。即便对于建筑师的解读方法

有所不同，同行们和大众客户也都会根据相同的声誉路径形成意见。由此，在每类受众内部和各类受众之间得以形成共识。

建筑师可以同各类受众交流而无需分门别类地采取行动，也无需仰仗那些彼此相去甚远的各类媒体。

最后，积累具备自洽性。因为各类事件都有助于在每类受众中构建声誉（见表 8.3），符合马太效应（Matthew Effect）（Merton，1968）；已经成名的人将更加出名，所获奖项也会超过他人。

表 8.3　　受众内部的声誉自洽机制

同行	大众客户	知识界
应邀参加竞赛可增加未来参赛的邀请："应邀参赛可造成雪球效应。" 与同行共事可增加竞赛参与："取决于建筑选项，是否属于某个建筑师家族，以及谁是中介者。"	为知名客户建房可增加尊贵竞赛的邀请："我们很熟悉（一个法国市长），我们定期赢得竞赛，进而获得他们的项目。"	与多个文化出版系统建立关系可增加发表论文的数量："（建筑师）获悉我们决定不再与（一家法国文化）相竞争之后，其文章第二天就被发表（在另一家法国文化期刊上。又过了一天，它刊登在其他两家法国文化期刊上）。"

注：引言摘自采访笔记。

8.3.3　一个关于累积过程的模型，三类声誉的融合过程

在法国建筑业，构建领域层面声誉的另一种机制是，把三类声誉相互结合。这种结合可视为，随着三类受众内部和相互间的持续互动，三类声誉取得了一致。与鲍内斯（Bowness，1989）的研究相同，我们的数据表明，三类声誉是按照某种特定的顺序而形成的。首先，建筑师需在同行中赢得声誉，被认为具有才华而能凭借专业技能提供解决社会问题的新方法，

> 若是不能得到同行们的积极评价，那就无法享受盛誉。我们的建筑师需要参加各种竞赛和委员会，从而很快就能看出他们是否能够建造有意义的东西。

其次，接下来，建筑师需要在政府和城市层面构建经济声誉。若是能够设计、建造一两座有价值的建筑物，他们就会被看作能够掌控重要的公共项目，其声誉将不再局限于艺术界，而是会被作为运营建筑师获得关注。

最后，在同行和大众客户层面出名后，他们开始影响知识界，在广泛的文化圈或知识界扬名，获得文化声誉。[①] 有别于与同行和大众客户的互动，建筑师通常未必乐意与此类泛泛之交：

> 我们无意在文化杂志上发表文章，而只是应付他们的征稿。

根据这一累积模型，同行优于政府和城市，因为他们才是关键的门槛。[②] 确实，使客户为了出色建筑物之需而组织公共建筑竞赛，专业建筑师也会告知竞赛组织者应该注重邀请的对象。

这种声誉的逐渐融合得益于受众间的互动，他们的交流可以传播对于建筑师的赞誉，使其声名鹊起（见图8.1）。获得先前受众的赞赏有助于在随后的受众那里形成声誉。

与受众交流的一条重要渠道是建筑和文化媒体。它们根据建筑师的经历而建立，并在受众间开辟渠道。由此，评论家、历史学家和建筑业的专职记者可参与评议，同行和客户形成关于建筑师的共识（Jones，2010；Lang 和 Lang，1988）。再者，如前所述，这类关联的形成或许是因为那些能使得受众们形成共识的互补逻辑（complementary logics）不会出现异议。最后，如前所述，建筑师与知识界大多无缘，建筑师不会主动寻求在这类广泛受众中的声誉。通过传播而非罗列，知识界在建筑领域的声誉构建方面具备终极作用，并且依赖大众客户意见的验证，大众客户表现为在同行与广大的文化界之间营造共识的中

---

① 文化声誉不同于名誉。名誉是指个人吸引大众注意的能力（Rein、Kottler 和 Stoller，1987），未必可见和获得验证（McCracken，1989）；文化声誉则是形成与艺术、文化相关的特定专业受众，是正统过程的结果（Rao，1994）。

② 感谢克里斯·马修帮助我发展这一思想，并且提议采用“守门人”（gatekeepers）一词。

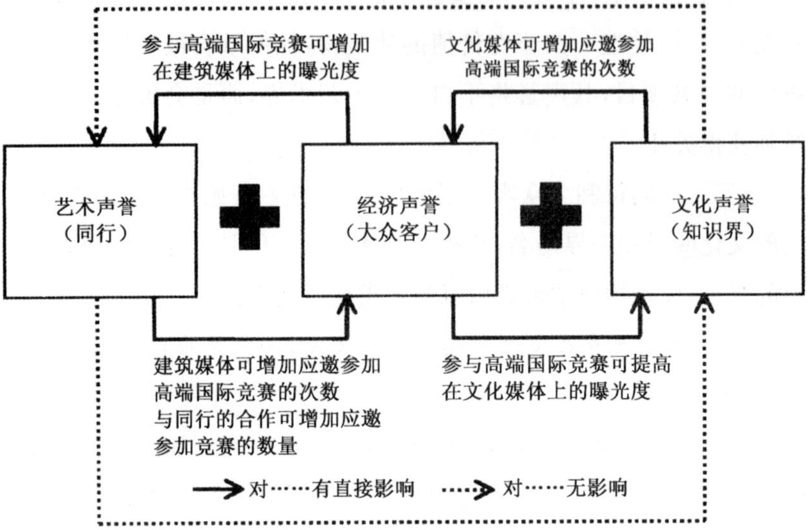

图 8.1　艺术、经济和文化声誉之间的结合机制

介。例如，只有当某位建筑师建造了多个建筑物之后，文化评论家才会开始撰写关于他的书籍。

8.4　讨　论

我们的研究揭示了在创意领域构建声誉的机制，艺术、经济和文化声誉的历史记录，以及它们在较长时期形成的结合。

本章的首要目标是阐明该机制在创意领域的运作情况，以便推动声誉构建研究的发展。第一，与鲍内斯（Bowness，1989）的意见相符，我们的研究表明，受众是逐步参与声誉构建过程的，先是同行，接着是客户，最后是知识界。然而，与鲍内斯的声誉构建的序列模型不同，必须从某类受众“重新位移”到另一类受众。本章认为，声誉的构建，与其说是一个序列过程，莫如说是一个累积过程，因为它结合了几类受众间的互动。以往几项研究表明，个人或享有局部性声誉，或享有普遍声誉(Petkova等人,2008)。相形之下,我认为,如果结合时间和领域机制,各种声誉并不相容。第二,研究结果揭示了多种声誉如何随着时间推移而融合的情况,增加了我们对创意领域声誉构建的理解。我们的数据确认,声誉是通过各种踪迹逐年累积而构建的(Merton,1968;Petkova等人,2008;Weigelt和Camerer,1988),而且表明,艺术家的行为本身尚不足以获取专业领域层面的声誉。我们的研究与有关艺术家行为和职场发展框架的重要性研究相一致(Svejenova,2005;Svejenova等人,2010),它表明,受众逻辑和专业媒体的互补有助于艺术家获取领域层面声誉的行为(特别是涉及知识界时,艺术家并不会主动与其进行交流)。三类受众内部和相互之间的自洽构成了在专业领域层面出名的必要条件。第三,鲍内斯把媒体作为该过程的另一类受众,我们在讨论中增加了组织领域的视角,印证了迪普霍斯(Deephouse,2000)的观点,媒体在声誉构建中具备中介作用,揭示了评论家、记者和媒体比较适合充当专业领域的中介人,有助于各种不同声誉的结合以及各类受众之间的交流。

研究结果还有助于我们理解创意领域的结构状况。我们的模型表明,同行、客户和普通民众这三类受众在此领域内的声誉构建中发挥了作用。同行是核心成员,他们的活动处于该领域的中心地位(DiMaggio,1988;Leblebici等人,1991);而客户处于比较边缘的地位(Boutinot和Mangematin,2009);我们的研究显示,核心和边缘成员在领域内的声誉构建中各具作用。创意领域内卓越成员的确定不仅取决于那些核心成员本身;领域内的其他成员也会影响结构和演化。因此,诸如建筑业那样的创意产业的创新需要整合客户的期望,从而成为该领域的相关议题。

8.5 结论和未来的研究

本章构建了一个关于在创意领域内构建声誉的模型,表明该空间内的声誉可以通过三类声誉的累积和结合而建立，即艺术的(同行)、经济的(客户)和文化的(知识界)声誉。因此，本章促进了我们对领域层面如何逐渐取得声誉，以及受众和领域的机制如何参与该过程更好的理解。

我相信，本研究为未来有关声誉的研究提供了关键性的问题，三类受众的联系，尤其是他们的融合，需要详尽地加以考察。定量研究可能有助于更加具体地了解这些自我强化的机制如何运作，以及在未来如何演进。

参考文献

Anand, N., and M. R. Watson. 2004. "Tournament Rituals in the Evolution of Fields: The Case of the Grammy Awards." *Academy of Management Journal* 47: 59—80.

Ashforth, B. E., and F. Mael. 1989. "Social Identity Theory and the Organization." *Academy of Management Review* 14: 20—39.

Becker, H. S. 1988. *Les Mondes de l'Art*. Translated by J. Bouniort. Paris: Poche.

Boutinot, A., and V. Mangematin. 2009. "Surfing on Institutions by Temporary Peripheral Actors." *Academy of Management Proceedings* 1—6.

Bowness, A. 1989. *The Conditions of Success: How the Modern Artist Rises to Fame*. London: Thames and Hudson.

Caves, R. 2000. *Creative Industries: Contracts Between Art and Commerce*. Cambridge, MA: Harvard University Press.

Champy, F. 1999. "Commande Publique d'Architecture et Segmentation de la Profession d'Architectes." *Genèse, Sciences Sociales et Histoire* 37: 93—113.

Deephouse, D. 2000. "Media Reputations as a Strategic Resource, an Integration of Mass Communication and Resource-Based Theories." *Journal of Management* 26: 1091—1112.

Deephouse, D. L., and S. M. Carter. 2005. "An Examination of Differences between Organizational Legitimacy and Organizational Reputation." *Journal of Management Studies* 42: 329—360.

Deephouse, D. L., and M. C. Suchman. 2008. "Legitimacy in Organizational Institutionalism." In *The Sage Handhook of Organizational Institutionalism*, edited by R. Greenwood, C. Oliver, R. Suddaby, and K. Sahlin-Andersson, 49—77. London: Sage.

Delmestri, G., F. Montanari, and A. Usai. 2005. "Reputation and Strength of Ties in Predicting Commercial Success and Artistic Merit of Independents in the Italian Feature Film Industry." *Journal of Management Studies* 42: 975—1002.

DiMaggio, P. 1988. "Interest and Agency in Institutional Theory." In *Institutional Patterns and Organizations: Culture and Environment*, edited by L. G. Zucker. Cambridge, MA: Ballinger.

DiMaggio, P. J., and W. W. Powell. 1983. "The Iron Cage Revisited. Institutional Isomorphism and Collective Rationality in Organizational Fields." *American Sociological Review* 48: 147—160.

Fombrun, C. J. 1996. *Reputation: Realizing Value from the Corporate Image*. Cambridge, MA: Harvard Business Press.

Fombrun, C. J., N. A. Gardberg, and J. M. Sever. 2000. "The Reputation Quotient: A Multi-Stakeholder Measure of Corporate Reputation." *The Journal of Brand Management* 7: 241—255.

Fombrun, C. J., and M. Shanley. 1990. "What's in a Name? Reputation Building and Corporate Strategy." *Academy of Management Journal* 33: 233—258.

Greenwood, R., and C. R. Hinings. 1996. "Understanding Radical Organizational Change: Bringing Together the Old and the New Institutionalism." *Academy of Management Review* 21: 1022—1054.

Greenwood, R., R. Suddaby, and C. R. Hinings. 2002. "Theorizing Change: The Role of Professional Associations in the Transformation of Institutional Fields." *Academy of Management Journal* 45: 58—80.

Jones, C., and M. Maoret. 2010, August. *Playing by the Rules: Social, Cultural and Symholic Capital in Achieving Distinction*. Paper presented at the annual conference of the Academy of Management, Montreal, Canada.

King, B. G., and D. A. Whetten. 2008. "Rethinking the Relationships Between Reputation and Legitimacy: A Social Actor Conceptualization." *Corporate Reputation Review* 11: 192—207.

Kraatz, M. S., and E. S. Block. 2008. "Organizational Implications of Institutional Pluralism." In *The Sage Handbook of Organizational Institutionalism*, edited by R. Greenwood, C. Oliver, R. Suddaby, and K. Sahlin-Andersson. London: Sage.

Lang, G. E., and K. Lang. 1988. "Recognition and Renown: The Survival of Artistic Reputation." *American Journal of Sociology* 94: 79—109.

Langley, A. 1999. "Strategies for Theorizing Process Data." *Academy of Management Review* 24: 691—710.

Leblebici, H., G. R. Salancik, A. Copay, and T. King. 1991. "Institutional Change and the Transformation of Organizational Fields: An Organizational History of the U. S. Radio Broadcasting Industry." *Administrative Science Quarterly* 36: 333—363.

McCracken, G. 1989. "Who Is the Celebrity Endorser? Cultural Foundations of the EndorsementProcess." *Journal of Consumer Research* 16: 310—321.

Merton, R. K. 1968. "The Matthew Effect in Science." *Science* 159: 56—63.

Merton, R. K., M. Fiske, and P. L. Kendall. 1990. *The Focused Interview: A Manual of Problems and Procedures*. Second edition. New York: Free Press.

Petkova, A. P., V. P. Rindova, and A. K. Gupta. 2008. "How Can New Ventures Build Reputation? An Exploratory Study." *Corporate Reputation Review* 11: 320—34.

Rao, H. 1994. "The Social Construction of Reputation: Certification Contests, Legitimation and the Survival of Organizations in the Automobile Industry: 1895—1912." *Strategic Management Journal* 15: 29—44.

Rao, H., P. Monin, and P. Durand. 2003. "Institutional Change in Toque Ville: Nouvelle Cuisine as an Identity Movement in French Gastronomy." *American Journal of Sociology* 108: 795—843.

Rein, I., P. Kotler, and M. Stoller. 1987. *High Visibility*. New York: Dodd, Mead and Company.

Rhee, M., and M. E. Valdez. 2009. "Contextual Factors Surrounding Reputation Damage with Potential Implications for Reputation Repair." *Academy of Management Review* 34: 146—168.

Rindova, V. P., A. P. Petkova, and S. Kotha. 2007. "Standing Out: How New Firms in Emerging Markets Build Reputation." *Strategic Organization* 5: 31—70.

Rindova, V. P., I. O. Williamson, A. P. Petkova, and J. M. Sever. 2005. "Being Good or Being Known: An Empirical Examination of the Dimensions, Antecedents and Consequences of Organizational Reputation." *Academy of Management Journal* 48: 1033—49.

Roberts, B. 2001. *Biographical Research*. New York: Open University Press.

Scott, W. R. 2001. *Institutions and Organizations*. Second edition. Thousand Oaks, CA: Sage.

Strauss, A. L., and J. M. Corbin. 1998. *Basics of Qualitative Research: Grounded Theory, Procedures and Techniques*. Newbury Park, CA: Sage.

Svejenova, S. 2005. "The Path with the Heart: Creating the Authentic Career." *Journal of Management Studies* 42: 947—974.

Svejenova, S., C. Mazza, and M. Planellas. 2007. "Cooking up Change in Haute Cuisine: Ferran Adria as an Institutional Entrepreneur." *Journal of Organizational Behavior* 28: 539—561.

Svejenova, S., M. Planellas, and L. Vives. 2010. "An Individual Business Model in the Making: A Chef's Quest for Creative Freedom." *Long Range Planning* 43: 408—430.

Thornton, P. H., and W. Ocasio. 1999. "Institutional Logics and the Historical Contingency of Power in Organizations: Executive Succession in the Higher Education Publishing Industry, 1958—1990." *American Journal of Sociology* 105:801—43.

Washington, M. and E. Zajac. 2005. "Status Evolution and Competition: Theory and Evidence." *Academy of Management Journal* 48: 282—296.

Weigelt, K., and C. Camerer. 1988. "Reputation and Corporate Strategy: A Review of Recent Theory and Applications." *Strategic Management Journal* 9:443—54.

附录表 8. A 摘自向 GPNA 提交了证书的 11 位建筑师的传记资料

建筑师	建筑师 1	建筑师 2	建筑师 3	建筑师 4	建筑师 5	建筑师 6	建筑师 7	建筑师 8	建筑师 9	建筑师 10	建筑师 11	其他建筑师
证书日期	1972	1969	1968	1978	1964	1963	1961	1966	1969	1976	1960	—
获得 GPNA 奖的日期	1987	1992	1977	1993	1982	1979	1983	1989	1991	1990	1986	—
创办公司的日期、地点	1975, Paris	1980, Paris	2003, Paris	1981, Paris	1969, Paris	1963, Paris	1962, Paris	1973, Paris	1975, Paris	1976, Paris	1970, Paris	—
杰出建筑物的数目	21	11	20	15	10	10	7	8	16	15	12	4
大众客户的数目	25	10	18	13	8	8	6	7	16	12	12	2
建筑师著作数目	3	4	2	6	0	6	10	9	2	1	1	0
在建筑媒体的出版物	83	34	29	102	22	46	20	19	18	27	21	14
在文化媒体的出版物	22	15	17	61	15	19	16	18	13	11	11	1
获奖数目	2	0	0	2	0	0	1	0	0	0	0	0
荣誉数目	2	3	0	0	1	2	1	3	1	1	0	0
合作次数	5	1	2	1	3	2	1	1	1	6	4	1

第四部分

音　乐

第9章　艺术大师们的跨国职业生涯

伊莎贝拉·瓦格纳(Izabela Wagner)

对于社会学的验证在于这样一种信念，觉悟胜过无知，觉悟是获得自由的必要条件。

——彼特·伯格

9.1　引　言

根据普遍的观念，艺术界是国际环境的一个完美范例；其中，一切国家/文化的[①]差异都荡然无存。按照这种浪漫想法，艺术家属于全球化者，或世界公民。社会学家对此似乎同样深信不疑，因为，就我所知，目前尚无研究艺术界文化差异问题的专门文献。本章意在弥补这一重大缺失。通过专注于各种主观和客观因素，我将分析创意职业生涯的国际维度。

为避免后续分析流于空泛，我将专注于一个特定案例，以小提琴演奏家的创造性职业生涯作为音乐职业生涯中最具国际化专业的一

① 我们研究中的业内人士采用“民族的”一词，以便将其出生国确定为影响职业生涯选择的重要因素。符合这一现象的社会学术语应该是“民族文化”。我保持了双重的形容词，以便尽量接近音乐家们对这一问题的表述和寓意。

个范例。本章立足于持续了10多年的对小提琴演奏家领域的人种学研究。我们的研究主要基于芝加哥学派的探索成果（Hughes，1971；Junker，1960）并在1996～2006年实行的定性方法。人种学的现场调查工作在法国、德国、波兰的独奏课程上进行，包括课间参与观察，使用四种语言（俄、英、波兰和法语）进行的百余次深入的记录访谈。我还在这些国家、意大利和西班牙的大师班和竞赛进行了观察。在10年间的不断研究中，我观摩了上千次小提琴课程，包括学生的乐器练习。我的现场调查工作还包括对至少90位小提琴家、大约30对父母、20位小提琴教师和钢琴伴奏人员、小提琴制作者和音乐会组织者的非正式访谈和观察。由于演奏家培训领域的高度竞争，所有形式的非正式资料都受到细心的保护而不易获得。通过不断地切换角色，我不仅独家获得各种资料，而且能够确定不同的研究视角。我拥有除社会研究者之外丰富多彩的、与主题相关的各种角色，如翻译、音乐会组织者、青年人才协会会员、参与比赛时的寄宿家庭以及青年演奏家的母亲。在后一场合角色，我的情景有点像研究孩子世界的阿德勒（Adler和Adler，1991、1998）。

鉴于各位参与者们在地理位置方面的变化，我们的研究构成了“多地点民族志”的样本（Marcus，1995）。现场调查工作在欧洲国家进行，观察和访谈者不仅有在欧盟接受教育者，而且有在俄罗斯、亚洲、以色列和美国接受教育的。在小提琴独奏家群体样本中，大部分参与者是居住在西欧的东欧人。即使这个样本由精英音乐家组成，但这里提供的结果和分析可以拓展到其他音乐专业、环境，以及其他创意职业生涯的样本（Wagner，2006a）。[①]

根据大量研究，专业精英[②]最重要的特征之一在于其职业生涯具

① 这样的延伸，把艺术领域的调查材料运用到其他专业工作领域的研究，是多个社会学家和经济学家所践行的方法[Boltanski和Chiapello，2005(1999)；Menger，2001；Wagner，2006a；Weinberg和Galenson，2005]。

② 与缺失创意职业生涯的国际方面的研究不同，有关企业家们的国际性职业生涯的文献十分丰富（Adler，1986；Hofstede，1980）。

有国际性(A.-C. Wagner,1995)。小提琴演奏家职业生涯尤其强调这一点,因为青年音乐家在初入社会阶段就被引介给国际音乐界。作为这种特定教育的模式,可以想象,在这样的环境下,国家和文化的差异已微不足道,人们不会看重那些常见的陈规。在20世纪头几年,谈到专业国际主义时,涂尔干(Durkheim,1959、1928:173—174)就预言了这种发展:

> 在我们的时代,一种全新的国际主义已然出现,专业的国际主义。和睦关系不只是完全存在于个人之间,而且存在于相同级别的专业团体之间……学者、艺术家、工业家、工人、金融家等国际社团不断出现,由于数目倍增,专业化程度进一步增加;由于这些社团的功能逐渐形成常态,这些社团很快就成为欧洲文明的重要因素……专业情感和兴趣具有极大的普遍性……因此,民族精神遭遇了可怕的对手,直到此时,人们才意识到,所有的条件都非常有利于国际化的发展。

尽管出现了这种国际性教育和职业生涯国际化过程,涂尔干的预见并未获得印证,演奏家的日常生活远非全球化理论中所描述的田园诗般美妙。演奏家的国籍和文化框架在其职业生涯中具有重要甚而关键的作用。例如,在选择过程中,可以观察到这种影响(对于某些人是正面的,而对另些人则是负面的),但是与其公民身份和法律状况并无多大关系,拥有反映特定人士客观身份的"好的"或"坏的"护照[①]不大会方便于或妨碍在某一特定国家的工作和延期居留时间。然而,国籍和出身地文化框架的关键作用会体现在参与者们的日常互动之中。由于演奏家的专业培训是基于这些互动,从而会对其教育和整个职业生涯产生影响和后果。

---

① "好的"或"坏的"护照是业内人士使用的表述,以表明为在特定国家进行旅行或滞留(滞留和工作的许可)而获取签证的潜在困难。

这些鲜有提及的因素在演奏家职业生涯中是如何运作的呢？这些演员在他们的工作中又是如何运用"民族/文化框架"分类的呢？对这些疑问的回答有助于理解以下的问题：为何这个全球化的世界似乎并未摆脱民族影响的文化？换言之，在精英环境中能否观察到此类偏好呢？最后，创意职业生涯为何必须依赖民族/文化框架？

本章分为两部分。第一部分阐述演奏家的社会化过程，简单陈述所用的基本概念。同时，我将说明这种专业知识的传输在民族/文化上是如何决定的，该领域创意职业生涯的模式是如何并且始终与跨国经验相关联的。我认为职业生涯耦合过程（Wagner，2006）构成了艺术社会化的核心和整个专业艺术生涯的基础，因而通过研究民族/文化因素对它的动态的影响来考察这一过程。第二部分包含了我们主题的主观维度。在此，我讨论文化框架与创意职业生涯构建之间的关系。所得结论将帮助读者把握理论命题，验证我们把"跨国"一词用作描述演奏家职业生涯特征的关键性形容词的做法，而演奏家则是作为创意职业生涯的典型案例。

9.2　演奏家在国际职业生涯的社会化

青年独奏家的世界

独奏精英是音乐界乃至一般艺术界中一个虽小却相当重要的部分，其成员包括少数获得独奏家声誉的小提琴家。[①] 该领域的竞争相当激烈，针对优势地位的竞争启动得很早，几乎与教育过程同步。新

---

① 我运用 D. L. Westby(1960，225)定义的"独奏家"一词，"独奏家身份，这个术语意指自我雇用的企业家和自由经纪人，包括管乐组的首席演奏家和独奏家在内，而不是像梅纽因(Menuhin)、海菲兹(Heifetz)、塞尔金(Serkin)和鲁宾斯坦(Rubinstein)之类自然而然会联想起的名字。"我的研究所关注是那些在业内被视为国际精英人才者。

手们被教导，为了能够出类拔萃，必须追求独特性和个性。[①] 古典音乐的伟大之处通常就在于它在多个国家为人们所熟悉。这种竞赛在不同地方进行，因而需在不同地域间流动。年轻（一般的界线是不足 25 岁）和老道的独奏家，像其他许多行业的精英一样，都需不断流动。从孩提时代起（通常在 10 岁左右）就开始满世界跑，参加各种国际性的青年音乐家比赛。在考察了这些学生的出身之后，就能理解他们频繁流动的原因。

入读独奏班的青年学生，属于欧洲跨国流动性极大群体。[②] 这些特定的历史、政治和经济框架在 20 世纪末强烈地影响了此类学习班的构成，并且还在延续。大师班学生们的社会框架大致相同，90％出身为音乐世家（Wagner，2006b）。他们一般都是东欧移民的孩子（在北美的独奏班，目前都是亚洲移民的孩子）（Lourie-Sand，2000），大多具有多元文化主义的体验。因此，他们在国际环境中的专业社会化程度因家庭的多元文化教育而倍增。他们都会讲一种以上的语言，多语言能力是这个环境的规则。[③] 正因如此，他们在小小年纪就能轻松地频繁流动。他们或独行、或由父母陪伴、或跟随名师，在全世界周游。这种流动并非出于无法在乐团谋得固定职位。在当今世界，精英们所要经历的就是频繁流动，长久待在一家乐团反倒意味着失败。青年演奏家们的社会化有别于西方社会大多数的认知，后者更加偏好于在企

① 这种现象并非音乐家所独有。在其他创意职业生涯场合，也可观察到类似的机制（Joseph Hermanowicz，1998）。在分析物理学研究者时，约瑟夫指出："科学家，就像艺术家或运动员那样，追随一批不朽人物，通过示范性表演而确定了历史地位者。他们的成就为所有步入专业道路者设立了竞争标准。谁愿意成为平庸的（Johnny Unitas）、二流的贝多芬或是打折扣的牛顿呢？对于伟大的向往，自行设计的可能性，激发了职业追求，并且常常维护之。"这一引言完全适用于独奏家领域。

② 出身东欧，或在其他欧洲国家东欧教授班接受教育的年轻独奏家为数众多（有关在国际比赛中参与决赛者的统计数据，参见 Wagner，2006b）。

③ 除了英语，在独奏家领域，像俄语这样"稀有"的语言知识同样有用。这种技能使得学生能从那些出身于抑或在苏联加盟共和国受教育老师处获得艺术亲和与优惠。在各种比赛、评委间的随意讨论、排练和与其他学生交流中，俄语同样有用。

业谋得永久而稳定的职位，而不是像自由职业者那样进行国际流动。[1]

独奏班学生具备大量的流动机会，其中每位在一年内至少参加一次国际比赛，[2]举办几次音乐会，参加名师教学的大师班，以及参加自己老师开办的大师班。所有这些活动可在全世界的任何地方进行。

众多欧洲学生在以色列的 Keyshet Eylon，或科罗拉多的阿斯彭暑期学院上大师班，美国学生则到欧洲在意大利 Sienna 或法国 Tours 参加大师班。国际小提琴比赛（2005 年日内瓦比赛指南的名单上有 300 多个参赛者）在美国印第安纳波利斯、加拿大蒙特利尔、澳大利亚阿德莱德、南非的比勒陀利亚，以及欧洲的布鲁塞尔、莫斯科、伦敦、赫尔辛基、蒙地卡罗、日内瓦、汉诺威、波兹南和其他许多地方举办。

这种高度流动的国际活动是由教师构筑的网络组织，这些教师是古典音乐界强势人物（Wagner，2004）。若无这种网络的支持，没人能获得高质量的独奏教育。这些网络的一个突出特征是它的构成。一般而言，其组织中出身于相同地理区域的人的比重相当高。下面的情形描述颇具特色。

Z 教授毕业于莫斯科音乐学院，现在巴黎工作。其班级学生有 3/4 属于来自东欧第一代或第二代移民。跟随其工作的两个伴奏员，都是俄国人——同样毕业于苏联的音乐学院；为其学生修理小提琴的制作师是俄国人，他们从乌克兰的制弓匠那里购买琴弓；录音师是毕业于莫斯科音乐学院的音响工程师。Z 教授还不定期地在一个室内乐团充当指挥，几乎所有乐手都来自东欧。合作网络则由在相同机构或领域进行学习的人所组成（整个东欧的情况都类似，与法国的体制完全不同）。他们的工作安排（如工作时间、暂停时间等），尤其是工作

---

① 经过一段奔波后，某些先前流动的独奏家在一些出色的交响或室内乐团获得了演奏员职位，而且时常是高级学生的教授。

② 该群体最重要的活动之一是青年独奏家比赛，主要是为了选拔下一代的精英音乐家。我们很容易观察到参与者的职业生涯策略与权力之间的关系，尤其是在教师群体当中。在此类博弈中，民族/文化框架是最重要的抉择因素之一。

方式有别于法国乐团。例如，东欧的乐手认为，在排练时，只要必要，可以暂停一会儿去吃午饭，在晚间也可工作14小时以上（这种日程安排在很多团体都有可能，而对法国乐手而言则完全不可能）。[①] 同时，由于有些人尚不熟悉工作所在国的语言，故而常用俄语进行专业交流。正是通过参照这种特殊的工作安排方式和高水准的演出标准，参与者认同这种网络构成，显然这是在文化和语言上决定的。在寻找新的合作者时，他们要的是“自己人”（someone from our side）——出身东欧者。显然，民族文化的影响在选择合作者和构筑专业网络中十分重要（Wagner，2006b）。

独奏家们坚持认为，这种基于网络的组织出自于音乐家的传统。人们很容易发现出身于东欧和犹太文化的小提琴家占主导地位；[②]他们多数受教于俄国老师的班级。20世纪80年代，东欧国家的界限开放使得这些国家的许多音乐人得以走出国门。年轻的演奏家跟随其老师，从苏联各加盟共和国、其他东欧国家移民到西方世界（西欧、美国和以色列[③]）。如果某位教师的独奏班学生的出身国与他相同，大师班的情况就会不同。大师班是在短期（常常是一二个星期）内跟随名

---

① 这种现象也存在于其他领域，例如工程研究等创意机构（de Bony，2009）。

② 这个课题需进一步解释。在20世纪初的欧洲犹太资产阶级中，小提琴演出属于日常教育。在第二次世界大战前的犹太人家庭中，专业音乐教育传统十分普遍。在我的样本中，多位来自东欧的学生都强调其“犹太之根”。在这方面，尽管属于明显的事实和结构性起源，极少有人指出，在沙皇统治下，东欧就已经出现了很多犹太音乐家。除了极其例外，犹太社区的成员不得生活在城镇中心。另一例外情形是，如果犹太家庭的孩子注册入读音乐学院，整个家庭即刻就能获得在市中心的居住权。对他们的贬损（Derogation）（同时伴随着对教育的极度重视，事关社会和经济地位、人身安全）的一个重要因素（由于犹太人区不断面临着大屠杀的危险），这可以解释为何如此多的犹太资产阶级家庭为他们的孩子提供最高水平的音乐教育（Milstein和Volkov，1990）。100多年来，无数犹太孩子的成功部分是由于扩大的寄养家庭（extended hosting），诸如有一个生活在全世界多处的亲戚网络。最有名的一个例子是钢琴家亚瑟·鲁宾斯坦，孩提时代住在柏林的婶婶家。这种家庭寄养网络十分有效，不仅便利了犹太学生，而且有利于其他文化框架的学生（亚美尼亚人和1917年后的俄国人），后者构成了散居的族群。这一重要因素有利于孩子们的高度流动，使得他们的独奏家职业生涯能够最终取得成功。

③ 20世纪60年代和70年代，东欧教师移居以色列的现象十分明显。正因如此，在国际化环境中，犹太背景俄国音乐家的比重很高。在20世纪70和80年代的苏联，只有宣称并能证明自己具有犹太背景才能获准移民海外（申办十分不易，而对其他苏联公民，就连出国旅游都几无可能）。

师进行强化学习;通常每位学生每天上课一小时(向公众开放,有时甚至有电视台来录音)。在大师班上,老师和学生合作,这些学生大多整年都不注册。因此,参加者的构成比常规的一年班学生更为多样化,各国学生之所以参加大师班就是为了与(除了自己的教师之外的)另一位著名导师合作。①

"最佳演奏家""伟大的音乐家"或"热门的艺术家"之类的名声,作为创意职业生涯的最重要因素之一,在任何特定时候都由音乐市场规则的确定者所授予。根据施瓦茨(Schwarz,1983)的说法,那些基于俄罗斯小提琴演出传统而在国际音乐市场成名的小提琴家们就是实施演奏家演出规范的结果。② 但是,俄国并不是唯一实施这些规则的国家。亚洲的小提琴家们,由于刻苦训练和具备极高的出演技巧,也在逐步调整表演规则。由于大量的亚洲学生积极参与小提琴培训,参与多个国际小提琴比赛的选拔过程,其出演的技术严谨性也得到了提高。③

独奏家环境的国际特征类似于生活在法国的外国经理。安妮—凯瑟琳·瓦格纳(Anne-Cathrine Wagner)对此作了研究。她指出,"国际文化可以看作是一种资本形式",她进一步阐述说,"外语知识、文化和外国生活方式,家庭分居管理和关系,在多个国家安排职业生涯的可能性等因素产生了语言、文化、社会、专业、经济和符号资本的某种混合"(A. C. Wagner,1995:12)。

这些国际文化要素是如何影响人们当面互动的呢? 构成这个特定世界最重要的成员,老师和他们的学生之间又会形成何种关系呢?

---

① 这些教授都是具有实力者,他们通常不仅是著名演奏家(现在已很少积极参与音乐会),而且往往还是国际比赛的评委。听他们的讲课能够明显提高进入特定比赛决赛的机会。一旦进入决赛,演奏家就有了更好的渠道接触音乐会代理机构。这一点对于在"成人"音乐会市场上竞争独奏家地位至关重要。

② 施瓦茨(Schwarz,1983)在其历史著作《小提琴大师》中,描述了俄国人是如何在20世纪初期实施演出规范的。

③ 亚洲标准不仅出自于刻苦练习乐器,而且事关特定的框架。与欧洲音乐相比,亚洲民族音乐基本上音调区分较小。这种差异使得他们最能感受音高,这是一致出演的基础。

最后，那些参与者又是如何看待民族文化对其职业生涯影响的呢？

9.3 职业生涯耦合——各类创意职业生涯的基本过程[①]

我的研究获得的惊讶发现之一是，尽管存在着老师主导学生这样的权力等级，但老师对自己的学生也有各种需求。我解构了"相互依赖"的机制，师生间的特殊关系，我称之为"职业生涯耦合"。"学生—教授"关系不是职业生涯耦合关系存在的独有条件[Mathieu 和 Stjerne（参见本书第 6 章）在其文章中表明，这种现象还出现在地位平等而职业不同者之间]，这个概念十分契合本文所分析的小提琴演奏家之例中的"导师—学生"关系。

运用芝加哥学派的交互作用传统（interactionist tradition）的职业生涯概念（Becker，1970；Becker 和 Strauss，1956；Hughes，1971），我把职业生涯过程界定为一系列阶段，根据个人在职业生涯中所具有的相关作用，每一阶段的互动质量有所不同。耦合意味着卷入该过程者共同构建其职业生涯。若无这种合作，他们就无法在职业生涯中取得进展。老师的职业生涯成果只是部分地取决于他过去作为小提琴演奏家的表演（因为绝大部分著名老师已经停止他们密集的演出活动），而且还取决于其学生能否成为成功的音乐家。培养出成功学生可以提高老师的声誉。这种职业生涯关系是在长期的合作中形成的。正因如此，多位俄罗斯老师在 20 世纪八九十年代移民时，都把其最好的学生带到自己新的工作地方，为他们争取良好的工作条件。这些门生（preteges）如同"名片"。这一点是显而易见的；但在目前场合却值得关注，这些教授的演出生涯虽已经消退，但其作为老师的职业生涯仍

① 这种特定关系可以生命科学的研究者为例进行观察（Wagner，2006a，2011；知识分子—社会学家，Wagner，2009；摇滚音乐家，Marzec，2010）。

在发展并接受大家的评估。音乐家世界的共同规则,“好坏就看你最后的工作”(You are as good as your last job)(Cameroon,1956;Faulkner,1983),在此同样有效。对于老师而言,学生们的成功是其职场发展极为重要的方面,也是师生共存的真谛。

9.4 文化框架和职业生涯耦合关系

职业生涯耦合分为三个阶段,只有完成了每一阶段的任务,才能实现职业生涯的耦合。第一阶段是匹配过程,学生和老师“互相感受”,确定双方的期望、专业沟通、工作习惯和个性是否相容。这个阶段属于试验期,双方从一开始就应相互理解,相处融洽。根据语言社会学方法(Wierzbicka,1994)可以发现,相似的文化框架有助于合作者的相互理解,尤其当有两个因素在特定关系中相互作用的时候。第一个因素是在未知环境中进行相互沟通的必要性,与创意和感觉相关,这是从事“作品诠释”(interpretation of pieces)[①]的音乐家每天会遇到的问题。这项工作的质量取决于情感和理解。按照威茨比卡(Wierzbicka)的说法,对感情的感知与文化模式密切相关[Wierzbicka(1994)称之为“脚本”]。正因如此,在典型的小提琴教学时,相同的母语和文化框架有助于师生的相互理解。影响师生沟通质量的第二个因素与互动的框架相关,即小提琴课堂上的压力。根据我的研究,这一问题与所谓“难熬的日子”(hot time)有关。工作安排分为两种形式——轻松的日子和难熬的日子。如果合作者在近期没有重要的公开演出,那就是轻松的日子(“近期”是个灵活的概念,取决于个人的感知)。如果学生很快就要在重要的音乐会上出演,处于最后准备阶段,那么就是第二种形式——难熬的日子。在这一时期,合作者面临着重

① 例如,参见罗伯特·福克纳(Robert Faulkner,1983)关于两类艺术家,作曲家和电影导演互动问题所作的启发性研究。

大的竞争压力(这也属于专业训练的一部分,公开演出始终会带来一定的压力)。如同伯格和拉克曼(Berger、Luckmann,1966)指出的,基础教育可代替中等教育,因为情感取代了专业性的"成人"教育。这种情景出于压力,成于互动。若按不同的文化气质(cultural disposition)实行基础教育,师生间的持续理解(以及冲突的化解)可能不如文化框架相似的合作者。

若匹配得当,由于具备了职业生涯耦合的最佳条件,双方会全身心投入。完成第一阶段任务后,则就步入了职业生涯耦合的第二阶段——积极合作—融合阶段,常需持续数年。其间,日常交往奠定了深入合作的基础,合作者的职业生涯与私人生活相互交织,文化框架在此时尤其重要。专业性交流关系不大(已在第一阶段确定),大家几乎朝夕相处。密集训练乃至暑期备战、一起彩排,学生为了不误课程而陪老师一家旅游,所有这些接触都会激发情感关系。没有这种关系,两位伙伴就难以在取得成就所需的独奏训练方面做出高水平的投入。这种关系就是这样凝结起来的,在接连数日几个小时的密集练习和上几门课程(通常都是不付钱的,只有部分收些费用),讨论书本,一起步行数小时、体验比赛、访问各国,最后准备和参加音乐会,一起度过休息时间。学生住在老师的住宅(公寓)里一点也不稀奇(一个有名的例子是Galamian,20世纪美国最有名的老师之一,学生们在其曼哈顿的公寓里一住就是几个月)(Schwarz,1983:547－550)。当人们相互之间如此亲近,重大的文化差异就会造成问题,使得伙伴合作关系出现疙瘩。要想融合,就不能出现重大误解或者由文化差异而引起的不欢情景。大师和学生的融合关系是职业生涯耦合过程取得成功的关键,也是进入独奏家精英圈的必要条件。

第三阶段称为被动合作。因为密切合作已在前一阶段结束,为了维持以前关系的形象,先前的伙伴会在后续许多场合象征性地强调其亲密关系。例如,只需浏览艺术家的简历就可了解这些纽带关系,简历上常常提及他们的这种师生关系。在此阶段,文化的作用已不如前。但是,因为这一最后阶段只是前一阶段的延续,对于创意职业生涯依然十分重要。

我的研究发现,职业生涯耦合是演奏家成长环节中构建职业生涯的核心过程,这是构建网络关系的基础。我们的研究表明,参与者的文化框架在职业生涯耦合过程中具有重要作用。因此,不难理解全球市场的职业生涯网络受到特殊文化(种族特点)人士的主导。就小提琴演奏家而言,主导者是俄罗斯人,或更确切地说,东欧人。因此,那些属于"俄国人"或东欧人网络之老师的学生(几乎永远是毕业于东欧音乐学院的音乐家的例子)很容易取得成功的职业生涯。尽管这些网络的活动现实发生在西欧(和美国;只有某些教师在亚洲工作),但学生们大多在西方国家成长和完成专业教育。然而,拥有所有这些特征者所经历的情景就不一定如所期望的那样有利于他们的职业生涯提升。为什么呢?因为即使俄国/东欧的音乐家实力强大,经纪人、"当地的"音乐家和其他参与组织音乐活动的人也会设置障碍,优先照顾他们自己的"门生"(即出身于活动举办国的年轻演奏家)。这种现象演示了以下的小插曲,它是有关几位我所关注者的生活和职业生涯,

> 戴维生于莫斯科,但从孩提时就一直生活在欧盟国家。他是一位典型的神童,举办过多场音乐会,在电视上演出,不到 20 岁就在一个最重要的比赛中获得第一名。但他很少在出生国演出。原因何在?他父亲说,"他们对俄国神童已经厌倦"。在他游历过的每个新居住国,他都是真正的明星,但在他的移居国,却不需要进口天才的儿童或年轻的独奏家。

阿纳斯塔西娅也遇到了类似的情况,她在收养国被介绍给数位指挥,他们的反应是"我们不需要更多的俄国神童了"。同时,一些该国的女孩子(她们的外貌亮丽,就是当地的美人胚子)却获得资助而发展

了事业，尽管她们的演奏水平远不如阿纳斯塔西娅。除了这些拖延或被封的行动，还可列出一些其他做法，官方的“国家决定”支持发放贷款从全国收集小提琴手，但不惠及居留者，而只惠及“公民”；以及若干因持有“错误护照”引起负面选择的情景。

这些影响演奏家职业生涯的国家/国际或文化决定因素之间紧张关系的实质是什么呢？

9.5　卓越的路径：国家的与国际的

就独奏家教育的国际维度而言，入读独奏家课程的学生们对于他们称为的“国家”教育（与“国际”教育相反）的意见值得进行分析。在这方面，与音乐会市场相关的表演和未来职场发展的当地和全球空间的区别是明显的。对他们来说，全国有名的机构，例如法国的巴黎高等音乐学院（CNSMDP）的小提琴教育，对于准备国际职业生涯还不“足够好”。住在法国的独奏家班学生及其老师（我对 25 人作了正式采访，另有 40 多位音乐家在非正式讨论中表达了类似的意见）认为，“进入巴黎高等音乐学院”并非目标，也不意味着成功，“巴黎高等音乐学院不是国际独奏家受教育的地方。若想在法国的交响乐团或音乐学院找到工作，那是一所很好的学校。但对小提琴独奏家来说，那里的设施不够好。这一点对于法国人很重要，实际上他们不在那里配备独奏家”（对小提琴独奏家和老师的采访，离开法国 30 年，在苏联受教育）。

这一非常普遍的意见为（生于 1945 年后的）法国小提琴独奏家们的职业路径所证实，他们毕业于巴黎高等音乐学院，然后在独奏家市场确定了地位，需在法国以外完成教育。[①] 但是，毕业于茱莉亚音乐学院、柯蒂斯学院、(美国)印第安纳波利斯的布卢明顿大学，或莫斯科和圣彼得堡音乐学院独奏班学生的职业生涯路径则有所不同。一旦在这些机构完成独奏教育，学生无需到别国再行深造。

接受媒体采访时，年轻的法国音乐家们提及了从外国著名音乐家那里获得的教育。他们表示，其所受教育中最重要的一点在于能与享有国际声誉的大师合作。一个名为 Y. Petit de Voize(1997)的记者在法国音乐月刊《音叉》(*Diapason*)中写道："关于出身问题或初出茅庐策略，许多人都会提及首批法国老师以及在巴黎音乐学院接受的教育。但是，他们始终强调与国际音乐界顶尖人物的会面以及参加由他们举办的大师班。"

独奏家班级的学生虽然也会说些关于巴黎音乐学院的坏话，但还是有人入读该学院。对他们来说，这家音乐学院的教育使得他们可以解决重大问题，能为他们提供诸如奖学金、小提琴贷款、便于登上法国音乐会舞台等多种支持，而外国学生还能获得在法国本土居留和工作的好处。

通常，独奏班的学生并不附和法国人对卓越器乐教育(小提琴)的看法。他们与法国成功路径的关系有别于在专业音乐机构受教育的法国学生。[②] 在波兰，同样存在着取得成功的国家与国际路径的类似区别；在那里，有意到国外参与独奏班的学生通常会忽略民族传统的音乐教育途径。显然，就我们样本中的成员而言，两条路径是不同的。对于这样的民族/文化差异，参与者又是如何看待的呢？

---

① 例如，Laurent Korcia 进入伦敦皇家音乐学院跟随 Felix Andrievski 学习；Virginie Robillard 在美国茱莉亚音乐学院 Dorothy DeLay 的班级学习；Marie-Annick Nicolas 在莫斯科跟随 Bolis Bielinki 和 David Oistrakh 完成科学；Pierre Amoyal 跟随 Yasha Heifetz 在洛杉矶工作；Renaud Capucon)在柏林跟随托马斯·布兰迪斯(Thomas Brandys)工作。

② 这种差异类似于国际经理人家庭和法国家庭对于法国精英"大学校"(grand ecoles)观点上的分歧。按照 A. C. 瓦格纳(1995,550)，"学者的策略和卓越的国际模式不同于法国学术精英和'国家贵族'的观点"。

9.6　不和谐与和谐：独奏班内幕

一位生于莫斯科、住在德国而当时在法国的独奏班老师说："假如你是混血儿，俄国裔或波兰裔，有斯拉夫或犹太文化背景，并持有西方护照，而且住在西方大城市中，那就很可能是一个独奏家。所有伟大的小提琴家都是如此。"。

这段引言体现了样本参与者的共同处境。他们相信，出生地与潜在成功之间存在着某种因果关系。他们提及了有利于小提琴实践和独奏家职业生涯的不同出身。"俄罗斯人"指出身于东欧者，历来被所有演员视为"好的出身"。一位29岁的独奏家（生于波兰，住在德国，也曾在美国受教育）回忆说："15年前参加比赛时，我对那些持有俄国护照者怀有一种深切的敬畏，一见面就是如此。我觉得，他们就是决赛选手，因为它们（苏联）允许来参加比赛的所有那些人（小提琴家）都经过精挑细选，都很优秀。"这种看法十分普遍，我在随便聊谈时常能听到以下趣闻："日本人演奏协调，法国人乐感很强，而俄国人两者都行。"

实际上，一些法国教师被某些亚洲学生迷住了，正如一位教师（生于苏联，住在法国）在随意访谈时所言："现在，我（我的班级）几乎只接受亚洲学生。他们都很出色。他们从来不问，'为什么？怎么办？'听我讲课完就立即排练；他们有非凡的职业生涯道德和出色的定力（outstanding focus），进步很快，跟这些学生一起工作是每位老师莫大的欣慰。"

在我收集的数据中有很多此类事例，都是在针对独奏家圈内领头人物出生地问题的随意交谈中获悉的。音乐家们坚持认为，这些差异影响甚而决定了成功的几率。为了避免被指责为"文化主义论者"（culturalists）、"政治不正确"，或强烈受容易定型的影响，需验证他们的意见。他们指出(学生和成人)独奏家的国籍与其工作方式之间存在着某种关系。这是一种很普遍的看法,不仅涉及工作态度,而且涉及演练方式,甚至身体素质。

谈到大师班时,一位受访者表达了他对亚洲小提琴家们的看法:

> 初到这里时感到很惊讶,有那么多的人,但却没有法国或德国的学生。他们(亚洲学生)工作非常刻苦,还有那些在欧盟学习者,他们都是自己国家的佼佼者。我的印象是,他们都很坚强,但并非总是那样。例如,典型的是在音乐方面。(谈到"乐感",这是音乐表演出色的另一个标准,接近于技术。)人们常说他们是"演奏的机器",情况通常是这样……他们常常会拍一段奥伊斯特拉赫(Oistrakh)的视频,试着加以模仿。这种方法并不好,但有人却成功了……(意指在国际比赛中获得了名次),而且他们很灵活(手的技能)……我想,这是因为身体形态,他们的技术如此之好。

9.7 业内人士分类

根据地理来源,为我们研究提供信息的提供者可分为三大类,即亚洲人、"俄罗斯人"和其他人。其中最后一类划分得较细,包括德国人、法国人、意大利人等;而第二类则比较宽泛,"俄罗斯人"不仅包含出生在俄国者,而且包括所有东欧和中欧国家(波兰、匈牙利、罗马尼亚和乌克兰)。关于俄罗斯音乐家的所有刻板形象均适用于此类。相比之下,人们发现,在生命科学实验室工作的研究者也提供了类似的分类,而且更为详尽。在那里没有"亚洲人"一说,因为所用工作规范表明中国人的工作文化不同于日本人和韩国人(Wagner,2011)。因此,科学家总是能够精确地指出特定对象的国籍,而音乐家则采用更一般的区分法。造成这种差异的理由之一是,在独奏家的圈子内,常常难以确定国家归属，因为跨文化者很多。很多人不仅具备跨文化框架，而且拥有多重公民身份（Wagner，2006b）。“混血儿”是盛行于演奏家群体的一种现象，在职业生涯（和家庭）流动经历中需要出身和文化的混合。

尽管这么多人具有复合型文化框架，但业内人士依然频繁采用这种分类法，应该如何解释这一现象呢？我们需要深入探究主导相应环境的文化。在东欧，“政治正确”并不像在西方国家那样讲究；在西方，在许多场合，不允许时常采用这种分类法表达论证有关民族差异之普遍陈规的意见。在苏联或东欧国家却不存在这种现象，这种观点普遍流传并可公开表达（Jasinska-Kania，1992；Kofta 和 Jasinska-Kania，2002）。音乐家把这种分类作为采取策略行动的工具，包括排练方法的采用、期望训练量以及准备参加的竞赛。

例如，关于采用何种形式的工作方式，存在着一种先入之见，亚洲的教育与西方的不同，工作方式也不相同（亚洲的特色就是一边看著名演奏家的视频，一边模仿他们的姿势来练习）。有关期望排练时间的差异也被认为带有文化框架，西方教育坚持工作/私人生活的平衡，而俄罗斯规范就是高强度的练习，使这样的连续投入会构成普通学校教育的障碍。最后，多种比赛会给不同国家公民颁奖，但却会把最高奖项发放给自己的同胞。我的多次访谈和非正式讨论表明，人们普遍认为，在特定比赛时，东道国本地的小提琴家会获得更多支持，更有可能杀入决赛。[①] 这种先入之见构成了学生及其大师班老师优先选择参加某些比赛的基础。

所有先入之见都是决定职业生涯过程正确方向的策略因素。对业内人士而言，在其专业领域，国际元素无疑不等于没有民族元素的同质文化，它与涂尔干（Durkheimian）的“国际专业主义”的现象相反。

---

① 这种现象可能与某些特定比赛的组织方式有关。在此，初次选拔由比赛举办国的音乐家组成的评委作出，只有复选由国际评委进行。

然而，这个具有吸引力的概念确实包含了某些真谛，可以在日常实践中观察得到。

9.8 实践的同质性

即使参与者相信工作方法取决于音乐家的文化框架，但在观摩大师班上课时，却可发现学生们的课间行为带有某种相似。① 在大师班（与极端情况下的长久师生关系相比），人们初次见面且一道工作一小时，参与者们在交流、师生关系方面的举止都很独特。他们姿势、交流方式和活动似乎都很相象，但是，个人特征和交流的语言各不相同。下面是根据对一位德国的俄罗斯移民在巴黎开办大师班的观察摘录：

> 上午9点，一位15岁的日本学生用英语上课。上午10点，一位10岁的生于哈萨克斯坦、后随全家移居奥地利的女孩用俄语上课。上午11点，18岁的生于罗马尼亚而住在瑞士的男孩用德语上课，他炫耀自己出身于著名的音乐世家。上午来上课的最后一位学生12岁，她来自以色列，讲俄语。虽然先前只有第一位学生跟过这位教师，但所有学生都知道何时开始演奏，何时停止演奏，如何贯彻大师的指示，何时重新演奏老师所要求的某一片段，从哪个音符开始重复。同时，他们很容易与初次见面的俄国伴奏员进行合作。在整堂课上，所有学生的动作都很相像。在数年的研究期内，我都看到了类似的情景。他们的行为表现得就像是在相同的环境里接受过教育，虽然他们的文化框架、年龄（10～20岁）、性别、过去受训的地方和学习所用语言各不相同！

① 小提琴演出练习受制于乐器，且仅限于古典音乐；世界各地，采用的都是类似于小提琴的模式。它无疑决定了出演的方式，或姿势。但是，这并非本文的目的。相形之下，我主要研究“上课”的方式，对于老师的反应。学生们不必与老师说那么多，而只需执行老师的指导和意见。在本文所述框架，这种特定的交流由老师与非定期上课的学生之间进行。

9.9 同质性或多样性：相同的实践或不同的术语

为了完成特定的活动，并且需要与来自世界不同地方的人共同完成，参与者必须采纳相同的行为模式。这是职业生涯社会化的目标之一，以便满足国际化环境的要求，包括工作的国际文化要素。在多种职业生涯，这个过程与采用独特的工作语言有关(在生命科学领域或商界盛行英语，外交界则盛行法语)。属于演奏家圈子者必须学会标准的交流语言和行为举止，以便有效地合作。那么问题在于，这种同质性是否会抹杀文化差异呢?

为了了解与职业生涯核心相关的文化差异，有必要分析一下音乐家如何运用母语完成其主要活动，能够获得、保持最高技术水平的个人实践和学习新的节目。

> 在排练时，法国演奏家“jouent”(出演)，有时只是“s' exercent”(自己练习)或“travaillent leur instrument”(操作乐器)；德国人“spielen”(出演)或像法国人“uben”(排练)，美国人排练，波兰人也“cwicza”(排练)，俄国人说“ zanimatsia”(自习)。

我们关于乐器练习的会谈内容表明，对于此类日常活动的看法因小提琴家的文化框架不同而变化。① 在此，根据我近10年的随意访谈，亚洲人宣称自己每天练习的时数最多，其次是东欧的学生；我们发现，练习时间最短的是来自西方国家的小提琴家。这种情况在所观察的大师班和整个学年得到了确认，我准确地注意到学生们在学习地点是如何工作的(课余间的个人练习)。小提琴家单独在专用房间内排

① 最近，哈佛大学对有关出身与演奏家勤奋工作相关这一信条的文化差异进行了研究。结果表明，对演出家表演的感知根据公众的文化框架而存在很大差异。

练，通常是为大师班所准备的房间或者邻近；作为旁观者，我能在走廊里听到琴声，观察学生们在房间里的练琴时间。此外，我跟踪几位寄宿在我家中的学生，时间为几个星期到 10 个月，我记录了他们的排练和付出的时间。这些相关数据体现了每日练习时间与文化框架间的密切关系。另一个重要因素是普通学校的教学安排（在注册制函授学校或普通学校的短期班级，学生们有更多的练习时间）。在整天练习的学生群体中，亚洲学生的练琴时间最多，东欧学生也是高强度地训练，而西欧出身者则相对较少。

这一结论使得我们可以根据语言、实际排练时间数据中引出问题，为何会出现这种差异？为了答案，我们应该如何考量与各种文化同时传播的一些更为基本的概念，以及与有关音乐“天赋”信条相关的一些概念。

9.10 作为创意职业生涯重要因素的大师和天才

关于天才和大师的基本概念属于下意识范围，属于个人文化的一部分。根据米德（Mead，1970）的说法，它们是与生俱来的。天才的概念，按独奏家的说法，是为了激励有关创造性、个人主义、表演、个人魅力以及和艺术鉴赏力（virtuosity）的辩论。在西方，人们普遍信奉小提琴教育体系盛行和融合了“艺术天才”。例如，教师们常常强调，“这个人有超强的才能”，从而看轻了密集训练的重要性（这对年轻学生和他们的父母同样也缺乏吸引力①）。鉴于对天才的信奉深嵌在西方文化之中，毋庸惊讶的是，人们认为，在音乐职业生涯中，天才是头等重要的，而刻苦训练则是次要的。在俄国（和其他邻国），并不否认学生的

① 在一次正式访谈中，一位小提琴制作者谈到这样一个趣闻：“巴黎最大的小提琴制作者 Etienne Vatelot 曾经说过，‘我从未见到过天才，但却天天在办公室里与天才们的爹妈谈话！’”

能力差异，但“才能”或“天才”构成了刻苦训练的唯一基础。在开始接受教育时，他们就需付出特别的努力，以证明密集练习与高超技能间的因果关系。著名教师(Stoliarski Piotr Solomonovitch)“要求学生在早餐后就从盒里取出小提琴，直至上床睡觉前才能收回小提琴。所有其他活动，包括一般的教育都需要降至最低点。孩子的全部生活都必须贡献给小提琴”(Jelagin；引自 Schwarz，1983：458)，因为刻苦训练才能出“人才”。亚洲(中国、日本)的情况并不如此。植根并在这种文化中受教育的学生，人们不会过多议论天才问题。成功者就是努力工作者。对于亚洲小提琴家来说，根据我对他们的采访和非正式讨论，成功取决于他们自身素质和练习质量。

参加大师班课程的小提琴家们虽然来自世界不同的地区，但若走上舞台，其演出以及对老师的反应都有类似之处。然而，他们对于活动的看法却全然不同！这些文化差异明显地反映在一位亚裔美国母亲的叙述中，她要求女儿进行集中音乐练习，并撰写了一本有趣的书《虎妈战歌》(Chua，2011)。她的核心问题是要向西方受众(和美国父母)解释亚洲文化典型的教育策略，与美国的教育方式截然相反。作者虽然不是社会科学家，不从事大量音乐教育方法的文化差异问题研究，但她提供了出色的案例分析，说明了对相同活动的不同认知取决于文化框架。

这种现象构成了大师专业文化的国际维度复杂性的典型事例。[①]

9.11　文化对于创意职业生涯重要吗

谈到大师社会化的专业行为和文化差异，应该始终记住，我们面

① 霍华德·贝克(Howard Becker，1982，62)在他的《艺术世界》一书中说道：“专业文化知识构成了一群操作型专业人士的特征。他们根据某些惯例从事艺术事业。”根据他的分析，专业小提琴家的文化包含了特殊的本领，不仅掌握演出技巧和诠释作品的能力，而且具备处世能力。

临着两种相反的现象。首先,文化框架在长期合作和耦合过程中具有至关重要的作用,构成了造就下一代大师的基础。其次,文化框架对短期合作(例如大师班)并不那么重要,因为参与者可以按照国际化专业领域的特定规则行事。这些规则与行业(小提琴演奏)惯例密切相关,仅限于工作范围。职业生涯耦合关系则不一样,因为私人生活也很重要。在这种长期框架下,文化框架相似的伙伴有更多机会实现职业生涯的耦合。关于文化差异妨碍职业生涯耦合的问题,可以提供若干例子。一位在法国长大和受教育的东欧女学生已跟她老师有两年,在一次非正式访谈中,她对私人关系颇有抱怨:"他不关心我,从来不问我是否有钱生活或吃饭。我有时甚至会挨饿,因为奖学金从未及时发放。我的父母在俄国而无法帮我。他从不关心我,而只是要求表演,对我的私人生活不感兴趣。如果他不在意我,我又怎么跟他学琴呢?"确实,按照东欧的传统,学生和音乐教授的模范关系应该要求了解学生(和老师)的私人生活。他们不仅要花很多时间一道工作,还需相互了解一下个人问题。一位法国出身的教授是很出色的教师,但他不关心学生的私人生活。尽管他有很高的技术水平,学生还是决定跟另一位教授学习,因为那位教授对她除了音乐以外的生活也很关心,尤其当生活问题影响到她的音乐训练和她的情绪时。

在学生和老师具备相似文化情景时,很容易调整他们的互相期望。这一点在短期内不难做到,时间若一拖长,就会变得比较复杂。一位 13 岁的法国学生跟俄国老师上两周的大师强化课程,学生拉下了普通学校的课程。他们的重点是小提琴演出水平的进展,交流的是作品、技术和演奏方式。按照专业文化的规则行事(课程用英语),在这方面无需文化框架相近。如果该生注册了那位老师的全年课程,就需放弃全日制学校教育。根据俄国文化的精英音乐教育,最重要的规划是,年轻音乐家始终只能获得部分普通学校教育,以便每天有较多时间参与排练。对法国家庭来说,如此行事具有丧失学校毕业文凭的风险。在此，存在着基本的价值观念冲突，由对音乐家职业生涯和其在特定社会地位的看法（在法国，音乐家肯定不会像在俄国那样视为“理想的”和有名望的职业生涯）的文化差异所造成。此例表明，在长期的交往中（缺乏这种关系就无法步入精英之列），人们拥有共同价值、类似的事务排序，以及对相同目标的关注是何等重要。

9.12　结论：跨国文化和跨国职业生涯

正如我在本章所表明的，国际性职业生涯文化是一个由无数国家抑或种族可交流文化相互汇集和相互干扰的空间。这种文化通过该领域日常活动的参与者们之间的互动而持续形成（Sapir，1949）。普遍文化和特定文化之间的这出戏将长久存在，构成了国际性职业生涯文化的特殊性。换言之，国际性职业生涯文化是取决于各要素的混合物，包括职业生涯中人的文化框架。这种文化是动态的，每一时刻都体现出由原初和特定互动所造就的结果。

国际工作文化（企业界）的分析家把它定义为普遍的（Amadieu，1993；Huault，1998）或由文化决定的（Hofstede，1980；Schneider 和 Meyer，1991；Zukin 和 DiMaggio，1990）。正如前文所述，文化影响分析应该包括能使各种可能行为变得更加清晰可辨的情景框架，应该视为国际人才群体的相互补充和充实。只有通过观察参与者，才有可能把这种框架资料合理地运用到分析之中。考虑到这些框架会产生更加微妙的结论，正如我的研究所表明的，两个专家群体（普遍论者和文化主义者）都是对的，两种诠释都可能正确，因为现实状况会在两种极端情形间摆动。第一种，普遍论情景一般适合于守时的活动（简短的活动和短期合作）；第二种，文化决定论情景，一般与较长期的活动有关，譬如数年的深入合作、典型的职业生涯耦合关系。在这种情景下，参与者文化是构成对合作起主要决定作用的重要因素。

因此，我所研究的小提琴演奏家范围的国际专业主义并非同质现象。涂尔干(诸如像全球化)的定义与莫斯有关“国际主义”一词就有所差别。按照后者(Mauss，1920)的观点，国际主义与全球化相反；在后者中，国家消失了，而国际主义则表示国家之间，意味着各国因素的互相影响。这种国际主义的定义获得了我们研究成果的支持。国家的影响确实存在。因此，莫赛所用的“国际主义”一词才是正确描述专业文化特征的关键形容词。但是，由于“国际主义”一词的复杂性且具有不同的定义(大多数人采用涂尔干的说法)，我采用了一个比较合适的词来描述专业演奏家领域的特征，即“跨国的”。莫拉瓦沃斯卡(Ewa Morawska，2009)在移民研究中把“国际主义”一词定义为社会学术语，“指的是公民政治身份、经济参与、社会网络、移民的文化认同以及后代跨越国家—民族界限，把不同的、多层次模式的两个或多个民族—国家的人民和制度联系起来”。我认为，这一概念能与我们在小提琴人才中观察到的情景完美匹配，他们在多个国家构建职业生涯，搬迁和变动工作和居住地，维持着与在原先居住地就已熟悉的人、制度的关系。这些流动的演奏家不仅仅保持与人际关系，并且通过在多个国家空间的展示，筹划和完成他们的艺术项目。独奏家们同时在多个国家构建职业生涯，跨国的职业生涯使得他们的活动适应不同的公众、市场的期望，甚至当地的艺术习俗。实现这种形式的职业生涯需要巨大的灵活性和敏锐性。

专业的跨国文化和跨国职业生涯的研究是动态的，因为这些职业生涯是深植于多个文化之中，并且因为它们一直处在基于参与者互动的重建过程中。这是一个成果颇丰的研究领域。然而，有关流动生活或混合现象的研究却不太容易，尤其不易采用固定的概念(Gruzinski，1999，2004)。匹特赛(Pieterse，2003)认为，这就是只有少数社会科学家研究这些现象的原因。我认为，缺乏这种深入的适应性研究的第二个原因，是与这些课题必须联系文化(种族)有关，国家的影响很容易被视为政治上有误。但是,因为跨国职业生涯领域动态具备重要的理论和实践潜力,应该开展由于复杂性和创造性而缺失的相关研究。从理论角度看,有助于我们理解人的感知和实践如何受制于其文化框架;从实践角度看,随着能够促进不同文化框架者互相理解的一些活动变得更加国际化,它变得日益重要。这种研究并不在于提倡全球化的意识形态和同质的全球职业生涯文化,而是通过在国际职业生涯中实践的文化分析,成为有助于促进演奏家及其他创意职业人员的交流、工作质量和有用的激励工具(对于科学家,见 Wagner,2011)。

参考文献

Adler, N. 1986. *International Dimensions of Organizational Behavior*. Boston: PWS-Kent Publishing Company.

Adler P. A., and P. Adler. 1991. *Backhoards and Blackhoards. College Athletes and Role Engulfment*. New York: Columbia University Press.

Adler P. A., and P. Adler. 1998. *Peer Power: Preadolescent Culture and Identity*. New Brunswick, NJ, London: Rutgers University Press.

Amadieu, J.-F. 1993. *Organisations et travail: cooperation, conflits et marchandage*. Paris: Vuibert.

Becker, H. S. 1970. *Sociological Work. Method and Suhstance*. Chicago: Aldine.

Becker, H. S. 1982. *Art Worlds*. Berkley: University of California Press.

Becker, H. S. and Strauss, A. L. 1956. "Careers, Personality, and Adult Socialisation." *American Journal of Sociology* LXII. pp. 253—263.

Berger, Peter. 1963. Invitation to Sociology. A Humanistic Perspective. Anchor Books, NY.

Boltanski, L., and Chiapello, E. 2005. *The New Spirit of Capitalism*. London, UK: Verso Books.

Bony de, J. 2010. "Project Management and National Culture: A Dutch-French Case Study." *International Journal of Project Management* 28: 173—182.

Cameron, W. B. 1954. "Sociological Notes on the Jam Session" *Social Forces* no. 33. no. 2 pp. 177—182.

Chua, A. 2011. *Battle Hymn of the Tiger Mother*. New York: The Penguin Press.

Durkheim, E. 1956. *Socialisme and Saint-Simon*. (c. Sattler, Trans.). London: Routledge & Kegan Paul Ltd. (Original publication 1928)

Faulkner, R. R. 1983. *Music on Demand. Composer and Careers in the HollywoodFilm Industry*. New Brunswick, NJ: Transaction.

Gruzinski, S. 1999. *La Pensee metisse*. Paris: Fayard.

Gruzinski, S. 2004. *Les quatres parties du monde: Histoire d'une mondialisation*. Paris: Editions de la Martinière.

Grzymala-Kazlowska, A. 2004. "Three Dimensions of Tolerance in Poland and in Europe." In *Poles among Europeans*, edited by A. Jasińska-Kania and M. Marody, 152—172. Warsaw: Wyd. Naukowe Scholar.

Hermanowicz, J. C. 1998. *The Stars Are Not Enough-Scientists-Their Passions and Professions*. Chicago: University of Chicago Press.

Hofstede. G. 1980. *Culture's Consequences, International Differences in Work Related Values*. Newbury Park, CA: Sage.

Huault, I. 1998. *Le management international*. Paris: Ed. La Decouverte.

Hughes, C. 1971. The *Sociological Eye: Selected Papers*. Chicago: Aldine.

Jasinska-Kania, A. 1992. (ed) Bliscy i dalecy. Studia nad postawami wobec roznych narodów, ras i grup etnicznych. Wyd. IS. UW. Warszawa.

Junker, B. 1960. *Field Work*. Chicago: University of Chicago Press.

Kofta, M., and Jasinska-Kania A., eds. 2002. *Stereotypy i uprzedzenia. Uwarunkowania psychologiczne* i *kulturowe* [Stereotypes and prejudices. Psychological and cultural factors]. Wyd. Scholar Warszawa.

Lourie-Sand, B. 2000. *Teaching Genius-Dorothy DeLay and the Making of a Musician*. Portland: Amadeus Press.

Marcus, G. E. 1995. "Ethnography in/of the World System: The Emergence of Multi-Sited Ethnography." *Annual Review Anthropology* 24: 95—117.

Marzec, H. 2010. *Relacja Mistrz-Uczen w srodowisku muzyków rockowych w Polsce*. Praca magisterska obroniona w czerwcu 2010 roku w Instytucie Socjologii Uniwersytetu Warszawskiego. [MA thesis in Polish] is. vw. warsaw

Mauss, M. 1920. "La nation et I'internationalisme." In *Communication en francaisà un colloque*: "*The Problem of Nationality*," 242—251. Londres: Proceedings of the Aristothelien Society. accessible on-line: http://classiques. uqac. ca/classiques/ mauss_mercel/oeuvres_3_15/nation_internationalisme. pdf last accessed September 2011.

Mead, M. 1970. *Culture and Commitment-A Study of the Generation Gap*. Garden City, NY: Doubleday.

Menger, P. 2001. "Artists as Workers: Theoretical and Methodological Challenges." *Poetics* 28: 241—254.

Milstein, N., and Volkov, S. 1990. *De la Russie àl'Occident Mémoires musicaux et autres souvenirs de Nathan Milstein*. Paris: Buchet/Chastel.

Morawska, E. 2009. "Badanianad imigraca/etnicznoscia w Europie i Stanach Zjednoczonych. Analiza porownawcza." *Studia Migracyjne-Przeglqd Polonijny* 1.

Nederveen Pieterse, J. 2003. *Glohal Melange: Glohalization and culture*. Lanham, MD: Rowman & Littlefield.

Petit de Voize, Y. 1997. "Jeunes, talentieux et bucheurs, ils sont l'elite de la musique instrumentale francaise." *Diapason* 435: 32.

Sapir, E. 1949. *Selected Writings in Language, Culture, and Personality*, edited by D. G. Mandelbaum. Berkeley; Los Angeles: California University Press.

Schneider, S. c., and Meyer de, A. 1991. "Interpreting and Responding to Strategic Issues: The Impact of National Culture." *Strategic Management Journal* 12: 307—320.

Schwarz, B. 1983. *Great Masters of the Violin*. New York: Simon & Schuster.

Tsay, Ch. -Y., and Banaji, M. 2011. "Child -Prodigies, Maybe." *Harvard Gazette*, http://news. harvard. edu/gazette/story/2011/03/child-prodigies-ma ybe/, last accessed March 2011.

Weinberg, B. A., and Galenson, D. A. 2010. *Creative Careers: The Life Cycles of Nobel Laureates in Economics*. Working Paper 11799 2005, http://www. nber. org/papers/w11799, last accessed June 1, 2010.

Wagner, A. -C. 1995. *Le jeu du national et de l'international. Les cadres etrangers en France*. These de doctorat de sociologie, EHESS Paris.

Wagner, I. 2004. "La formation de jeunes virtuoses: les reseaux de soutiens." *Societes Contemporaines* 56: 133—163.

Wagner, I. 2006a. "Career Coupling: Career Making in the Elite World of Musicians and Scientists." *Qualitative Sociology Review* 2：78—98. http://www. qualitativesociologyreview. org /ENG/archive_eng. php，last accessed February 2010.

Wagner，I. 2006b. *La production socia Ie des violonistes virtuoses*. These de doctorat EHESS，Paris.

Wagner，I. 2007. "Ksztalcenie tozsamosci czlonkow miedzynarodowych elit. Internacjonalizm zawodowy-pomiedzy dyskursem a praktyka" In W Kregu *Socjologii Interpretatywnej -zastosowanie metod jakosciowych. Ponowoczesnosc i tozsamosc*，edited by J. Leonski and U. Kozlowska，116—138. Szczecin：Economicus.

Wagner，I. 2009. "Transnarodowy Profesjonalista i jego profesjonalna kultura." In *Mozaiki przestrzeni* miedzynarodowych. *Teorie*，*metody*，*zjawiska*，edited by L. Krzyzowski and S. Urbanska，155—171. Krakow：Nomos.

Wagner，I. 2011. *Becoming Transnational Professional. Mobilnosc i kariery polskich elit naukowych*. Warszawa：Wyd. Scholar Wydawnictwo Naukowe.

Westby，D. L. 1960. "The Career Experience of the Symphony Musician." *Social Forces* 38：223—230.

Wierzbicka，A. 1994."'Cultural Scripts'：A Semantic Approach to Cultural Analysis and Cross-Cultural Communication." *Pragmatics and Language Learning*（Monograph Series）5.

Zukin，S.，and Di Maggio，P. 1990. Structures of Capital：The Social Organization of the Economy. Cambridge，UK：Cambridge University Press.

第 10 章　作曲职业生涯的谱写
——2005～2006 年美国交响乐团中的当代作曲家

提莫西·多德(Timothy J. Dowd)
凯文·凯利(Kevin J. Kelly)

10.1　引　言

在确保职业生涯稳定与持久的问题上，音乐、文学和电影等产品的创作者(即创意工作者)面临着很大挑战。某些学术研究通过罗列职业生涯的各个阶段来应对这些挑战。对许多人而言，从一个阶段转变到下一阶段若非遥不可及，也可能非常困难(Craig 和 Dubois，2010；Lincoln 和 Allen，参见本书第 5 章；Pralong 和 Gombault，参见本书第 11 章；Skov，参见本书第 13 章；Stoyanova 和 Grugulis，参见本书第 4 章)。一个重要阶段就在于开启专职生涯。这并不像听起来那么容易，因为候选人大大超过了实际能够获得有酬工作者(Menger，1999)。为了摆脱这种初期的僵局，有些人选择做些辅助性而非专业性的工作，当专职阶段来临时就选择退出(Jeffri 等人，2011)。那些成功跨过第一阶段者仍然面临着进入下一重要阶段的挑战，即“成名”阶段(established)。在此期间,他们多少能够获得一些工作机会(Craig 和 Dubois,2010)。例如,在那些仅参与了一部电影拍摄者(演员、作曲家和导演)中间,许多人再也无缘下一部电影的摄制,“露头”不久就结束了专业生涯而无法进入第二阶段(Baker 和 Faulkner,1991;Faulkner,1983;Zuckerman 等人,2003)。

接下来,那些进入了“成名”阶段者又需极力成为“著名者”。在此阶段,他们在特定创意圈子内已广为人知,得到了高度认可(Craig 和 Dubois,2010;Jones,参见本书第 7 章)。研究表明,只有少数创意工作者方能获得普遍的认可(Allen 和 Lincoln,2004;Schmutz,2005;Lincoln 和 Allen,参见本书第 5 章)。这种认可通常取决于“中介人”,他们处于创意工作者与最终受众之间,包括评论家、学者和有关组织机构(诸如博物馆和交响乐团),它们积极挑选那些出类拔萃的创意工作者。中介人的工作也许为时甚长,与创意工作者的最初成功没有多大关系。小说家左拉(Zora Neal Hurston)健在时几乎身无分文或也无重大成就。但在几十年后,部分地由于著名作家爱丽丝(Alice Walker)的努力和学术界评价标准的改变,她现已成为美国文学大师之一(Corse 和 Griffin,1997)。同样,就 20 世纪初以来的视觉艺术家而言,他们在一个世纪后的大学课程里获得介绍的几率大大提高,因为有了一位特殊的中介人——现代艺术博物馆(MoMA)为其提供曝光的机会。它在 20 世纪中叶展出他们作品的次数增加了这些特殊艺术家在 21 世纪的教科书中获得介绍的篇幅(Braden,2009)。因此,对于创意工作者的好评能够持续多年,可以超越特定人物的寿命。

对创意工作者在过世后的赞扬对于所谓的“高端文化”领域产生了重大影响(诸如文学、交响音乐、歌剧和戏剧),其中“为艺术而艺术”的价值观念被认为优于娱乐和利润(Craig 和 Dubois,2010;DiMaggio,1982、1992)。这种影响受到每个高端文化领域各自原则的推动。“原则”是指一些重要中介对于构成伟大艺术之元素持续不断的解释。

在提供这种带有演进性质的解释时，若无争议，这些中介者通常会强调早期的个人创造者，阐述他们如何经受了时间的考验，并且从根本上构成了相关艺术史的变迁(DeNora，1991；Dowd，2011；Schmutz，2005)。在高雅文化领域，目前健在者不仅要与同时代的人争夺机会，还要与不少(遥远)过世创作者的"经典"作品争夺吸引力和资源(Craig 和 Dubois，2010；Dowd，2011)。

尽管大量研究集中于上述三个宽泛阶段中的每一个，但却几乎未曾论及那些过往著名创作者对目前健在创作者产生的影响。本章意在通过阐述美国的交响音乐领域而填补这一缺口。在这一领域，对现行创作者的挑战尤为明显，而且议论已经很久了(Dowd，2011)。该领域的普遍象征("古典音乐")体现出对于海顿、莫扎特和贝多芬这些著名作曲家的绝对重视，而他们都活跃在 18 世纪(Dowd 等人，2001)。作曲家和观察者们都注意到了这种情形的后果。著名作曲家阿隆·科普兰(Aaron Copland)写道："如果过度强调那些杰作，痴迷于过去的荣耀，现代音乐艺术就会受到贬损，使得我们对音乐的感知变得非常偏狭，进而扼杀人们对于现代音乐的兴趣。"一位音乐学者评述道，现在的作曲家"为了表演和赢得演出者和听众的喜爱。不得不与过去的音乐竞争。这是卫冕冠军拥有压倒性优势的一场竞赛，因为乐团的曲目繁多，而古典曲目又具有极高的声誉"(Burkholder，2006，410)。

美国人重视古典曲目并非完全因为现有作曲家的稀缺。尽管缺乏详尽无遗的管弦乐作曲家名单，但各种资料来源表明，即使没有数千人，至少也能够引出数百位这些作曲家名字。在 20 世纪初期，伊斯曼音乐学院(Eastman School of Music)上演了大约 1 000 多首有大约 400 位美国作曲家谱写的乐曲(Hanson，1951)。20 世纪末，菲尔顿(Felton，1978)确定和调查了 1 500 多位与美国音乐中心有关系的活跃作曲家，该组织代表了从事"严肃"(而非"流行")音乐的专业作曲家们的利益。仅在 1974 年，那些作曲家就创作了大约 1 500 首乐曲，其中 250 多首是为管弦乐团而创作的。在 21 世纪初，美国音乐中心代表了 2 000 多位作曲家；而另一个组织，美国作曲家论坛，则与大约 1 700 位作曲家建立了关系。更多的研究表明，这类作曲家组织可能代表了大约一半的在当时活跃于美国的严肃作曲家，其中相当一部分人是为管弦乐团谱曲(Jeffri，2008)。美国的作曲家难以仅靠作曲维持生计，虽然他们大多受过较高的教育水平抑或严格的训练(Copland，1933；Felton，1978；Jeffri，2008；Nash，1970)。杰佛利(Jeffri，2008)对 1 347 个美国作曲家作了调查，他们都是“严肃”而非“流行”音乐家，其中 3/4 自认为是专业作曲家，90％拥有大学学位，将近 75％具有研究生学历。但是，其中主要依靠作曲谋生者只有 10％，而全部收入都来自作曲的只有 8％。他们的收入并不很高，一半以上的作曲家年收入不超过 60 000 美元，20％多的作曲家年收入不超过 20 000 美元。尽管存在经济上的压力，相比财务问题，这些作曲家更多关心的是，如何能够变构思为作品，确保能够上演。佛兰克·扎帕(Frank Zappa，1989：197)细述了为了确保其作品在管弦乐团上演而遇到的挫折和代价，他说：“听众只有在倾听了之后，才能告诉作曲家是否喜欢这首乐曲。听众只有先知道有那样一首乐曲存在，然后才会去倾听。为了让乐曲能够以‘获得倾听’的形式存在(不只是停留在纸面上)，乐曲就必须获得演出。”

面临这样的挑战，作曲家并不是被动的。几乎有一半专业作曲家现在还从事教学等额外工作(Jeffri，2008)，有些作曲家一道努力宣传他们的音乐。例如，在 20 世纪早期，他们建立了作曲家团体，从事出版业，创办各种活动节，出版介绍其乐曲的期刊(Cameron，1996；Dowd 等人，2004；Oja，2000)。他们的努力无疑取得了一定的成功，当代一些重要管弦乐团偶尔也确实会出演那些健在作曲家的作品，其中不少人还特别青睐那些乐曲(Arian，1971；Hanson，1951；Mueller，1951；Tawa，1984)。自 20 世纪中期以来，美国的一些管弦乐团共同致力于当代音乐，包括定制抑或引介新作品、维持团内作曲家以及新乐曲的完全专业化(Craven,1987;Hart,1973;Jeffri,2008;Scholz,2001)。

对于当代音乐的这种关注给管弦乐团造成了效益和成本。对于那些演出广泛音乐作品的乐团(“多面手”)，把新乐曲纳入他们的曲目单使其可以宣称既有审美活力，又关心当代的生活(DiMaggio 和 Stenberg,1985a;Gilmore,1993;Scholz,2001)。对于那些把目标定位于狭窄作品的独特听众(“专家”)的乐团，专注于新乐曲更容易迎合前卫的审美观，它们具有明确的使命，并且(有可能)在大学周边和小资汇聚处遇到现成受众群体(Cameron,1996;Gilmore,1987,1988;Oja,2000)。然而，如果遇到新作品，乐团音乐家们要花较多的排练时间，尤其当新乐曲在风格、技巧方面都具挑战性时，而对那些非常熟悉的古典乐曲就没有那么多的排练时间了(Felton,1978;Gilmore,1993;Schuller,1962)。此外，新乐曲还涉及较高的版权、印刷成本(Felton,1978;Tawa,1984)。最后，鉴于有可能疏远那些期望听到熟悉乐曲的听众，出演新乐曲的代价会很大(Arian,1971;Felton,1978;Maitlis 和 Lawrence,2003)。

这些效益和成本与健在作曲家的职业生涯有关，尤其对于与人们熟知已故(著名的)同行相似的作曲家(Jeffri,2008)。科普兰(Copland,1933,88)在多年前所写的东西如今或许依然适用，“当代音乐，只能借助于交响乐团的作用才能走向更加广泛的音乐受众”。因此，本章对于那些影响乐团注重健在作曲家之乐曲的一系列因素做了量化分析。我们分析研究了美国乐团在 2005～2006 年演出季的曲目。尽管 313 家乐团中的多数仍以演出早已过世的作曲家的曲目为特色，但是也有一些因素有助于人们关注那些健在的作曲家，包括他们的制作策略(多面手抑或专家)。然而，我们首先讨论提供了大量假说的学术研究，即，哪类乐团或许重视已故的作曲家，哪类乐团可能通过出演当代乐曲而进行创新。

10.2 当今的美国乐团和作曲家

我们关注的重点与有关演艺组织(诸如交响乐团、歌剧公司和社区剧院)曲目编选的研究不谋而合。如同博尔纳(Boerner,2004)所指出的,他们的选择从三个维度展开,即:组织提供有别于同行之曲目编选的程度(原创抑或整合);组织提供的曲目编选的广泛程度范围(专业化抑或大众化);组织注重近期作品和作曲家的程度(当代抑或古典)。接着,各种研究都谈到了对于一个或多个维度问题的处理方式方法。因此,我们把它们作为假说而分为三类,即,各家乐团注重演出的健在作曲家作品的种类。

10.2.1 社区范围和创新

交响乐团和其他演艺组织或许肩负着困难的使命,如果没有冲突的话,既要传颂古典音乐,又要向听众引介当代的创作者。后者是创新的重要形式,但却带有疏远受众的风险(DiMaggio 和 Stenberg,1985a;Martorella,1977;Pierce,2000)。因此,迪马乔和斯坦伯格(1985a:112)哀叹道:"对于演艺组织的案例研究生动地表明,为了求得生存,此类组织在透支参与者的艺术期望、羁绊于受众需求已经到了何种地步。"

然而,迪马乔和斯坦伯格(1985a)预计,某些类型的社区要比其他社区更容易编选那些风险较大的曲目。他们认为,在某些人口稠密、受过高等教育者很多、从事管理和专业工作者占比较大的地方,可以找到创新型艺术组织。根据有关艺术受众的研究,这种猜测是有道理的。例如,佛拉纳根(Flanagan,2008)发现,出席美国乐团音乐会的人数与人口规模呈正相关;城市越大,听众就越多。同时,社会地位较高者,高学历者抑或业内名人,在历史上就已构成了美国演艺组织的核心受众(DiMaggio 和 Useem,1978)。同理,也有人认为,利于创新处的标志是,居民的收入较高(另一标志是,居民的社会地位较高)和学生占比高,学生构成了许多演艺组织发挥教育使命的现成受众(Blau,1989;O'Hagan 和 Neligan,2005;Pierce,2000)。接着考虑的是单一的美国地方属性,迪马乔和斯坦伯格(1985b)认为,鉴于纽约市具有独特的数目多而教育程度高的受众基础,具有大量的创意人才和名目繁多的演艺组织,因而尤其有利于风险较大的曲目编选。所有这些条件提供了支持实验的基础设施,这是美国其他地方无法比拟的。奥哈根(O'Hagan)和内里根(Neligan,2005)在提及伦敦可能比英国其他地方更有利于创新的曲目编选计划时,也提出了类似的假说。

尽管这些假说都很直观,但若将其应用于经验研究却会遇到问题。有关社区剧院(Blau,1989;DiMaggio 和 Stenberg,1985b;O'Hagan 和 Neligan,2005)和歌剧公司(Pierce,2000)曲目编选原创性研究,并未发现在统计意义上强烈支持所有社区假说的证据。即使一个或多个事例的验证程度确实较大,但却无法提供解释,从而造成结论含糊不清(Castaner 和 Campos,2002)。例如,迪马乔和斯坦伯格(1985b)和皮尔斯(2000)都发现,中心城市(分别是纽约和伦敦)支持创新型曲目编选的程度大于其他地方;而布劳(Blau,1989:122)则发现,一旦考虑到剧院所在地区的所有居民的收入,中心城市的效应也就消失了。正如她所断言的,"支持创新的是富人而不是富裕城市"。最后,所有这些研究都没有考察在特定社区竞争的组织数目如何也能营造曲目编选的选择(Castaner 和 Campos,2002)。

10.2.2 组织属性和创新

假如社区框架能够营造演艺组织平衡古典与当代曲目出演的方式,那就同样有可能被那些组织的特性所营造。研究者一般通过考察两个普通属性来分析这种可能性。一方面,某些演艺组织对于门票销售(即获取收入)的依赖性小于其他组织。这种"运作的自主性权"可能有助于艺术组织避免受制于那些保守受众的需求(DiMaggio 和 Stenberg,1985b)。有人根据国家间的比较而提出了如下假说,即在美国,由于艺术的大众融资程度相对低于加拿大或欧洲,使得曲目编选创新性比较少(Heilbrun,2001;Martorella,1977、1985)。在论及单个组织的财务问题时,也有类似的看法。例如,那些能够获得大量非劳酬收入的组织,例如政府的资助,能够大量地编选风险较大的曲目(Blau,1989;DiMaggio 和 Stenberg,1985b;O'Hagan 和 Neligan,2005;Pierce,2000)。这种创新也可能出现在某些非独立的、"嵌入"式大型组织(例如,大学乐团),以及拥有大量非票房财务资助的某些组织(DiMaggio;Martorella,1985)。另一方面,有些演艺组织更加出名。因此,有人提出,它们或许比那些声誉不大的同行具备更大的创新自由;例如,他们可以承受与当代作品相关的成本,可以说服那些忠诚的受众接受某些陌生的作品(DiMaggio 和 Stenberg,1985b;Pierce,2000)。然而,也有人认为,那些有名的组织在曲目编选方面会更加保守而非创新。因为成名的过程,迪马乔和斯坦伯格(1985b)认为带有"制度化"的印记,涉及诸如:(1)年龄。成立较早的组织与近期创作者和发展的契合程度不如新近成立的组织。(2)规模。大型组织能够担当承受创新风险的承诺(例如填补巨大的场地)(Blau,1989;DiMaggio 和 Stenberg,1985a,1985b;Martorella,1977,1985;O'Hagan 和 Neligan,2003)。

当代艺术组织的研究尚未解决另一个组织属性问题,即生产率。历史研究发现,美国乐团在演出季内上演的作品较多,可以极大地拓展所列出的作曲家范围,并增添新的作曲家;但是,其中许多作曲家是在美国首次亮相的已故作曲家(Dowd,2011;Dowd 等人,2002;Kremp,2010)。鉴于这种历史格局,我们认为,当代乐团生产率的提高将会提高对于已往而非当代作曲家的关注程度。

然而，这些有关组织的假说同样存在着检验问题。部分原因是，运作的自主性和制度化属于复杂的属性，难以用单一指标加以说明。因此，为了估算两种属性各自对于曲目编选的影响，研究者们借助了多种指标。但是，它们几乎没有多少解释能力，更谈不上对于创新的预测力。有人猜测，这是因为各个指标互相交织（例如高度相关性），所以能够把握的内容基本相似，而它们间的互相作用缺乏统计意义（Blau，1989；O'Hagan 和 Neligan，2005）。例如，演艺组织的规模或许完全就能解释组织的运作的自主性与制度化程度（DiMaggio 和 Stenberg，1985b）。现有的这种混合研究结论同样也有问题（Castaner 和 Campos，2002）。有些研究发现，大型歌剧院、管弦乐团和剧院的创新性不及那些小型同行（DiMaggio 和 Stenberg，1985b；Gilmore，1987，1988；Martorella，1977，1985；O'Hagan 和 Neligan，2005），而一份有关歌剧公司的研究报告的结论却恰好相反（Pierce，2000）。此外，在曲目编选方面，存活期较短的乐团和社区剧院可能更具创新性（DiMaggio 和 Stenberg，1985a；Heilbrun，2001）；有些研究却发现，老化本身并不会造就在曲目编选方面的保守性（Blau，1989；DiMaggio 和 Stenberg，1985a，1985b）。

10.2.3　曲目编选策略与创新

创新也可以由演艺组织运营策略加以营造（Dowd，2004）。关注这类策略或有助于解决与前述各种假说相关的难题。然而，前述许多研究的启发意义不只在于揭示这一点。通过考察各种曲目编选策略对创新的一种特殊形式——健在作曲家状况的影响，本章进入新的领域。

两种假说考察博尔纳（Boerner，2004）所确定的策略（曲目编选），即整合和专业化。迪马乔和斯坦伯格（1985b）认为，制度化同样包含了对演艺组织的整合。一旦出名，它们就可能会坚持业内有关运营方式和演出内容的期望。尽管他们和其他研究者把演出整合性视为检查的结果(Heilbrun,2001;O'Hagan 和 Neligan,2005;Pierce,2000),在此我们却把它当作预测工具。特别是,我们认为,采用曲目编选整合策略的乐团也会出演少数健在作曲家的作品。鉴于管弦音乐界长期以来强调的是过去而非现在的作品,这种做法依然是合理的(Dowd 等人,2002;Kremp,2010)。然而,迪马乔(2006)却提出了一个完全不同的策略——专业化,它使得某个演艺组织有别于业内其他组织。就管弦乐团而言,这种独特性不仅体现在独特的方式,且以时常出演一些未获重视(如果不是“有风险”的话)、许多组织不会涉及的乐曲为特色,尤其是那些无名的当代作曲家的作品(Gilmore,1987,1988;Khodyakov,2007)。因此,我们认为,采纳专业化策略的乐团同样会较多地出演当代作曲家的作品。换句话说,我们承认,有些乐团所擅长的或许不是当代乐曲,而是早期音乐。

两种假说都出自对当代美国乐团状况的研究,特别是它们如何努力通过曲目编选策略而吸引受众。吉尔默(Gilmore,1993)认为,在策略上,有些乐团运用首演方式来平衡古典与当代音乐的编排。这种演出使得乐团可以显示自己对最新动态的把握,从而在受众中建立声誉。因为受众将会知道,出演新的作品属于特别的而短暂的时尚性活动。因此,我们认为,乐团越是利用首演策略,出演健在作曲家的作品也就越多。其他的观察者则指出了近年来明显变得出名的一项策略,即“大杂烩”策略(DiMaggio,2006)。有些乐团认为,实行这种策略可以吸引受众,希望依靠著名的乐曲片段,把古典与流行作品相混合,或者把老乐曲与新乐曲相结合,作为“主题”音乐会的一部分,以此吸引受众(Dowd,2011;Glynn,2002;Peterson 和 Rossman,2008)。然而,这种“大杂烩”策略可能会限制演出严肃作品的机会,特别是在他们为了吸引注意力,而与好莱坞电影配乐作曲家、爵士音乐家等,以及持久以来声名卓著的作曲家展开竞争的时候。

10.3　数据和方法

为检验我们的假说，进而了解健在作曲家们的职业生涯机会，我们现在分析美国乐团联盟（League of American Orchestras，LAO）慷慨提供的曲目数据。它过去的名称是“美国交响乐团联盟”，是一家代表美国各家乐团的卓越机构（Hart，1973；LAO，2011）。该联盟向我们提供了 2000～2001 年和 2006～2007 年演出季内 70 000 多首作品的演出资料，包括作品名称、作曲家、出演乐团、乐团形式（例如大学乐团）和每家乐团的预算类型。因为这是大型项目的首个分阶段，在此，我们从单一演出季开始，再通过分析贯穿于多个演出季的时间模式讨论复杂问题，也就是采纳迪马乔和斯坦伯格的方式（1985a，1985b）。由于某些演出季数据存在问题，例如某些大型乐团演出数据缺失和小型乐团的不实报告，我们专注于自己认为报告最为全面的时期，即 2005～2006 年的演出季。[①] 选定这一演出季后，我们进一步调整所要考虑的演出。由于各国对于艺术资助的差异属于敏感问题（Heilbrun，2001；Martorella，1977、1985），所以没有包括该演出季所报道的 7 家加拿大型乐团以及在美国巡演的瑞士乐团。同样地，由于需要多种演出数据以便区分专业化和通用性，我们也未考虑仅只出演单一作品的 7 家乐团。最后，我们未包括音乐节。因此，我们最终评价 2005—2006 年演出季内 313 家乐团的 7 570 场演出。

LAO 的数据库内容齐全，从众多小型乐团到运营多年的大型乐团。这一点相比以往只关注大型乐团曲目，研究基础已有了相当大的改善（Dowd 等，2002；Kremp，2010）。换句话说，为研究之需，我们必须补充那些曲目数据。那个数据库没有包括任何作曲家的传记资料。

① 弗拉那根（2008）指出，乐团可能出于某一特定年份的“特殊情况”而未作报告（例如，用人问题和管理层变化）。

为了评估健在与已故作曲家的情况，有必要追溯在演出季所出演作品的639位作曲家的生卒年数，我们广泛地依赖《格罗夫音乐辞典》《牛津音乐辞典》等，还有大量的教科书、期刊和网站等资源。根据海布伦(Heilbrun，2004)的观点，我们对已故作曲家进行分类，生于1880年之后者归为“20世纪的”，生于1781～1880年的归为“19世纪的”，生于1761～1780年间者归为“18世纪的”。

我们还寻找了其他数据资源，以便评估各乐团在2005～2006年演出季的演出地点之社区框架。鉴于演出季的时间跨度为两年，目前尚无早于9月份的报告，我们采用美国人口普查局(American Census Bureau)编制的2005年《美国社区调查》(*American Community Survey*，ACS)资料。在确定了各乐团2005～2006年演出季所在的标准大都市地区(或微观地区)后，我们利用ACS测定：(1)地区人口规模，(2)拥有学士及以上学历者的人口的比重，(3)在管理和专业部门就业且16岁以上的劳动者的比重，(4)地区的家庭收入中位数，(5)报名入读各类学校的人口的比重。我们只是在管理专职人员方面遇到了麻烦。2005年的ACS没有提供最小的社区资料，因而缺失了11家乐团的百分比数据。从ACS中收集了相关社区的信息后，不难确定在大纽约地区运营的乐团数目、在当地“竞争”的乐团数目。请注意，进行分析时，我们采用人口规模、收入中位数的自然对数来处理偏度(skewness)问题(Neter等人，1983)。

LAO的曲目数据基本上未曾说明乐团的组织属性。它虽然有助于直接获取财务资料(例如，预收收入的范围和类型)，但是因为保密，我们难以获得这类信息(Heilbrun，2001)。如同对LAO曲目数据所作的较早研究(Heilbrun，2004)一样，我们非常缺乏某些研究拥有的关于融资形式的详细信息(例如，O'Hagan和Heligan，2005)。[①] 尽管

① 一份重要的研究确实能获得LAO机密报告内的财务信息(Flanagan，2008)，但却只有关于大型乐团的信息，同样缺乏曲目数据。

如此，我们还是能够阐述多少摆脱了票房压力的两类乐团，即大学—学院乐团和青年乐团。这两类乐团值得注意的原因是，它们的音乐家们不拿工资，且都是自己在 LAO 数据库中完成验证者。LAO 数据虽然披露了 2005～2006 年演出季出演每首乐曲的各家乐团，但未提及乐团的年龄。我们动用了各种不同资源(例如，新闻账户和乐团网页)才找到这类信息。在 313 家乐团中，虽然无法确定 6 家乐团的年龄，但是已经胜过了比某些缺乏相关艺术组织年龄信息的研究(例如，O'Hagan 和 Neligan，2005)。LAO 的数据比较适合评估制度化的另一方面，即规模。在 2005～2006 年演出季，LAO 根据乐团的年度预算和其他有关因素，把它们作了“层级”分类。大致而论，在 2005～2006 年演出季期间，第 1、2 层级乐团的预算在 550 万～1 500 万美元，其他层级乐团的预算相对较少，有时甚至不到 15 000 美元(私人通信，2008)。我们把第 1、2 层级归入“大”乐团组，第 3～8 层级算作“小”乐团。最后，只需记录各乐团出演的乐曲数目就可估算生产率。在这方面，LAO 数据已经提供了充足的信息。

谈到曲目编选策略，LAO 数据的好处又再度显现，尤其是在需要频繁估算和比较之际。我们采用较早研究所用指数估算整合策略(DiMaggio 和 Stenberg，1985a、1985b；Heilbrun，2001；O'Hagan 和 Neligan，2005)。在理论上，这种指数衡量了特定乐团与其他乐团在演出曲目作曲家方面的重叠程度。从统计角度看，对于特定乐团所有演出曲目作曲家而言，“整合指数”(confirmity index)是其他乐团演出这些作曲家次数的平均数。该指数的高数值表明，许多乐团演出的作曲家与特定乐团的完全相同(即整合)，而低数值则意味着特定乐团在演出的作曲家方面比较独特(原创)。我们以两种方式进行估算，即仅仅用于大型乐团的整合指数和用于样本中所有乐团的整合指数。如此行事的原因是，大型组织一般互为参照组(reference group)，同时也确定了小型组织需要面对的环境(Dowd，2004)。我们采纳赫芬达尔指数(Herfindahl index)估算专家策略(specialist strategies)(DiMaggio 和 Stenberg,1985a;Dowd 等人,2002;Heilbrun,2001)。在理论上,该指数可估算某些作曲家主导特定乐团曲目的程度。在统计意义上,首先计算每位作曲家作品的出演的比重(例如 40%、40%、20%);把这些百分数的平方予以相加(例如 1 600+1 600+400=3 600);最后,把总数除以 100 (例如,得到 36)。因此,取值较高的赫芬达尔指数表明严重依赖于少数作曲家,假若不是单一的作曲家的话(专业化);而低赫芬达尔指数值表示特定乐团演出了众多作曲家的作品(通用性)。根据 LAO 的数据,通过对任何冠名为“节选”“选段”和“混合乐曲”(medley)的演出进行编码,以此衡量“大杂烩”策略,捕捉所有演出作品中的特定“片段” (snippets)。利用 LAO 网站所列参与 2005—2006 年演出季的各乐团在国内外的首演资料,我们对首演策略进行评估。

我们关心的主要成果,即因变量,是各乐团在 2005~2006 年演出季出演健在作曲家作品的比重。鉴于这个因变量具有连续和截面特征,我们利用普通最小二乘回归法对各个自变量的相对影响进行估算。这项技术也可以用于评估预测指标集(collection of predictors)(通过调整的 R^2—检验)所具备的解释力,确保那些特定自变量之间不会出现高度相关的情形(通过 VIF 检验)(Neter 等人,1983)。

10.4 分析结果

“古典音乐”概念在美国虽非一成不变,但几十年来还算稳定。对于那些争取乐团演出的健在作曲家来说,门槛有所提高(Dowd,2011)。表 10.1 支持这种观点。若把 2005~2006 年演出季演出作品最多的作曲家与 20 世纪中期前的情形作一对比(Dowd 等人,2002;表 2),并无多大变化,只是排名略有变动(例如,在前 5 名中,莫扎特现在高于贝多芬，肖斯塔科维奇取代了瓦格纳）。此外，在21世纪初，前5名作曲家作品的演出量与20世纪中期的比重大致相当（Dowd等人，2002，表2）。额外的计算表明2005～2006年演出季所有演出曲目的88.5%为已故作曲家的作品。所谓“过去”的时间也越来越长。虽在目前的曲目单上还略有保留，但18世纪之前的前5名作曲家作品的演出次数多少可与前5名健在的作曲家相匹敌（1.4%对2.3%），古代组的顶级作曲家（威尔弟）的作品在2005～2006年演出季出演了67次，而健在的顶级作曲家（Tower）的作品总共才出演了59次。

表10.1 2005～2006年演出季上美国乐团出演最多其作品的作曲家类型

作曲家类型	前5名特定类型的作曲家和他们各自在全部演出中的比重（%）	前5名特定类型的作曲家的综合比重（%）
全部作曲家	莫扎特（10.7），贝多芬（7.0），柴可夫斯基（4.3），勃拉姆斯（3.6），肖斯塔科维奇（2.4）	28.0
18世纪前的作曲家	维瓦尔第（0.9），科雷利（0.2），卡西尼（0.1），加布里埃利（0.1），珀塞尔（0.1）	1.4
18世纪作曲家	莫扎特（10.7），贝多芬（7.0），海顿（1.7），巴赫（1.6），亨德尔（1.2）	22.3
19世纪作曲家	柴可夫斯基（4.3），勃拉姆斯（3.6），德沃夏克（2.3），R.斯特劳斯（2.1），拉威尔（1.9）	14.2
20世纪作曲家	肖斯塔科维奇（2.4），普罗科菲耶夫（1.8），斯特拉文斯基（1.7），科普兰（1.6），格什温（1.0）	8.4
健在作曲家	琼·托尔（0.8），约翰·威廉姆斯（0.5），约翰·亚当斯（0.5），约翰·科里利亚诺（0.3），詹尼佛·西格登（0.3）	2.3

注：上述比重参照了313家乐团的7 570场演出。“全部作曲家”总数为639，“18世纪前”为13，“18世纪”为31，“19世纪”为136，“20世纪”为453，“健在作曲家”为313。

表 10.1 或许披露了一些对于健在作曲家有利的条件，他们人数为 313，几乎占了全部出演作品的作曲家的一半。正如海布伦（Heilbrun，2004）指出的，如此多的人数其实并不像所显示的那样活跃，因为交响乐领域长期以来一直是从许多健在作曲家中进行筛选（Mueller，1951；Weber，2001）。因此，表 10.1 中的 18 世纪顶级作曲家并没有排除那些曾经活跃、数量较少（31 位）却在几个世纪后仍受关注的作曲家。相同的过程同样适用于 313 位健在作曲家，只留下一小部分在以后的乐团的曲目单里。机会的大幅差异也在起作用。在 2005～2006 年演出季演出的 639 位作曲家中，291 位作曲家的作品只演出过 1 次，平均演出次数为 12；相比之下，莫扎特的作品出演了 813 次，贝多芬为 528 次。健在作曲家的情况比较令人气馁，特别是当他们与过去的老资格的作曲家竞争时。在那个演出季，一半以上的健在作曲家（176）只获得一次出演的机会，平均出演次数为 3。

针对健在作曲家的壁垒确实存在，但如表 10.1 所示，它们并非不可逾越。首先，有关 20 世纪作曲家的声誉数据显示，健在的作曲家能够进入音乐厅。虽然这组作曲家的前 5 名现已辞世，但其作品就像他们活着时那样享有一定的成功，在其过世后几十年后依然如此。现在不妨考虑乐团所演出 19 世纪前 5 名作曲家的作品（演出的 8.4%与 14.2%）。他们的名声同样不限于演奏大厅。除了赢得赫赫有名的普利策奖和古根海姆奖学金外，科普兰还享有作为好莱坞电影配乐作曲家的名声，获得了《人鼠之间》的奥斯卡奖提名和国家审查委员会奖（National Board of Review）（Bick，2005；Bishop，2005）。其他几位属于 20 世纪前 5 名的作曲家也获得了普遍认可，格什温（Gershwin）和斯特拉文斯基（Stravinsky）甚至进入了布迪厄（Bourdieu，1984）所编著名的《法式概览》（*Survey of French taste*）。其次，前 5 名健在作曲家表明，诸如赞誉（critical accolades）、资助、从属关系等，虽然不能确保成功，但总归有所助益。[①] 例如，他们还曾一道获得了普利策奖(Adams、Corigliano 和 Higdon)、古根海姆奖学金(Corigliano、Higdon 和 Tower)以及国家艺术基金会(National Endowment for the Arts)的资助(Corigliano，Tower)，和格莱美奖(Adams、Corigliano、Higdo、Tower 和 Williams)。托尔(Tower)在 2005～2006 年演出季获得头把交椅，因其作品《美国制造》获得了资助。该乐曲于 2005 年首演，得到了 LAO 和 Ford 汽车公司(等等)和 65 家乐团的捐赠(Jeffri，2008)。科里利亚诺、西格登和托尔(Corigliano、Higdon 和 Tower)都享有学术地位，使得他们能够与严肃音乐框架相关联(Gilmore，1987，1988)。亚当斯(Adams)是旧金山乐团(和其他乐团)的驻团作曲家。科里利亚诺虽然继承了严肃音乐作曲家的传统，但也涉足电影配乐，诸如《变形博士》(*Altered State*)和《红色小提琴》(*The Red Violin*)。然而，约翰·威廉姆斯(JohnWilliams)能够居于前 5 名则值得注意。可以说，作为近几十年来的主要配乐作曲家(Faulkner，1983)，他能进入前 5 名多半是因为在《E. T.》《哈利·波特》《夺宝奇兵》和《星球大战》中的大量配乐和其他电影音乐。因此，他或许最为生动地体现了当代曲目的大杂烩，各家乐团因此把好莱坞与海顿、亨德密特(Hindermith)和西格登(Higdon)混合在了一道。

尽管单个作曲家的特性对于其获得关注发挥了作用，诸如得过奖项和社会关系，但其他因素也会有所作用。实际上，我们认为，表 10.1 所含模式可以并且应该通过考虑哪类乐团被用于演出健在作曲家的作品而解释。在检验那些假说之前，我们提出两点：首先，在初步分析时，我们发现，一个组织属性即乐团的规模，不仅只是与自身相关，而且需要考虑它如何与其他因素相结合(DiMaggio 和 Stenberg，1985b)。因此，我们不把它作为单一变量，而是分别考察大型乐团(预

---

① 本讨论部分利用了一些作曲家的私人网页。我们数据库所含健在作曲家有一半人拥有私人网页。

算超过 550 万美元）和小型乐团。这样，就可将规模问题与乐团的其他方面（例如，它们的成立年数）相互分离。其次，在探索因变量即特定乐团演出健在作曲家作品的比重时，我们发现，这有助于将此结果与其他形式的作曲家加以比较。就我们主要的因变量而言，表 10.2 表明所有大型乐团都演出健在作曲家的作品，但程度有限。相形之下，有些小型乐团则完全忽视健在作曲家的作品，有些小型乐团则只演出最新的作品。这一点体现了按规模各自进行分析的好处，当然也表明了解释做出折中选择的好处。

表 10.2　　2005～2006 年演出季美国乐团的曲目选择

	最小量	最大量	平均数
大型乐团（N＝50）			
健在作曲家的比重	2.83	26.09	11.39
18 世纪前作曲家的比重	0.00	5.97	0.58
18 世纪作曲家的比重	9.09	64.52	24.84
19 世纪作曲家的比重	12.90	66.67	44.19
20 世纪作曲家的比重	15.52	50.00	30.37
小型乐团（N ＝263）			
健在作曲家的比重	0.00	100.00	14.28
18 世纪前作曲家的比重	0.00	31.37	1.16
18 世纪作曲家的比重	0.00	100.00	20.66
19 世纪作曲家的比重	0.00	100.00	44.26
20 世纪作曲家的比重	0.00	100.00	33.59

表 10.3 说明了我们对于大型乐团的回归分析。每一列包含一个独特的回归模型，从左向右阅读可以比较某个特定预测指标如何影响各类作曲家的演出，其中重要结果由星标和黑体字标出。表 10.3 揭示了两个重要的遗漏，即缺乏几乎所有社区的框架变量（除了纽约市）和组织的成立年数变量。首先，除了纽约市变量，没有一个社区变量

在单独与表10.3和表10.4上的各个变量结合时具有统计意义。更有甚者，统计意义的缺乏并非因为它们与其他变量高度相关。虽然以往研究发现社区框架对曲目编选的影响有限(例如，DiMaggio和Stenberg，1985b)，但我们认可海布伦(2004)的观点，即，除了纽约市这一变量，这种因素对近期的乐团曲目没有影响。为了简便起见，我们未把这些影响不大的变量包括在表10.3和表10.4中。这并不意味着社区框架、乐团运作与曲目编选无关，而是它们对解释这两个表中特定的曲目编选形式作用甚微。其次，我们发现，组织成立年数对大型乐团的曲目编选没有多大影响，但对小型乐团来说，却能够以不同的方式发挥作用。因此，我们只把它包含在表10.4中。

表10.3 2005～2006年演出季美国大型乐团曲目选择的OLS回归分析

	健在作曲家的比重	18世纪前作曲家的比重	18世纪作曲家的比重	19世纪作曲家的比重	20世纪作曲家的比重
社区框架					
纽约现场	**0.290***	0.219	−0.001	−0.085	0.066
组织属性					
生产力(作品#)	**−0.720***	0.225	**0.416****	0.047	**−0.515****
曲目编选策略					
整合(大型乐团)	**−0.691****	−0.240	−0.058	**0.548****	**−0.538****
专业化	**−0.257***	−0.086	**0.721****	**−0.539****	**−0.270***
首演	0.141	**−0.354****	−0.121	0.190	−0.011
大杂烩	−0.134	0.015	−0.040	**0.194***	−0.182
乐团数	50	50	50	50	50
调整的R^2	29.3%	24.8%	42.1%	41.9%	16.7%

注：为便于比较，系数已经过标准化。*：$p<0.05$；**：$p<0.01$(单侧检验)。

表10.3显示了能对健在和已故作曲家的演出作出有意义预测的

诸多因素。它的解释力不比以往的研究低，其模型可以解释大约17.42%的变动。与有关中心城市对于创新的重要性预测相一致(DiMaggio 和 Stenberg，1985b；O' Hagan 和 Neligan，2005)。与众不同的是，位于大纽约地区的各大型乐团更多地演出健在作曲家的作品。然而，位于纽约市这一点对其他任何曲目编选没有重大影响，包括20世纪作曲家作品的演出比重。因此，演出场所的作用并不涉及演出已故作曲家作品(例如，Copland 和 Corigliano)和健在作曲家相对较新的作品，而是与某些特定健在作曲家作品的演出相关。这种看法与人们有关纽约市是严肃音乐的、充满活力和最新颖地方的观点相吻合(Gilmore，1987，1988；Oja，2000)。但是，鉴于我们发现大型乐团而不是小型乐团是通往这个地方的渠道，这种观点变得有些复杂。“纽约市”变量，就像其他框架变量，对小型乐团的曲目编选没有重大影响(表 10.4)。

表 10.4 2005～2006 年演出季美国小型乐团曲目选择的 OLS 回归分析

	健在作曲家的比重	18 世纪前作曲家的比重	18 世纪作曲家的比重	19 世纪作曲家的比重	20 世纪作曲家的比重
社区框架					
组织属性					
大学/学院乐团	−0.048	−0.093	**0.105***	−0.033	−0.073
青年乐团	−0.008	0.063	**−0.099***	**0.111***	−0.024
成立年数	0.058	**−0.116***	**−0.157***	**0.163****	0.001
生产力(作品#)	**−0.180****	**0.432****	**0.464****	**−0.273****	**−0.211****
曲目编选策略					
整合(所有乐团)	**−0.535****	**−0.185****	**0.490****	0.118*	**−0.495****
专业化	**0.294****	**0.206****	**0.259****	**−0.355****	−0.057
首演	**−0.259****	−0.095	0.085	**−0.192****	**0.132***

续表

	健在作曲家的比重	18 世纪前作曲家的比重	18 世纪作曲家的比重	19 世纪作曲家的比重	20 世纪作曲家的比重
大杂烩	−0.059	**−0.146****	−0.035	0.081	−0.029
乐团数	257	257	257	257	257
调整的 R^2	42.9%	15.7%	40.2%	16.6%	27.0%

注：为便于比较，系数已经过标准化。由于缺乏 6 家乐团成立年数的信息，N 等于 257 而不是 263。* $p<0.05$；** $p<0.01$（单侧检验）。

尽管组织的一个属性（成立年数）对大型乐团无关紧要，但另一属性（生产力）在表 10.3 中却显示了明显的作用。实际上，经过标准化的系数（−0.720）表明生产力的影响最大，大型乐团在演出季出演的作品越多，它们出演健在作曲家的作品就越少。再观察一下表的右边（−0.515 系数）。显然，生产力的提高也会抑制出演 20 世纪（健在和已故）作曲家的作品。这表明，生产力会令大型乐团疏远当代作品，总体上通常会出演 18 世纪作曲家的作品，正如第 3 栏等于 0.416 的系数所示。

表 10.3 还显示了项目留意策略（heeding program strategies）的效用。随着大型乐团的曲目编选与其同行们趋于一致，从而其疏远了健在的和 20 世纪的作曲家，正如第一栏（−0.691）和最后一栏（−0.538）的为负的系数所示。同时，大型乐团整合程度的提高使其更多地出演 19 世纪作曲家的作品，如第四栏（0.548）的为正系数所示。如果这种整合标志着服从于业内期望，如同迪马乔和斯坦伯格（1985b）的观点，对大型乐团而言，那些期望无疑都集中于过去的作曲家，虽然程度不及小型乐团（参见下文）。大型乐团并不像小型乐团那样专业化（表 10.2）。然而，就其曲目编选集中于特定作曲家的程度来看，它们大大地疏远了健在的作曲家，如−0.257 这一重要系数所示。尤其有意思的一点是，专业化程度的提高还相对减少了出演 20 世纪

和 19 世纪作曲家作品的次数(系数分别为－0.270 和－0.539)。相形之下,如同第三栏所示系数(0.721)所示,这些大型乐团的专业化却增加了 18 世纪作曲家作品的出演次数,它们喜欢巴赫、贝多芬、亨德尔、海顿和莫扎特等人的作品。其余策略与演出健在作曲家作品的比重没有很大关系,但会通过其他方式得到显示。首演活动的不断增加,无论是在一国抑或多国,未能促进近期作品的出演,确实难以提高大型乐团出演 18 世纪作曲家作品已然有限的比重(第 2 栏－0.354;另见表 10.2)。同时,利用乐曲节选和片段的方式似乎也是一种途径,大型乐团可据以增强对于 19 世纪作曲家作品的关注程度(第 4 栏系数－0.194)。

表 10.2 表明小型乐团曲目编选内容非常广泛,表 10.4 表明组织属性和曲目编选策略确实有助于曲目的多元化,正如 17%～43%的调整性 R^2 系数所示。尽管组织成立年数与其是否出演健在作曲家作品无关,但那些比较老的小型乐团演出 19 世纪作曲家的作品的比重确实很大(第 4 栏中的 0.163),而较少演出 18 世纪前和 18 世纪作曲家的作品(分别为－0.116 和－0.157)。与大型乐团一样,小型乐团生产力的提高反而减少了演出健在作曲家(第 1 栏中－0.180)和 20 世纪作曲家之作品(第 5 栏中－0.211)的次数。然而,这个结果与该组比较一致,生产力的提高增加了出演久远作曲家的作品的次数,即 18 世纪前和 18 世纪作曲家的作品(分别为 0.432 和 0.464),并且限制了 18 世纪之后所有作曲家作品的比重。关于运作的自主性,那些嵌入高等教育机构的乐团和业余青年乐团抓住了这一点,这一点与创新无关。事实上,任何形式的乐团演出健在作曲家作品的比重都不大,更不用说 20 世纪作曲家的作品了。相形之下,大学乐团演出 18 世纪作曲家作品的次数较多(0.105),而青年乐团通常演出 19 世纪作曲家的作品(0.111)而疏远 18 世纪作曲家的作品(－0.099)。也许这些乐团的教育使命要比运作的自主性更加重要,这两类乐团都重视古典音乐

的教育作用(Arian,1971)。[①] 当然,因为缺乏所有规模乐团预收收入的详尽资料,目前得出的有关运作自主性的结果远非确定的。

针对小型乐团,曲目编选策略也是一个重要的预测指标。就符合所有其他乐团的选择而言,它们也是尽力减少健在作曲家作品(第1栏－0.535)和20世纪作曲家的作品演出(第5栏－0.495)以及"古代"作曲家(第2栏－0.185)。相形之下,它们的整合意味着它们演出的主要份额是该领域核心的古典音乐,即18世纪和19世纪的作曲家的作品(分别为0.490和0.118)。但是,小型乐团在不同形式的专业化方面不同于大型乐团。这一点对于健在作曲家尤为重要,小型乐团的专业化使其能够更多地演出他们的作品(第1栏0.294)。专业化并非限于一种形式,如果某些小型乐团重点放在少数作曲家,也就能够更多演出18世纪(第3栏0.259)或18世纪前作曲家的作品(第2栏0.206)。就后者而言,小型乐团比大型乐团更加中意那些久远作曲家的作品,专业化因而对那组作曲家尤为重要(表10.2)。另一方面,专业化对20世纪作曲家作品出演没有影响。然而,该组作曲家得益于小型乐团的首演策略,日益增多的全国/世界性的首演活动导致了增加出演20世纪作曲家的作品。总的来说,特别增加了健在作曲家作品的演出次数(分别为0.132和0.259)。与此相比,首演策略的采用减少了19世纪作曲家作品的演出(第4栏－0.192),而采用节选和其他大杂烩策略则减少了18世纪前作曲家作品的演出(第2栏－0.146)。

10.8 结 论

现已不乏有关作曲家个人的著作,如教科书、(自)传记、学术和新

① 同样存在着演出健在作曲家作品的青年乐团和大学乐团的例子。因此,不必超越其技术水平这样做(例如,Jeffri,2008;Smith,1983)。

闻文章以及百科全书条目，都对他们的生活经历作了重要的考察，从而多少能够解释他们是如何驾驭创意职业生涯的。尽管这些著作属于重要而有启发性的资源，但也蕴含两种风险。第一，它们往往专注于那些根据某种审美形式或历史角度而被认为重要的作曲家。因此，它们虽然提供了考察创意职业生涯的某种视角，但却忽视了那些阻碍人们成为新型专业人才或者得以成名的挑战（Braden，2009；Craig 和 Dubois，2010；Menger，1999）。第二，那些关于作曲家个人的著作有时会掩盖在广泛领域发挥作用的非超个人因素，诸如有利于创作者的特殊分类法（例如“古典的”）以及由某些重要中介机构共同制定的分类法（Allen 和 Lincoln，2004；DeNora，1991；Roy 和 Dowd，2010；Schmutz，2005）。

本章不是为了取代作曲家的传记和其他著作，而是作为补充。如此行事是为了考察 2005－2006 年演出季 313 家美国乐团的曲目，凸显特殊的中介如何能为某些人提供巨大的机会，而为其他人提供的机会却极其有限。给定该领域以往的分类，这些乐团往往偏爱已故作曲家。事实上，大小乐团在曲目编选上具有极大的趋同性；坚持这种群体性选择的特定乐团越多，19 世纪作曲家的作品（大型乐团）或 18 世纪和 19 世纪作曲家作品（小型乐团）的演出比重就越大。对所有乐团而言，这种整合还会导致出演近期（20 世纪）和健在作曲家作品的比重减少。在生产力方面的情况也与此相似。当所有乐团增加出演作品的数目时，所增数目都落在 18 世纪作曲家（大型乐团）或 18 世纪前和 18 世纪的作曲家上（小型乐团）。同时，对所有乐团而言，生产力的提高实际上抑制了健在作曲家作品的演出。这些结果显示了健在作曲家与已故作曲家之间的零和竞争，乐团资源都流向了过去的著名作曲家作品的演出，减少了健在作曲家作品的演出次数。毋庸惊讶，在 2005～2006 年演出季，313 位健在作曲家只占全部演出的大约 12%，而 326 位已故作曲家却占据了 88%。

尽管整个管弦乐领域似乎完全不利于健在作曲家，我们的分析却揭示了一些有利于新手和老练作曲家成名的因素，下面以建议的方式给予总结。关于区位，没有哪个特定国家或地区尤其有利于乐团演出健在作曲家作品，大城市在这方面也未必胜过小城市。一个例外是，纽约市比美国其他任何地方更能被健在作曲家所接受，最值得注意的是位于那个都市地区的三家大型乐团，获得它们的认可尤其有益。至于纽约市以外的大型乐团，健在作曲家应当接触那些出演乐曲相对少、宣称采用独特演出方式的大型乐团。此外，某些类型的小型乐团尤其乐于出演当代乐曲，无论它们是否位于纽约市内。重要的一点是，它们同样执着于独特曲目编选的使命，专长于当代音乐，具有合理的在国内外作品首演的合理次数。找到一个兼具这三点的小型乐团尤为有用。

然而，即使健在的作曲家们都遵照这三条建议，仍然存在一个重复演出的著名问题。大部分健在作曲家的作品在2005～2006年演出季只获得一次演出。因此，在此，其他属性或许也会有所作用。本章的重点在于总体模式，但确实也提到了一些促进多次作品演出的事情，包括确保管弦乐领域内外的重要赞誉和关键性社交关系（Allen和Lincoln，2004；Schmutz，2005；Jones，参见本书第7章；Lincoln和Allen，参见本书第5章）。无疑，诸如性别、种族和国籍之类的属性同样十分重要（Braden，2009；Roy和Dowd，2010；Eikhof等人，参见本书第3章；Wagner，参见本书第9章）。例如，1842～1969年大多数美国乐团（93%；Dowd，2011）和2005～2006年演出季（84%）是演出他国作曲家的作品。再者，与大学有关的健在作曲家的经历，可能不同于那些没有学术地位的作曲家（Gilmore，1987，1988）。本项目的下一阶段将处理乐团和作曲家相互作用的形式，指出哪些健在作曲家最有可能超越单一作品的演出。在此之前，我们建议考虑创意职业生涯如何被创作者个体就一生行为所营造，以及如何被其他创作者在生前身后的作为行为所营造。[①]

参考文献：

Allen, M. P., and A. E. Lincoln. 2004. "Critical Discourse and the Cultural Consecration of American Films." *Social Forces* 82: 871—894.

Arian, P. 1971. *Bach, Beethoven, and Bureaucracy*. Tuscaloosa: University of Alabama Press.

Baker, W. E., and R. R. Faulkner. 1991. "Role as Resource in the Hollywood Film Industry." *American journal of Sociology* 97: 279—309.

Bick, S. 2005. "Of Mice and Men." *American Music* 23: 426—472.

Bishops, P. J. 2005. Patronage of Composers in the United States. MA Thesis; College of Fine Arts, Boston University.

Blau, J. 1989. The Shape of Culture. Cambridge, UK: Cambridge University Press.

Boerner, S. 2004. "Artistic Quality in an Opera Company." *Nonprofit Management & Leadership* 14: 425—436.

Bourdieu, P. 1984. *Distinction*. Cambridge, MA: Harvard University Press.

Braden, L. 2009. "From the Armory to Academia." *Poetics* 37: 439—455.

Burkholder, P. J. 2006. "The Twentieth Century and the Orchestra as Museum." In *The Orchestra*, edited by J. Peyser, 409—432. Milwaukee: Hal Leonard.

Cameron, C. M. 1996. *Dialectics in the Arts*. Westport, CT: Praeger.

Castaner, X., and L. Campos. 2002. "The Determinants of Artistic Innovation: Bringing in the Roleof Organizations." *Journal of Cultural Economics* 26: 29—52.

Copland, A. 1933. "The Composer in America, 1923—1933." *Modern Music* 10:87—92.

Copland, A. 1963. *Copland on Music*. New York: W. W. Norton.

Corse, S. M., and M. D. Griffin. 1997. "Cultural Valorization and African American Literary History." *Sociological Forum* 12: 173—203.

Craig, A., and S. Dubois. 2010. "Between Art and Money." *Poetics* 38: 441—460.

Craven, R. R. 1986. *Symphony Orchestras of the United States*. New York: Greenwood.

---

① 感谢 LAO 为我们提供曲目数据；感谢 Rob O'Reilly 对数据管理的支持；感谢 Flemming Agersnap, Trine Bille, Doris Ruth Eikhof, Sonal Nalkur, Bill Roy，和参加创意产业职业生涯会议的人员，感谢他们有益的评论和建议，尤其感谢 Chris Mathieu 所做的一切。

DeNora, T. 1991. "Musical Patronage and Social Change in Beethoven's Vienna." *American Journal of Sociology* 97: 310—346.

DiMaggio, P. 1982. "Cultural Entrepreneurship in Nineteenth-Century Boston." *Media, Culture & Society* 4: 33—55 and 303—322.

DiMaggio, P. 1992. "Cultural Boundaries and Structural Change." In *Cultivating Differences*, edited by M. Lamont and M. Fournier, 21—57. Chicago: University of Chicago Press.

DiMaggio, P. 2006. "Nonprofit Organizations and the Intersectoral Division of Labor in the Arts." In *The Nonprofit Sector*, edited by W. W. Powell and R. Steinberg, 432—461. New Haven, CT: Yale University Press.

DiMaggio, P., and K. Stenberg. 1985a. "Conformity and Diversity in the American Regional Stage." In *Art, Ideology and Politics*, edited by J. Balfe and M. Wyszomirski, 116—140. New York: Praeger.

DiMaggio, P., and K. Stenberg. 1985b. "Why Do Some Theatres Innovate More Than Others?" *Poetics* 14: 107—122.

DiMaggio, P., and M. Useem. 1978. "Social Class and Arts Consumption." *Theory & Society* 78: 141—160.

Dowd, T. J. 2004. "Concentration and Diversity Revisited." *Social Forces* 82: 1411—1455.

Dowd, T. J. 2011. "The Production and Producers of Lifestyles." *Kijlner Zeitschrift fur Soziologie und Sozialpsychologie* Special Issue 51.

Dowd, T. J., K. Liddle, K. Lupo, and A. Borden. 2002. "Organizing the Musical n." *Poetics* 30: 35—61.

Dowd, T. J., K. Liddle, & J. Nelson. 2004. "Music Festivals as Scenes." In *Music Scenes*, edited by A. Bennett and R. A. Peterson, 149—167. Nashville: Vanderbilt University Press.

Faulkner, R. R. 1983. *Music on Demand*. New Brunswick, NJ: Transaction Press.

Felton, M. V. 1978. "The Economics of the Creative Arts." *Journal of Cultural Economics* 2: 41.

Flanagan, R. J. 2008. *The Economic Environment of American Symphony Orchestras*. Report to Andrew W. Mellon Foundation. http://www.gsb.stanford.edu/ news/packages/pdf/Flanagan. pdf

Gilmore, S. 1987. "Coordination and Convention." *Symbolic Interaction* 10: 209—227.

Gilmore, S. 1988. "Schools of Activity and Innovation." *Sociological Quarterly* 29:203—219.

Gilmore, S. 1993. "Tradition and Novelty in Concert Programming." *Sociological Forum*8: 221—242.

Glynn, M. A. 2002. "Chord and Discord." *Poetics* 30: 63—85.

Hanson, H. 1951. *Music in Contemporary Civilization*. Lincoln: University of Nebraska Press.

Hart, P. 1973. *Orpheus in the New World*. New York: W. W. Norton.

Heilbrun, J. 2001. "Empirical Evidence of a Decline in Repertory Diversity among American Opera Companies 1991/92 to 1997/98." *Journal of Cultural Economics* 25: 63—72.

Heilbrun, J. 2004. "The Symphony Orchestra Repertoire." *Journal of Arts Management, Law and Society* 34: 151—155.

Jeffri, J. 2008. *Taking Note-A Study of Composers and New Music Activity in the United States*. New York: Research Center for Culture and the Arts.

Jeffri, J., D. D. Heckathorn, and M. W. Spiller. 2011. "Painting Your Life:." *Poetics* 39:19—43.

Khodyakov, D. M. 2007. "The Complexity of Trust-Control Relationships in Creative Organizations." *Social Forces* 86: 1—22.

Kremp, P.-A. 2010. "Innovation and Selection." *Social Forces* 88: 1051—1082.

League of American Orchestras. 2011. "About the League." http://www.americanorchestras.org/aboucthe_league.html

Maitlis, S., and T. B. Lawrence. 2003. "Orchestral Manoeuvres in the Dark." *Journal of Management Studies* 40: 109—139.

Martorella, R. 1977. "The Relationship between Box Office and Repertoire." *Sociological Quarterly* 18: 354—336.

Martorella, R. 1985. *The Sociology of Opera*. New York: Praeger.

Menger, P.-M. 1999. "Artistic Labor Markets and Careers." *Annual Review of Sociology*25: 541—574.

Mueller, J. H. 1951. *The American Symphony Orchestra*. Westport, CT: Greenwood

Press.

Nash, D. 1970. "Challenge and Response in the American Composer's Career." In *The Sociology of Art and Literature*, edited by M. Albrecht, 256—265. London: Duckworth.

Neter, J., W. Wasserman, and M. J. Kutner. 1983. *Applied Linear Regression Models*. Homewood, IL: Richard D. Irwin.

O'Hagan, J., and A. Neligan. 2005. "State Subsidies and Repertoire Conventionality in the Non-Profit English Theatre Sector." *Journal of Cultural Economics* 29:35—57.

Oja, C. 2000. *Making Music Modern*. New York: Oxford University Press.

Peterson, R. A.. and G. Rossman. 2008. "Changing Arts Audiences." In *Engaging Art*, edited by S. J. Tepper and B, Ivey, 307—342. New York: Routledge.

Pierce, J. L. 2000. "Programmatic Risk-Taking by American Opera Companies." *Journal* of *Cultural Economics* 24: 45—63.

Roy, W. G., and T. J. Dowd. 2010. "What Is Sociological about Music?" *Annual Review of Sociology* 36: 183—203.

Schmutz, V. 2005. "Retrospective Cultural Consecration in Popular Music." *American Behavioral Scientist* 48: 1510—23.

Scholz, L. B. 2001. "Across the Private Policymaking Process: The Case of the American Symphony Orchestra League and Americanizing the American Orchestra." *Journal of Arts Management, Law and Society* 31: 137—148.

Schuller, G. 1962. "American Performance and New Music." *Perspectives of New Music* 1: 1—8.

Smith, W. A. 1983. "Leopold Stokowski." *American Music* 1: 23—37.

Tawa, N. E. 1984. *Serenading the Reluctant Eagle*. New York: Schirmer.

Weber, W. 2001. "From Miscellany to Homogeneity in Concert Programming." *Poetics* 29: 125—134.

Zappa, F. 1989. *The Real Frank Zappa Book*. New York: Poseidon Press.

Zuckerman, E. W., T.-Y. Kim, K. Ukwana, and J. von Rittmann. 2003. "Robust Identitiesor Nonentities." *American Journal of Sociology* 108: 1018—1074.

第五部分

视觉艺术和时尚设计

第 11 章　轻装上阵
——法国局外艺术家客观职业生涯成功的社会认知障碍

让·布拉朗(Jean Pralong),
安妮·甘姆博(Anne Gombault),
弗朗索瓦·利奥特(Francoise Liot),
让一伊夫·阿加德(Jean-Yves Agard)、
凯瑟琳·莫雷尔(Catherine Morel)

11.1　引　言

今天,艺术界存在许多失败的局外人(Becker,1963,1982)。与盼望成功的大众相比,取得客观成功的艺术家为数极少;其他人在一生中经历了艰难的职业生涯和个人生活。人们普遍地从经济和社会学的观点探讨成功艺术家的职业生涯,但却鲜见对于那些失败艺术家及其成功障碍的研究。在此,所谓"失败的视觉艺术家",是指个人投入艺术实践很大但其作品却没有价值者。他们处在艺术界的边缘地带,无法进入任何成型的世界,不能为自己成功地营造新的环境。他们虽然并非真正意义上的社会边缘者,即使过着拮据的生活,但远非通常所言的社会弃儿，然而却游离于当代艺术界之外。大体上，可把这一点定义为“艺术家内在变异”(intra-artisic deviane)特征。在2009～2010年，法国开展了一项广义的定性行为研究(action-research)项目，为了考察那些失败视觉艺术家的职业生涯。其总体研究课题为阻止这些艺术家成功的障碍是什么？本章将陈述这一研究结果，重点在于特定的社会认知障碍。根据多课程文献概览所建立的理论框架，我们把自由职业生涯框架与关于“艺术界”的社会学视角相结合。

总体而论，职业生涯成功兼具主观和客观双重意义(Boudreau等，2001:25—50)。有关创意领域的文献大多专注于非典型的职业生涯成果，包括对工作的内生兴趣、追求自主、直面挑战以及热情执着。主观心理的成功具有多种形式，其定义是，“因取得一生最重要成果而生成的自豪感和个人成就感”(Hall，1996)，这是最为重要的回报。客观的成功标志诸如经济报酬(compensation)、个人成就(progression)和职业稳定。对艺术家而言，这意味着其作品获得了承认(Bowness，1989；Moulin，1992)并可据以谋生，但却与成功的职业生涯关系不大(Bridgstock，2008a；Caves，2000；Throsby，1994；Throsby和Hollister，2003)。本章的主题是重点关注艺术家在职业生涯中的客观性失败(即，由于未能得到艺术界的认可，也无法以此为生)，我们所考察的人群更加关心客观性成功，而不是主观意义的成功。

11.2 理论框架：视觉专业艺术生涯营造的客观性失败

职业生涯理论和艺术社会学文献记录了职业生涯的成功。在此，我们先评述两种框架，然后整合为总体框架，以便解释关于视觉艺术家客观性职业生涯成功障碍的实证数据。自由职业生涯表示项目确定(project enactment)与取得成功、提供参照框架(frame of reference)概念之间的关联(Weick,1995)。艺术社会学表明,艺术家必须与艺术界打交道,这是一个稳定规范与企业家需求相互结合的混合而矛盾的环境。

11.2.1　职业生涯确定和职业生涯的参照框架

从 20 世纪 90 年代以来,产业组织的持续变化已极大地改变了就业关系。那些虚弱的组织已无法为职业生涯路径设定界限(Arthur 和 Rousseau,1996)。职业生涯由项目而不是由官僚规章所驱动。这也就促使有关职业生涯的理论发生重大变化,而对于成功的定义和取得成功的过程也已变化。个人行为现在有着巨大的影响。对于职业生涯成功的定义应该是主观而非客观的。因为已经没有组织原则为职业生涯设定界限,个人必须根据自己的主观原则构筑发展路径。这些属于个人特质的东西决定了职业生涯成功及其路径。采纳这种自由的后组织路径,职业生涯成功(Arthur 等,2005)将派生于个人自行担当和确定环境的能力(Littleton 等人,2000;Weick,1995,1996)。德菲利普和亚瑟(DeFillippi and Arthur, 1994)宣称,个人应该学习如何积累各种技能组合,并且把它们转化为新的项目。这种确定过程是理解职业生涯成败的关键(Littleton 等人,2000)。借助于在瑞士军事演习时的一桩事故,威克(Weick,2007)对环境确定作了著名的说明。① 一支匈牙利先遣部队的侦察小队被派到阿尔卑斯山未开发的冰河区域。整整两天连续不断的暴风雪后,这支侦察小队仍然失联,显然它已迷路。最后,在第三天,侦察小队回来了。他们如何在陌生区域内找到归途的呢? 其中一位在口袋里发现了一份地图,可以用它来寻找道路。然而,先遣队领队最后发现那是一张比利牛斯山而非阿尔卑斯山的地图。这一令人惊喜的结果导致了这样的结论:在不利环境下,任何地图都是有用的。情势越是混沌、环境越差,能够加以解释者就越少。混沌状态会造就混杂了个人解释和环境确定的机会。一旦开始行动，人们就会产生有形的结果，确定眼前的情况以及随后的行动步骤；行动造就环境；最后，环境确定预示了自我实现。把它拓展到职业生涯的成功问题，威克提及的轶闻意味着，个人确定情势，理解环境和他们自身的安排和框架，即兴创作和“凑合”(making do)就是习惯的做法。人们花在制定计划上的时间不及行动和开发项目所费。这种持续互动造就了历史、项目机会以及构成新职业生涯特征的“无尽实验和探索”(Hall，1976)。但是，环境的确定是一种系及个人认知特征的过程。环境确定的体现被记作参照框架(Weick，1995)。个人必须不断运用它来把握未来的情势。职业生涯的参照框架概念描述了涉及职业和休假行为的框架。

11.2.2 艺术界：作为艺术家职场发展的复杂二元组织框架

创意产业(或新文化经济)的范式(Caves，2000；Throsby，2001)见证了艺术与商业及其经济影响日益增长的联系，但却带有讽刺意味地强调罗曼蒂克的“文化意识形态”(Chiapello，1998)，专业艺术生涯的成功并非根据职业生涯标准而定义，甚至可以说，它与浪漫蒂克相反，艺术家与“资产阶级”社会是相隔离的。采纳关于职业生涯研究的这种新方式，在艺术世界，没有哪个稳定的组织环境或层级演进制度可以制约艺术家的职业生涯。在这个不可预测的经济社会中，他们直接面对市场，因为艺术创造只产生样品，不可能预测顾客的反应。凯夫斯(Caves，2000)把艺术品生产的这种特征描述为“无人知晓(任何事物)”，使得专业艺术生涯具有很大的风险。同样，门格尔(Menger，2001、2003、2009)专注于艺术家为了成功、职场发展而必须工作的高度不确定性。艺术家们似乎都处于弱势，因为实际上没有组织结构来缓解艺术市场的不可预测作用。企业家精神(entrepreneurship)、自我雇用以及在中小组织就业是其工作的共同特征。在这样的框架下，他们实质上无法获得稳定就业和常规的晋级(Bridgstock,2005)。艺术家在各个时期都会跨越传统的职业界限,晋级和向上流动的传统规则已经消失。艺术家的职业生涯是在网络中而不是组织内部展开。因此,艺术家的职场发展首先取决于个人的责任心和工作(Menger,2009)。艺术家必须就所要构建的机会或职业生涯策略自行作出决策(O'Mahoney 和 Bechky,2006)。这样的环境和特征似乎是大多数后工业化路径的常见现象。为了确认职业生涯正在出现的这种新侧面,新的文献已然出现。并非每个人的职业生涯都是“自由的”,但艺术家的职业生涯却是“新型职业生涯”的最好例子(Arthur 和 Rousseau,1996;DeFillippi 和 Arthue,1994),它包括创造力、创新和更新。艺术家不得不与高度竞争、有选择的“不景气环境”打交道(Weick 和 Berlinger,1989),其职业生涯极大地取决于他们建立的策略。艺术家在紧缩市场上的过剩使得竞争愈发加剧,只有极少数技能最高者才能取得成功(Bridgstock,2008b;Menger,2009)。Singular 奇特的经历不再仅仅体现了艺术卓越的特征(Heinich,1998),而且体现了多元化、技能更新以及极强的适应能力性(Menger,2009),因为这种新型的成功是在专业路径的断断续续中展现的。

然而,远非浪漫蒂克的“文化意识形态”(即,“为艺术而艺术”,它与资本主义的“资产阶级”社会相对立)(Caves,2000;Chiapello,1998)和这种自由职业的生涯趋势,社会学文献明确地表明,艺术家的职业生涯不仅仅由个人才干和技能所构建。它们处在社会构建的框架下,贝克把它定义为“艺术界”。按照他关于创造的现代视角,艺术属于集体产品。艺术界不是出自单一艺术家的活动,而是出自各具作用的合作成员(艺术家、收藏者、资助人、机构、评论家、媒体、业余爱好者和普通公众等),通过社会规则或游戏规则进行合作。这些共享规则蕴含于知识、技术、工作实践和感知。规范产生于艺术界内,仅为业内人士所知,这些规范知识定义了它的外部界限。所有的艺术家都必须与艺术界交往,虽然方式不同。纵然他们经常交流,艺术界还是处于不断地变化之中,时快时慢。当革命性的外来者向艺术界规范挑战和推行新的规则时,就会发生这类变化,成为“前卫艺术”(Becker,1963,1982)。尽管具有非正式的组织内部层级关系,但“艺术界”却是评估艺术作品和艺术家创造力的艺术社区,这种认知机制对于艺术家的职业生涯至关重要(Bowness,1989;Heinich,1998)。艺术界耗费了大量时间来确定什么是或什么不是艺术,并为这个问题而努力。布迪厄(Bourdieu,1977)通过分析澄清了这一问题,即艺术家是在为艺术界的有限资源而抗争。因此,为了构建项目,艺术家需要了解结构界限的作用。艺术中介、画廊、评论家、收藏者、博物馆、媒体和受众等,在帮助艺术家理解和确定界限方面发挥着至关重要的作用,因此艺术家与这些中介的交流是十分重要的。

11.2.3 视觉艺术家的客观的职业生涯成功或失败

一方面,就像自由职业者那样,当代艺术家已经更多地通过暂时、自行设计和短期项目而演化(Heinich,1998),这些项目或是必须在现有艺术界发展,或是开发新的项目。另一方面,承认艺术界、行为人、规则的影响是专业艺术生涯成功的关键,即使如此行事为了冲破它们(Becker,1982;Bowness,1989;Heinich,1998;Menger,2003;Moulin,1992)。艺术界看起来很虚弱,受制于不可预测的市场,但其实它们是由大机构和行为人和(不同的中介、等)实施了高度的结构化。总之,艺术家必须处理这一个悖论(即,通过短期项目和在高度结构化的产业内的自我设计组织来确定其职业生涯)。

不可否认,紧缩市场确实存在着框架方面的障碍,但主要在于艺术家无法清晰地了解框架。在缺乏清晰的专业艺术生涯路径和技能指南时,这种情况时常发生(Liot,2009)。不仅职业生涯类型缺失,艺术界也没有明确定义的轮廓,尽管它们的调节规则十分有力,使得构建职业生涯身份尤其困难。例如,对某些艺术家来说,并不完全明显的是,业余沙龙并不是专业工作场所,人们可在那里出售自己的作品。一位艺术家所需要的技能实质上是模糊的,不管是创作技能还是所需附加知识。因此,专业艺术生涯的成功取决于艺术家理解和接受艺术界、特定企业和内在规则的方式,包括创业体系。当代视觉专业艺术生涯的成功是在虚弱但高度社会结构化的艺术界里通过设计的项目而实现的。但是,甚至在这种复杂的二元环境中,能力、演进和行为模式也是必不可少的。客观的职业生涯成功派生于在这种艺术界中持续发展项目的能力。

11.3 方法论:在法国地区调查专业艺术生涯失败

11.3.1 研究目标和疑问

本章介绍了广泛创新行动研究计划的第一步,这项研究于2009年秋在法国的阿基坦(Aquitaine)进行。近百位视觉艺术家参加了由BEM波尔多管理学院“欧洲艺术、文化和管理讲座”组织的为期3个月的全日制培训计划。他们都是这项职场发展培训的志愿者,由地方当局所资助,希望帮助这些失败的艺术家销售其作品,进而发展他们的职业生涯。这些艺术家由法国就业服务部门根据就业管理标准而鉴定为失败者、求职者或社会最低收入者。他们声称自己是专业艺术家,并有某种形式的作品作为证明。这种培训计划无疑是研究团队考察这些艺术界的局外人的绝佳机会,能够更好地了解他们取得成功的障碍何在。我们的研究目标就在于,描述和分析艺术家客观性失败和他们职业生涯框架的内容。客观性职业生涯成功意指个人确定对于事件的理解、机会识别以及采取恰当行动的能力。职业生涯的参照框架也与这一过程有关。因此,需要了解的是,什么才是失败艺术家的职业生涯参照框架？

11.3.2 数据的生成

根据一个综合目标，我们的工作基于实证的定性研究，采用人类学方法，用两年的时间作了深入调查。这项特定纵向研究的第一阶段是"深入描述"(Geertz，1973)艺术家在特定地点(即，在法国阿基坦地区参加培训计划的艺术家群体)参与定期自愿社会互动而稳定的个群中取得客观成功的障碍。

现场访问(field access)是在培训课程之前、期间和之后通过三角形路径进行的，讨论组(focus group)，参与者观察，沉浸于艺术家的行动框架。在培训开始前，我们组织了4组面谈，每组10个艺术家，受访者都经过精心挑选。根据专家意见，招募过程包括三大类艺术家，按照阿基坦地区的社会群体情况设置。问题和最令人感兴趣的事项(Liot，2004)。三类人员是，来自波尔多地区的城市艺术家(一组)，来自大波尔多地区的城郊艺术家(一组)，来自多尔多涅河(Dordogne)和兰德斯(Landes)等阿基坦其他地方的农村艺术家(两组)。所有的小组面谈都是由不同专业的局外视觉艺术家组成(绘画、摄影、音响、雕塑、诗歌、戏剧、小说和舞蹈)。如此众多不同艺术形式的艺术家能汇聚一处，那是因为他们都面临着相同的客观性失败处境。他们的年龄从青年到50多岁不等。采访据称是在对艺术家们并无恶意的环境中进行的(即，美术馆、艺术社团，以及处在艺术区中心的波尔多艺术馆和传媒大学)。三位研究者负责进行小组采访，一位是主要采访人员(人类学家)，一位是辅助采访人员(社会学家)，另一位是记录员(管理学家)。每个小组采访都作了全程录音录像。每次采访持续大约两小时，从艺术家描述自己的"职业生涯期望"开始；然后是询问发问三个主要话题，鼓励每个人自由表达：

(1)作为艺术家，你的职业生涯期望是什么？

(2)在成为艺术家的职业生涯道路上,你遇到了哪些障碍?

(3)在成为艺术家的职业生涯道路上,你需要具备哪些激励因素?

接下来是调查他们的职业生涯参照框架,所提问题都是一些有关"妨碍"和"利于"专业艺术生涯者。采访者利用变换问题和互动的机会确保所有的参与者都能表达他们的意见。团体访谈后则是非正式的会晤。这些深入交流和观察的时刻也成了理解交叉框架(cross-contexts)的叙事和事来源。

在培训期间,艺术家志愿者参与了现场观摩。这意味着考察始于培训之前(非正式欢迎阶段)的社交期,并在整个培训期(报告会、辩论、案例研究等)和休息期延续,以及作为"行动型"参与作业的团体营销项目中。他们实施和观察了7个项目,包括"1Chateau for,1Aritist"(在夏季由当地酒庄赞助的大众艺术展览会)或"阿基坦艺术家的画像"(城市艺术家的自行推销交流项目)及其他项目。

在艺术家的多个活动领域里都有深入的互动(展览会、助兴剧目、艺术活动、邮件交流以及同培训组织者/研究者的现场互动)。这些活动包括了多次会议,其中一些重要时期则在专业和社会(正式和非正式)交流场合与艺术家们相处。

这些观察结果收集在民族志中,在描述以下因素时尤需注意,即演员、场所、封闭和开放的环境、大型组织、各种干扰和活动序列。如果可能,还应关注演员明显的情感状态、肢体语言、态度和姿势。

11.3.3　内容分析和验证

我们所用分析方法属于典型的主题内容分析,它被设计成对于属性数据的定性分析。这种技术被用于最基本的实证层面,以便减少数据量,进而汇编成实证性的主题大全。收集的数据根据主题分类,而这一过程内容相当丰富,因为所得数据来自团体采访、参与者观察以及艺术家活动框架等不同出处。遵循溯因逻辑(abductive logic),对这些精简的实证数据进行理论架构分析，进而制作理论大全。由于研究者们具有很高水平的跨课程框架，这一步骤尤具原创性且内容丰富。这些研究者来自不同课程，包括心理学、社会人类学、艺术社会学和管理科学（组织行为、艺术管理和营销学）。

因此，由于该领域内容的独特和丰富，以及数据生成和分析方式所提供的深入细致的框架描述，这种方法论从多个角度对所得事实材料进行了交叉检验，目的在于解读确定框架和社会话语中的数据，从而得到影响深远的结论，减少随意杜撰的可能性。

11.4 实证结果：艺术界之外的客观性

运用实证内容分析，根据其职业生涯、专业路径以及促进和阻碍其发展的各种因素，我们就能编撰艺术家们提到的最重要分类和主题的实证大全。他们确定的主题分类为解读提供了基础。这些主题描述了作为研究对象的艺术家们职业生涯的参照框架。

11.4.1 风险环境中的不确定性

对这些艺术家而言，他们的职业生涯首先需要应对不确定性。这一基本主题体现为一个结构、一种框架以及所有谈话的背景，包括创作的不确定性、收入的不确定性以及职业生涯的不确定性。艺术家必须找到一条与其具体项目和创作过程相匹配的独特路径，必须在高度竞争性的环境中培养自己的社会需求。在此，我们简要说明一下凯夫斯（Caves，2000）制订的创意产业著名的“无人知晓（任何事物）”的特征：

> 某雕塑家：我个人认为，市场上存在的艺术家过多。大批的人在做着有趣的事，但却没有观众……问题在于，那些人，我们让他们怀有梦想，培训他们，而其中的80%都处在

法国最低社会收入水平(RMI)。在去年的一次(项目的预备会议)会谈中,每个人都在述说他们的不幸,因为无法谋生。缺乏足够的市场。(focus group 摘录。)

11.4.2　寻求经济平衡

下一个最突出的主题是,各位艺术家在日常生活中对于经济平衡的追求。作为艺术家,靠作品挣钱并不是必要条件。然而,所有艺术家都必须解决“经济平衡”问题,或出售艺术作品,或寻找第二份职业生涯,或仰仗社会最低收入过活。许多人宁可选择最后一种办法,也不愿受制于艺术品销售或是寻找第二职业。艺术家们的经济适应性和社会边缘化已是岌岌可危。

以下是两个画家的对话:

- 就我个人而言,20年来一直有两份工作,很难应付。
- 这要视情况而定,不能一概而论,需要根据时期而议。“艺术家大厦”(Maison des Artistes)是一个帮助艺术家活动构建商业形象的组织。因为官僚程序极其繁杂,一旦进入该组织,驻留和离开它都不容易。于是,我们不得不服从它的特殊框架。
- 因为知道自己可以靠艺术谋生,所以我一直在做其他事情,制作动漫、设计酒瓶标签等。就个人而言,现在我需要这种改变。这一点甚至还是某种优势,因为那些仅靠绘画谋生的人只能不断地重复自己……在这里,我找到了生活的节奏,一种自己安排工作的方式。
- 如果你必须在今天的某一时刻有所创造,它将改变一切。

(focus group 摘录。)

11.4.3　对艺术界关键成功因素的认识

即使处在困境之中,艺术家们也完全知道取得成功的关键因素(Becker,1982),即声誉、社会网络、作品营销和其他技术资源,诸如工作空间和展示空间，以及与收藏家、资助人和普通受众的交流。他们不具备管理能力或资金实力来获得这些关键的要素，这些事实足以说明他们处于困境的原因。他们不知道应当如何行动，同谁合作。

某舞蹈家：大约五六年来，我们一直在为年青人或少年观众表演。依靠谁呢？我们自己……主要问题是，我们不知道如何推销，所以非常失败，而且供养不起行政管理者。

某视觉艺术家：上美术学校时，如果教授能告诉我们做什么或不做什么，就可以让我们少走许多弯路。通过拜访造型艺术咨询公司，如何撰写著作等，我确实积累了经验。

某画家：艺术家是孤独的，他们什么都没有，既没有评论者，也没有经纪人。

（focus group 摘录。）

11.4.4 寻求认可的局外人

艺术家们感到自己被排除在体制化的艺术界之外，处在边缘状态而成为“局外人”（Becker，1963）。他们都诉说了对其工作的缺乏认可，无论是艺术机构、受众还是社会大众。

某“漫画家”：这事很复杂（对于创作的公共资助）。我们的感觉是，它属于命中注定之事，这与我们无关！

某舞蹈家：还有一个障碍，且更加普遍，关于认可问题……我们总是需要为自己声辩，解释自己在做些什么。

某视觉艺术家：努力争取得到机构的认可吧！在当地社团群中（法国最小的区域划分）都是这样，他们总是到别处寻找名人，我们为何就不能占有一席之地呢。

（focus group 摘录。）

11.4.5 迫切需要经纪人

我们遇到的所有艺术家都认为，其他人的成就都胜过他们。他们需要中介人和经纪人，通过融资、定价、促销、宣传和受众开发来推销他们的作品。然而，艺术家解释说，他们难以找到经纪人，也不知道在当地环境中是否存在真有这类专业人士。他们对于画廊的作用和经营规则普遍不满。对他们来说，画廊主要是针对国际和全国的艺术市场，而不是关注当地的创作。

某雕塑家：不，如果一定要谈一下专业路径的话，对我个人而言，就是要找一位经纪人，能够让我接触一些可能有兴趣的收藏家的经纪人。真正的问题还在于社会关系。人数原本就很少，而且只有少部分人属于能够欣赏我作品的精英人士。我对经纪人的唯一要求是，他们能够接触到我自己无法接触的人……我向巴黎的几家画廊作了自我介绍。我做出了选择，但画廊工作与我的身份不符。画廊老板需要一些能够不断创作的艺术家，他们是商人，所以只能接受画笔不缀者……有了经纪人，情况就可以改善了。

某艺术摄影师：说到我们的事务，我们能够创作，其他事则由别人来打理。

（focus group 摘录。）

11.4.6　宿命论还是实用主义

这些“失败艺术家”的主要问题是，如何摆脱这种状况，如何与艺术界打交道以便跻身其中。在这方面，有两种基本态度，宿命论和实用主义。

宿命论者认为自己完全无法改变处境，只能出售或低估他们的艺术作品，这就严重折磨了他们的心理和时间安排。他们很明白，他们必须与艺术市场打交道，但会遇到两个问题：第一，他们从未想到要去做生意。因为既无相关技能，也未受过培训；第二，更重要的是，需要把艺术当作市场，把艺术家作为某种网络，这有损于他们对于艺术和艺术家的理想。把艺术作为创作抑或作为市场，这种区分蕴含着冲突，似乎无法予以化解。因此，他们不得不寻找其他解决办法。多数人依靠最低的社会收入，或者把第二职业生涯作为主要收入来源，而有些妇女就仰仗丈夫的收入。有些人难以忍受第二职业生涯，因为后者妨碍了创作，而且意味着他们没有艺术地位。这种处境令他们难以接受。如果这项工作处在艺术组织中（例如，博物馆保安），这种感触就会尤为强烈。在我们的样本中，年纪最大的艺术家们都是宿命论者，他们承认自己的失败。

相形之下，实用主义者常常设定各种行动策略，虽然实施起来相当笨拙。从只打一次交道的心态、每天"敷衍"一下周边各种关系和收入机会转变为主动采取行为，艺术家成了企业家，拥有自己的经纪人或生产者；他同时又是纯粹的从业者，需要出售艺术品以谋生，需要使尽浑身解数去追求成功。这些艺术家描述了，为了被艺术界认可为一位重要的艺术家，所需逾越的各种障碍。然而，在我们所研究的团体中，具备这种能力者只是少数。

设计师：我设立了目标，必须努力地追求之。这包含了我的所有经历，诸如有利于前进的因素……我遇到了《周日消息》（*Sud-Ouest*，当地一份主要报纸）的一位朋友。非常幸运的是，他很欣赏我的作品。随后，就有一位建筑师与我联系。他负责"la Bourse"广场（著名的波尔多高档广场）的咖啡吧整修。他对我的工作很有兴趣。它犹如一个奇妙的药方！我没有把握不知道，只能硬着头皮干过去，因为我并未做过什么出类拔萃的事情。

画家：你如果找到一个线头，就能够找到另一个。

艺术摄影师：就我个人而言，我有法国促进文化艺术的国家机构（DRAC）提供的创作资助，它具有赞助目录。还有各种机构，有社交网络；为了有所成就，必须获得资助。

（focus group 摘录。）

在培训期间，艺术家们缺乏转向和打开艺术界成功路径的能力，因而抱着宿命论或实用主义的态度，从他们对培训环境和项目的行为，就能看清这一点。关于培训环境，在他们确实每周在商学院进行为期两个月的学习时，他们的举止总是像处在一个意义不明确、或许不友好的环境中的陌生人。至于项目，可以观察两种特别的行为：第一，他们在清晰制订艺术项目时遇到了极大的困难。特别是，他们无法按照当代艺术界的层级、惯例设定项目，以便拟订和验证行动计划。即便是那些比较熟悉其工作者也完全无法设想出任何相关的推销行动。第二，当他们在培训期内准备启动一个项目时，包括融资在内，他们的反应也是畏手畏脚的。

每个学期结束时都需要陈述一个项目。这些项目都会系统地让艺术家（或艺术家团体）与经济界人士接触。首先，这就要求艺术家立即按理论开始行动，发动当地经济界人士与艺术家一道起参与富有成效的合作项目（BEM、机构、画廊、葡萄酒庄等）。艺术家参与者和志愿者有时单独、有时集体加入这些项目。这种向着活动阶段的过渡需要作出承诺，有时需要牺牲一些时间，它从来都不是转眼就可启动。深入和大规模的。我们注意到，他们需要时间思考，观察其他人在干什么。这一动态过程通常要到下一学期才启动。在两三位头儿的鼓动以及和主办方或参与课程的文化代表一再的提醒下，即使这些项目经严格的监管，并且有财务资助，但我们仍然惊讶地发现，他们依然是言不由衷，缩手缩脚，甚至互不信任。

（focus group 摘录。）

11.5 分析和讨论：对艺术界成功的社会认知障碍

在此，我们有两个分析目标，描述失败视觉专业艺术生涯的参照框架；探索职业生涯参照框架与客观职业生涯失败间的关联。

11.5.1 职业生涯参照框架和艺术界:失败艺术家是清醒的局外人

这些实证数据验证了对于专业艺术生涯的艺术社会学、管理社会学最新观察。在艺术家发展的风险环境中,他们必须一如既往地“管理不确定性”(Menger,2009),必须应对在高度制度化的艺术市场上起作用的各种潜规则(tacit rules)(Becker,1982;Moulin,1992),如若不然,他们就会遭到排挤,并且强烈感受到这种排斥。处在这种框架下,职业生涯不可能稳定(Bridgstock,2005)。然而,他们虽然是当代艺术界的局外人,但却也能看清楚进入艺术市场的关键所在。正如 Chiapello 所分析的,由于艺术和商业这两个世界的社会经济变革,这种意识标志着两者的逻辑最近得以协调。即使那些处境不佳的艺术家也不再坚持“为艺术而艺术”的浪漫主义范式,即强烈反对把管理作为“资产阶级的资本主义工具”的意识形态立场。我们所考察的失败视觉艺术家明确意识到,当代艺术界需要实用主义,他们正在设法自行管理项目,直面这些活动具备的企业经营性质。因此,他们很希望具备更加开放的心态,更有创造性地评估他们的工作,即使他们还没有学习管理。他们可能已经超越了纯粹艺术的浪漫范式与不纯粹的商业和市场活动,但是艺术与商业之间的界限似乎依然无法逾越。

11.5.2 职业生涯的参照框架和客观的职业生涯失败

参照框架是艺术家把握环境和管理艺术世界的资源。这一过程提供了各种机会,授权于个人,抑或相反,设置各种障碍。

研究样本中的所有艺术家都明白在艺术界取得成功的关键因素,但几乎无人能在目标与行动之间勾画出一条切实可行的路线。他们建立艺术作品的架构,使得它内在地具备双重活动,一部分是作品创造,另一部分则是项目管理和作品销售。这种分裂的架构出自于失败艺术家所经历的艺术与商业的界限。它阻碍了他们把握机会和开发技能。他们的能力(即行动能力)受到这个框架的限制(Sen,1999)。宿命论者似乎最无能力把艺术与商业挂钩。对他们来说,按照创业项目那样管理艺术工作的要求过于苛刻。他们根本就无力做到,也无法找到经纪人为其办理。他们从不过问商务事宜。实用主义者似乎比较能够建立艺术同商业的联系。在调和作为创作的艺术和作为商业的艺术方面,他们已经有了一些能力,虽然办事时常常显得十分笨拙。他们的这点能力并不意味着就能找到正确的发展路径。

样本中失败艺术家构建艺术界的这些方式使得他们无法有效地应用各种策略。职业生涯参照框架使其无法恰当地采取行动。例如,他们的一个基本错误就在于不合群,没有在艺术界寻找有用的行为人,因为他们既害怕不确定性,又害怕市场和竞争者。因此,他们疏远了艺术界,而艺术界人士也无法根据惯例对他们做出评估,更无法对这些惯例提出质疑。业内人士的强势地位通过行业忠诚、共享主流观念进一步强化了这些惯例。一般而言,那些艺术家无法适应艺术界的文化惯例,对艺术界几乎完全陌生。尽管如此,认知框架依然还存在改变和发展的潜力。威克(Weick,2001)声称,这一框架可以通过重新规划或者革命加以改变。实用主义者的框架幸运地可通过重新规划而获得改变。这些艺术家积极地寻找策略,虽然行为相当笨拙,几无成功的可能,但确实是在探索各种途径,以便从局外人转变为圈内人。这种搜寻可以形成某种良性循环,即新型行动手段的发现会导致重新规划,而新的框架会带来新的机会。相形之下,宿命论者却很难逾越艺术与艺术管理的界限。他们似乎陷入了恶性循环,即行动力的缺乏使其无法采取主动行动,甚至可能使其进一步走向极端。由此,某些人会把自己永远当作局外人。如果出现这种情形,只有认知的革命才能带来变化。

11.6 结论:破除专业艺术生涯的神话

通过描述、分析法国地区视觉艺术家们的客观性职业生涯失败,本章呈现了关于定性行动研究的结论。我们的主要贡献是,阐述了这些艺术家取得职业生涯成功的社会认知障碍。关键的理论贡献在于,在专业艺术生涯文献与自主职业生涯文献之间建立了联系。艺术界因为具有双重性而变得复杂化,从而形成了这样一种社会结构环境,在其中,奇异的职场经历受到高度追捧。我们的结论表明,失败的视觉艺术家无法理解艺术界。鉴于相关艺术领域的参照框架明确区分了艺术和艺术商业,当机会来临之际,他们无法采取正确的行动。根据他们的参照框架,这些艺术家并不排斥当代艺术界的商业行为,而且能够认识到这是成功的关键;他们只是无法予以实施,进而发展成为持续的行为。因此,他们的职业生涯参照框架导致其职业生涯的客观性失败。他们完全身处局外,创作的是既无认可又无报酬的作品,因此完全脱离了任何专业化的环境,而且明确地意识到了这一点。

这些结果还具有其他方面的意义。首先,如果依然需要进行商业活动,那就完全摧毁了"文化意识形态"营造的关于专业艺术生涯的浪漫主义神话(Chiapello,1998),并且证明了即使失败的当代艺术界局外人也明白成功艺术家必须完成的商业任务。其次,他们使贝克(Becker,1982)和布迪厄(Bourdieu,1977)的现代理论得以相互比较。他们表示,通过重新创立其他惯例,在艺术界之外也可取得成功。尽管少数特立独行的艺术家可能做得到,因为他们惯于独来独往,能够分享知识,但是大多数还是被困在边缘,鲜有发展的可能。失败视觉艺术家处于"更大失败"的状况(Gombault 等,2011),因为他们缺乏融入艺术界的传统而被断然排除在外。

此外,这些结果还表明了专业艺术生涯自由的若干要点。第一,艺术界的特征表明，专业艺术生涯显然是脆弱的，而又非常规范；个人无法自由地创建或制定项目，其行为需由所处社会环境中各界的评估。第二，经典艺术家对于主观性职业生涯成功的追求并不否认客观性职业生涯成功的关联性。新的职业生涯理论家认为，客观性职业生涯的失败未必会剥夺个人所认为的主观性职业生涯的成功。这一研究结果表明，客观性失败的艺术家没有利用这种情形；并且他们无法体验主观性职业生涯的满足感。对于这两点需作进一步调查。这项研究得出的最终和比较实用的观点是，它使我们能够了解视觉艺术家，他们需要得到帮助。没有外来帮助，那就难以改变妨碍职业生涯成功的行为。因此，如果要对艺术家群体加以培训，首先就应该改变他们的职业生涯参照框架。

参考文献

Arthur, M., and D. Rousseau. 1996. *The Boundaryless Career: A New Employment Principle for a New Organizational Era*. New York: Oxford University Press.

Arthur, M., S. Khapova, and C. Wilderom. 2005. "Career Success in a Boundary-less Career World." *Journal of Organizational Behavior* 26: 177—202.

Becker, H. 1963. *Outsiders: Studies in the Sociology of Deviance*. New York: The Free Press.

Becker, H. 1982. *Art Worlds*. Berkeley; Los Angeles: University of California Press.

Boudreau, J., W. Boswell, T. Judge, and R. Bretz. 2001. "Personality and Cognitive Ability as Predictors of Job Search among Employed Managers." *Personnel Psychology* 54: 25—50.

Bourdieu, P. 1977. "La production de la croyance: contribution a une economie des biens symboliques." *Actes de la Recherche en Sciences Sociales* 13: 3—43.

Bowness, A. 1989. *The Conditions of Success*. New York: Thames and Hudson.

Bridgstock, R. 2005. "Australian Artists, Starving and Well-Nourished: What Can We Learn From the Prototypical Protean Career?" *Australian Journal of Career Development* 14: 40—48.

Bridgstock, R. 2008a, June 25—27. *"Follow Your Bliss" or "Show Me the Money"? Ca-*

reer Orientations, Career Management Competence and Career Success in Australian Creative Workers. Paper presented at the Creative Value Conference hosted by the ARC Centre of Excellence for Creative Industries and Innovation, Brisbane, Australia.

Bridgstock, R. 2008b. *Success in the Protean Career: A Predictive Study of Professional Artists and Tertiary Arts Graduates*. Unpublished doctoral dissertation, Queensland University of Technology, Kelvin Grove.

Caves, R. 2000. *Creative Industries: Contracts between Art and Commerce*. Cambridge, MA: Harvard University Press.

Chiapello, E. 1998. *Artistes versus Managers* . Paris:Metailie.

DeFillippi, R., and M . Arthur. 1994. "The Boundaryless Career: A Competency Based Perspective." *Journal of Organizational Behavior* 15: 307—24.

Geertz, C. 1973. *The Interpretation* of *Cultures: Selected Essays*. New York: Basic Books.

Gombault A., F. Liot, J. Pralong, J.-Y. Agard, and C. Morel. 2012. "Losers Lose: les vrais outsiders des mondes de l'art contemporain." In *Howard Becker et les mondes de L'art*, edited by P.-J. Benghozi and T. Paris. Cerisy: EcolePolytechnique.

Hall, D. 1976. *Careers in Organizations*. New York: Goodyear Publishing.

Hall, D. 1996. *The Career Is Dead, Long Live the Career*. San Francisco: Jossey Bass.

Heinich, N. 1998. *Le triple jeu de l'art contemporain: sociologie des arts plastiques*. Paris: Les Editions de Minuit.

Liot, F. 2004. *Le metier d'artiste: les transformations de la profession artistique face aux politiques de soutien* it *la creation*. Paris: I'Harmattan.

Liot, F. 2009. "Collectifs d'artistes et action publique." In *L'artiste pluriel: demulti Plier l'activite pour vivre de son art*, edited by M.-C. Bureau, M. Perrenoud, and R. Shapiro, 51—64. Lille: Presses Univ. Septentrion.

Littleton, S., M. Arthur, and D. Rousseau. 2000. "The Future of Boundaryless Careers." In *The Future* of *Career*, edited by A. Colin and R. Young, 101—114, Cambridge, UK: Cambridge University Press.

Menger, P.-M. 2001. "Artists as Workers: Theoretical and Methodological Challen es." *Poetics* 28: 241—54.

Menger, P.-M. 2003. *Du labeur a l'aeuvre: pvrtrait de L'artiste en travailleur*. Paris:

Seuil.

Menger, P. -M. 2009. *Le travail createur: s'accomplir dans l'incertain*. Paris: Seuil.

Moulin, R. 1992. *L'artiste, l'institution et Ie marche*. Paris: Flammarion.

O'Mahoney, 5., and B. Bechky. 2006. "Stretchwork: Managing the Career Progression-Paradox in External Labor Markets." *Academy of Management Journal* 49: 918—941.

Sen, A. 1999. *Un nouveau modele economique: developpement, justice, liberte*. Paris: Odile Jacob.

Throsby, D. 1994. "A Work Preference Model of Artists' Behaviour." In *Cultural Economics and Cultural Policies*, edited by A. Peacock and I. Rizzo, 69—80. Dordrecht: Kluwer Academic Publishers.

Throsby, D. 2001. *Economics and Culture*. Cambridge, UK: Cambridge University Press.

Throsby, D., and V. Hollister. 2003. *Don't Give Up Your Day Job: An Economic Study of Professional Artists in Australia*. Sydney: Australia Council for the Arts.

Weick, K. 1995. *Sensemaking in Organizations*. Thousand Oaks: Sage.

Weick, K. 1996. "Enactment and the Boundaryless Career: Organizing as We Work." In *The Boundaryless Career: A New Employment Principle for a New Organizational Era*, edited by M. Arthur and D. Rousseau, 40—57. Oxford: Oxford University Press.

Weick, K. 2001. *Making Sense of the Organization*. Oxford: Blackwell.

Weick, K. 2007. "Nowhere Leads to Somewhere." *The Conference Board Review* 44: 14—15.

Weick, K., and L. Berlinger. 1989. "Career Improvisation in Self-Designing Organizations." In *Handbook of Career Theory*, edited by M. Arthur, D. Hall, and B. Lawrence, 313—328. Cambridge, UK: Cambridge University Press.

第 12 章　教育与艺术家的造就
——新加坡的经验

黄建成(Can-Seng Ooi)

20 年前，当查尔斯·兰德里(Charles Landry)提出"创意城市"的理念时，他实际上是在提倡建立一个人们具有思考、行动和富有想象力生活的地方，能够寻求机会和应对城市所面临的各种挑战(Landry，2008)。创意文化是创意城市的基础。目前，创意城市的概念已得到进一步发展，重点在于提升创意产业，诸如文化和艺术、广告、建筑和电影(Florida，2003；Hospers，2003；Howkins，2001)。创意城市能够成为吸引创意阶层的中心(Florida，2003)。创意不仅是为了解决城市问题。富有创意的个人会赞美创新，设计、接受甚而热烈欢迎新奇性和多样性。今天，从西雅图到上海，从奥胡斯到阿德莱德，各个城市都以其创意成就为荣，包括活跃的文化舞台、高效的城市设计、全职的创意产业集群、艺术节、博物馆以及艺术院校。这些现象都是艺术产业的明证，但是，它们是否造就了创意文化呢？这一点依然值得怀疑。同样，这些现象是否表明了行家和广泛的社会层面对创意怀有敬畏，这一点同样值得商榷。

本章以新加坡为案例进行研究，考察新加坡正在发展其艺术文化部门的做法，以及它培养艺术专门人才的真实情况。我们还将考察新加坡的创意经济政策和公众对于艺术的态度，以教育体系为前提，以便了解本土美术家的地位和职业生涯路径。

与新加坡是一个新兴文化城市的官方赞誉相反，许多受访的画家对其面临的就业和职业生涯问题大叹苦经。除了销售作品、获得社会认可以及国家对艺术活动的支持不足之外，他们还面临着根本性挑战，即公众对他们的作品或艺术价值普遍持冷漠态度。正如我们所言，教育体系在营造这种态度方面具有很大的作用。在这种框架下，我们所要研究的是，发掘新加坡艺术教育体系灌输给我的受访者们以及整个社会的价值观念和其他内容。

自2007年起，我们通过各种手段收集研究所用数据，包括文件、媒体报告、观察记录，以及同新加坡艺术界66位利益相关者的深入访谈。[①] 这些访谈者包括：35位艺术实践者，其中10为艺术教师、另有10位则以其他职业弥补收入；13位受访者为行政人员、政策制定者或政府部门的管理者（新加坡信息、通信和艺术部，国立博物馆和学校）；15人经营私人艺术实体（画廊和艺术综合体）或撰写艺术评论；3人为艺术品收藏者。只要受访者同意，我们采用真名。选择匿名的受访者则随机以一串字母表示。

12.1　场景设置：文化政策和社会

新加坡曾经是英国的殖民地，大约50年前变成独立国家，几乎没有独特的文化传统。作为殖民地，它所能宣称的“本土”艺术形式就是反映移民群体多元化的地域文化移植品。新加坡的人口可分为三大族群：华裔（77%）、马来族（14%）和印度裔（8%），以及各类“其他人”（1%）。即所谓“CMIO模式”（其中，C代表华裔，M代表马来族，I代表印度裔，而O则代表其他人）（Benjamin，1976；Ooi，2005；Siddique，

① 我们的研究属于丹麦策略研究委员会支持的“创造性交往者”项目的一部分。

1990)。华裔、马来族和印度裔族群的祖先大致分别来自中国、马来西亚、印度尼西亚以及印度。根据官方说法,新加坡社会的多元性始终是按族群而不是按社会阶层或政治信仰确定的。

1989年《文化艺术顾问委员会报告》(新加坡文化艺术顾问委员会,1989)公布后,新加坡开始认真推广艺术。尤其是,根据那份报告而在1991年成立了全国艺术委员会(NAC),给予艺术团体更多的支持。各院校开始设置艺术课程。为了进一步发展1989年的那份倡导书,新加坡旅游署[STB,前新加坡旅游促进署(STPB)]和信息、通信和艺术部[MICA,前信息和艺术部(MITA)]于1995年作出举措,意在使得新加坡能够成为"全球化的艺术城市"(信息、通信和艺术部,新加坡旅游促进署,1995)。

多年来,文化基础设施和机构在这个城市国家纷纷涌现。为了向文化产业进军,吸引旅游者和有技能的外国工人(Ooi,2010),为了显示新加坡的文化活力,在20世纪90年代中期,新加坡艺术博物馆和亚洲文明博物馆开张,新加坡国家博物馆得以扩大。新的文化节,包括新加坡双年展、新加坡艺术节、新加坡作家节和新加坡电影节在内得以逐年建立。由国家资助的世界级表演中心——滨海艺术中心(Esplanade)每年举办数百场免费音乐会。在2003～2009年,付费演艺活动从100万增加到140万人次(信息、通信和艺术部,2010);那些免费的活动则从2006年的1 100万人次增加到2009年的1 900万人次(信息、通信和艺术部,2010)。参观新加坡博物馆的人增加了2倍,从2003年200万人次增加到2009年的670万人次(信息、通信和艺术部,2010)。显然,艺术文化活动不仅越发丰富,而且能够让更多的人参与其中。

仿效伦敦和纽约等国际公认的文化城市,新加坡制订了文化交易产业发展规划,邀请世界著名艺术家前来表演,吸引老牌的艺术公司登陆。从一开始,其目的就是把新加坡转变为东南亚的艺术文化之都

(Ooi,2008)。根据这些情景,人们自然而然地觉得艺术部门具备大量的工作机会。但是,包括艺术家们在内的许多新加坡人的看法却并非如此。例如,这些进展或许属可以测度的有形标志,表明新加坡正在积极地促进文化经济,但是外国人作品在这个城市国家更加引人注目。许多著名的公共雕塑并非当地艺术家所为。相形之下,昂贵的达利(Dalis)、博尔托罗(Boteros)和利希滕斯坦(Lichtensteins)等的作品都被用来点缀金融商业区的水泥丛林。我们造访的当地艺术家抱怨道,用于艺术的公共融资常常流向外国艺术家和艺术商人。作为艺术界代表、获得国会议员提名的奥黛丽·黄对 2011 年新加坡政府预算的艺术资助部分增加表示担忧。根据她对前一年情况的观察,她指出(Yen,2011):

> 人们担心,额外的融资会用于像最近闭幕的艺术博览会、艺术舞台或者是吸引外国作品的到来。

此外,新加坡的艺术在很大程度上是作为商业的艺术,同时也注意底线(Lee,2006)。虽然鼓励培育当地的艺术人才和作品,但是许多艺术家和艺术爱好者并未感觉到文化舞台充满创意与创新气息。

2000 年以来,根据 1995 年的动因,MICA 持续推动了各种计划,旨在将新加坡打造成为一座"文艺复兴城市"(信息和艺术部,2000;信息通信和艺术部,2008)。该国当局认为,艺术和文化对于以下各项都是必备的,"充实人生""提高品位""培育国民"和"利于旅游和娱乐产业"(信息和艺术部,2000)。最新的计划进一步折射出它们在以下三个方面的雄心:制作独特的艺术和文化作品;创造动态艺术和文化生态系统;培育热心的社区,作为培育国民过程的一部分。

这些雄图包含关于创造性的语言,但艺术和文化只有当受众乐于接受它们时才能蓬勃发展。我所采访的许多艺术家都认为公众对艺术和艺术家无动于衷。例如,2007 年,美术界同公众之间爆发了一场骚乱。在对建筑物和公共场所进行修缮时,公共艺术设施时常会被破坏，艺术界对此深感愤慨。其中一例是，作为公用事业法定机构的新加坡电力公司把总部的6处石艺水景观撤掉了4个，它们是由达利(Delia Prvacki)设计的艺术装置(Chew，2007)。不仅公众对艺术不够尊重，就连政府机构对于艺术作品也是如此漠然。为了解人们为何对艺术缺乏热情，我们必须考察社会通过教育体系的投入对于艺术的处置方式。

12.2　艺术、艺术家和新加坡的教育体系

大致而论，新加坡的艺术教育具有两个层面。在第一个层面，在普通教育体系的最初阶段，艺术课程只是作为一种爱好。没有学校考试，即使有的话，所得成绩也不会作为学生进入下一年学习的依据。在第二个层面，艺术教育作为专门课程，所选学生能够获得进一步的艺术才能培育。对初级艺术教育而言，具有天赋才干的孩子可以旁听和进入艺术学校(SOTA)；高年级学生则可选择在南洋美术学院(NAFA)或LASALLE艺术学院接受高等艺术教育。

在采访中，受访的艺术家把他们的职业生涯历程描绘成一种挑战。他们指出，学校里的许多同行都已放弃了成为专业艺术家的雄心。事实上，当地的教育体系并未能鼓励孩子们成为艺术家。

12.3　普通艺术教育

按照结构功能学派的观点，教育体系在社会中具备多种功能(Haralambos和Holborn，2004)，包括价值观念传播、社会角色分配和劳动分工。全球许多教育体系都是选出有才干的和天才的孩子加以培养，以便实现他们的潜质(Colangelo和Davis，2002)。

按照英国的框架，新加坡设计了一个周密的学生分流式教育体

系。这种分流体系大致体现了斯诺(C. P. Snow，1960)提出的现代社会具有“两种文化”，即“科学”和“人文”对立的思想。从 10 岁起(小学 4 年级)，就根据学习能力对学生进行分组，以便提高学习效率。到 14 岁(中学 2 年级)，成绩优良者会被选入“科学组”，集中学习科学课程，包括物理、化学、生物学和比较艰深的数学，这些课程都是根据 GCE 的“O”级进行评估；成绩较差者则被分流到“艺术组”(即“人文”)，所学课程为基础数学、文学、历史、地理和艺术。为达到大学水平，学生必须通过 GCE 考试的“O”级，才能学习与 GCE 考试“A”级相应的大一课程(相当于美国教育体系的 11～12 年级水平)。对大学生也同样根据科学和艺术进行分流；科学科目的中学生在大学里可跨专业学习艺术，但反过来则不行。科学科目学生在大学预科课程选择上具有更多自主权。因此，这种教育体系理所应当地认为“科学科目”更值得学习，加上尖子学生都被划入了该组，该科目的学生在人们看来要比学艺术者能干。

在这种相当复杂的分流式教育体系中，艺术是一门课程。小学和中学学生除了学习简单绘画和手工外，几乎不学其他东西。这门课程无法提升学生的水平。艺术课程本应介绍古典和著名作品以提高艺术鉴赏力，但却很少如此行事。由于没有这种体验，学生失去了形成审美能力的机会。因此，艺术面临着必须认真对待的挑战。

然而，在《2007/2008 年度全球竞争力报告》中，新加坡教育部仍以其教育体系“满足竞争经济需求的能力”方面首屈一指为傲(教育部 2009)。其教育体系之所以青睐于“科学课程”教育，或许出自这样一种考虑，这些“硬”技能是 20 世纪六七十年代的工业化经济所需要的。但是，随着知识经济的兴起和创意阶层的出现，其重要性已经有所降低。

国会议员王建明(Ong Kian Min)指出(《国会议事录》，2010 年 3 月 9 日)：

> 体育、艺术和音乐都是非核心的非学术性课程，时常要为数学和科学等其他课程让路。在各个学校，把艺术、音乐和体育课的时间转用于其他课程的冲动很强烈，尤其是在考试期间。
>
> 若要认真地为孩子们提供高质量的体育课、音乐和艺术教育，我们就应该拥有在这些领域具备扎实知识和经过专业训练的教师。若无这些领域的专家指导，孩子们的宝贵时间就会被浪费，也就会失去兴趣。这些教师应该具备关于专业领域的良好洞察力，能够以自己的热情感染和激发孩子们。

在教育的中间阶段，艺术是计算学分课程（按 GCE“O”和“A”级），被看作是一项“软选择”。作为一门课程，艺术时常被认为科学压力较小而且比较简单。不可思议的是，即使处在这种水平，艺术依然通常被孤立地学习，只是作为消闲的手艺，而不是考察或探索艺术的成果。因此，所提供的艺术教育都是支离破碎和考虑欠周的。例如，WWH 在南洋教育协会培训艺术教师，针对艺术理论、历史通常与艺术实践的脱节，他哀叹道：

> 我认为，他们应该采用与艺术实践密切结合的理论来补充这个体系或规划。眼下，我只是单纯针对（实习生的老师们）做这件事。

WWH 还发现，艺术教师对艺术史和艺术理论不感兴趣。他抱怨说，这些教师抑制学生选修艺术史和艺术理论。在受访时，中学艺术教师 KLP 和 PS 对这一做法的原因作了推测。KLP 说：

> 学生们已经在学习数学和地理，因而无意于（把艺术当作）另一门学习课程。

几代新加坡人经历了这样一种教育体系，它在总体上把艺术课程的重要性边缘化。鉴于人们认为艺术是一门易学的课程，只有学习能力不足者才应选修它。这意味着，该体系抑制学生成为艺术家。因此，许多既有学习能力又有艺术天赋的学生，就面临着分流到科学科目而无法培养艺术技能的压力。

政府也带有这种倾向。多年来，它努力鼓励具有艺术天赋的学生培育其技能。例如，在中学和进入大学前，具备艺术天赋的学生可以参与“艺术选修计划”，无论其被分流到艺术还是科学科目。这项计划将对学生进行比较严格而深入的艺术培训。然而，那些学生仍然无法改变其他科学课程更为重要的看法。由于许多同行和教师并不看重艺术，那些学生获得的社会资助也在减少。作为新加坡顶级学校 Raffles 学院的美学系主任，作曲家 Hoh Chung Shih 注意到，虽然具备饱满的热情和过硬的艺术才能，他的大多数学生不愿从事艺术职业，因为他们在其他课程学习方面也很优秀。他的推测是：“许多学生家长并不知道艺术领域有哪些职位。由于新加坡是一个年轻的国家，它还缺乏令人心服的‘成功的’范例。”

12.4　艺术专业学校

2002 年创办了艺术学校（SOTA）。它是新加坡唯一的中等艺术学校，由 MICA 而非 MOE 所管辖。只有在那些具备艺术天赋的学生才有机会在那里学习。不同于师范学校，SOTA 对于艺术教育如同其他科学课程给予了足够的重视。MICA 代理部长 Lui Tuck Yew 对 SOTA 在新加坡教育体系中的独特地位作了如下解释（《新加坡议会议事录》）：

> SOTA 的独特主张就是，教育应该把艺术和学术课程有效地结合，为那些具有艺术天赋者提供丰富的教学体验。独具特色的课程和学习环境吸引了具有执教和产业经验的出色教师和著名艺术家进入 SOTA 的艺术系，并且吸引了

专业人士担任兼职教师或者从事辅导工作。

人们对SOTA的兴趣似乎非常浓厚。例如，在2009年，大约有1 000名孩子应试争取200个名额。学校设置了以国际学士学位(IB)为目标的6年制教学计划。具备良好的国际学位潜质，学生就可进入大学或接受其他高等教育。借助教学课程开发、教职员工和学生交换，SOTA与许多资深的国际艺术机构开展合作，包括芝加哥艺术学院和中国上海音乐学院附中。能在SOTA读书是非常荣耀的，因为学生的艺术天赋得到了承认，而他们是经过精心选拔而不是随意被分流到此的。进入SOTA之前，学生们还必须证明自己的其他课程成绩也很出色。这是新加坡教育体系在艺术课程设置方面的一个重大发展。

新加坡有两所大学水准的艺术学校。一是南洋美术学院(简称NAFA)创办于1938年，设置的课程包括美术、音乐、舞蹈、室内设计、时装设计、视频制作、3D设计、广告、动漫和互动媒体等；二是LASALLE艺术学院(简称LASALLE)建立于1984年，其宗旨是提供美术、设计、媒体和演艺等方面的高等教育。

据悉，由于它所具备的华裔族群历史渊源，NAFA在艺术教育方面强调传统艺术手法和技能培训；LASALLE则采用当代艺术方法，在创作方面比较开放。两所学校都设置了资格证书教学项目，获得了教育部“多重技术级(polytechnic-level)教育机构”的认可。由于它们与国外大学合作，比如：LASALLE和英国开放大学的合作，NAFA和赫德思菲尔德大学采购学院(纽约州立大学)、Loughborough大学、威尔斯大学以及新加坡管理大学学院的合作，它们同样可以开设学位课程。获得资格证书后，学生们只需再多学习一年，就能获得学士学位。例如，在LASALLE，学生通过GCE的“O”级考试后，可以申请一年期的预备基础课学习，然后进入两年期的证书项目，如果继续第三年的课程，就能获得学位。这是一条获得学士学位的四年期快速通道；而在新加坡国立大学和南洋技术大学等当地国立大学进行三年期学习之前，学生先需达到 GCE 的“A”级水平（两年）。NAFA 和 LASALLE 的入学成绩要求较低，每位学生在申请入学期间须制作、提交一套作品。

如果第一年基础课程的成绩优良，学生无疑期望学习更多商用性艺术课程，诸如动漫、平面设计和时装设计。过去 50 年间，新加坡采纳了实用的新自由主义经济模式（Chan，2005；Chua，1995；King，2006；Low 和 Johnston，2001）。这种观念盛行于社会各处，包括教育体系在内。然而，无论艺术天赋如何，这种社会风气似乎都在诱导学生自行定位于收益较多的职业生涯，即使不图发财。

即使毕业于这类学校，艺术家们对于在艺术学校学习艺术也同样存在偏见，即，艺术课程只是给那些没有学习其他课程资格者的“残汤剩饭”。提及这类偏见，那些学生的受访教师时常摇头。在 NAFA 和 LASALLE，曾经是好学生并且立志从事艺术工作的受访者们已感到无力继续应对那些偏见。无论如何，对于那些完成艺术课程的学生而言，获得 NAFA 和 LASALLE 的艺术资格证书或学位代表了对于某人是科班出身艺术家的正式承认。

12.5　学校之外的文化资本

对精英学校体制向所有人提供了平等的机会这种观点，布迪厄（1973）提出了质疑。他认为，学校之外的社会现象会对学生在校成绩产生影响。法国孩子在家里获得了“文化资本”。在法国的教育体制中，学习和参与古典音乐、艺术和文学等“高雅文化”的孩子表现得比较出色，因为所受教育同样提倡和赞美高雅文化（布迪厄，1973）。国际性的研究（Buchmann，2002；De Graaf 等，2000；Kaufman 和 Gabler，2004；Yamamoto 和 Brinton，2010）同样表明，如果学生拥有不同类型的文化资本,包括内在资本(例如,身心倾向)和外在资本(例如,书本、词典和艺术品)(布迪厄,1986),他们在学校教育体制中进步就较快。因此,学校体制参与了社会和文化的再生产。根据布迪厄的论述,虽然某些兴趣和价值观可以通过教育体制而复制,其中一些会被边缘化,甚至贬损。

家长送孩子上补习班,为的是增加其文化资本,以应对教育体制的需要。尤其在新加坡,课外补习数学、科学和语言是常见之事。拥有知识和艺术修养是件好事,但掌握多门科学课程更加重要。这种情况或许体现了新自由主义经济模式的另一种间接影响:对于那些从小历练由“科学课程”提供的有利职业必需的“硬技能”者,在竞争日益激烈的环境中胜人一筹已成为一种主要动力。与布迪厄对法国的观察不同,高雅文化可能受到中产阶级的青睐,但不会轻易转化为新加坡教育体制中的文化资本。与此相反,新加坡的教育体制在社会和文化意义上复制了一个对于“科学课程”的重视超过“人文课程”的群体。

再者,艺术和文化对于个人发展至关重要的说法并未体现在新加坡的教育体制中,即创造性提升和艺术管辖由 MICA 掌控,而艺术教育则由教育部负责,两者未必协调一致。由此出现的矛盾的政策和信息会挫伤那些怀有艺术家梦想的孩子们的积极性。

12.6 艺术家的地位

12.6.1 社会工程

由这些机构培训的艺术家在不同程度上汲取了它们倡导或保持的气质,包括所学科目的形式和实质在内。有人指出,如同社会中介,通过促进诸如爱国主义等共同价值观,教育体制具有形成社会凝聚力的社会工程功能(Erickson,2005;Neo 和 Chen,2007;Shpakovskaya,

2009)。借助施教,艺术也可服务于这一目的。事实上,正如前述,艺术和文化的功能之一就是“有助于立国”,MITA制订的促使新加坡成为“复兴城市”的计划对于此点作了明确而详尽的阐述(新加坡信息和艺术部,2000)

遵循这种社会工程理念,艺术专业的学生常被指导学习传统的、外国的以及“本土”的亚洲艺术形式,如绘画、油画、制陶、水墨画以及马来蜡染。如前所述,这些符合官方多元文化的CMIO模式的艺术形式及其各种组合构成了这项工作的大部分。可以发现,这些传统艺术形式的内在重点在于风景画,而坚持传统则意味着其主题大多属于历史的或者陈旧的。即便是那些比较新颖或有争议的艺术形式,其主要内容常常也是基于官方认可的、有关新加坡的历史以及如何构建其社会的理念。这些形式的艺术作品大多属于平庸之作,但作为纯粹审美作品而展示和观赏,却不会引起多少争议。教育过程引导那些初出茅庐的艺术家们去创作那些“安全的”且能为社会接受的作品。这也就说明了艺术作品为何难以引起公众的兴趣。即使一些怀有抱负的当代艺术家,倾向于创新的和“前卫”的新兴媒体,诸如视频和电影制作,他们的作品在政治上几乎也是没有争议的。

换言之,如同受过训练一样,新加坡的许多艺术家都心照不宣或不经意间延续了国家的社会工程理念。作为一个集体,新加坡的许多艺术家通过一组既定的价值观念打造自己的身份,而这类固定价值观通过各种的社会工程机制,包括教育体制,已内化于艺术家自身。当CMIO社会工程理念被植入新加坡的艺术培训项目之中,那些批评社会和政治的作品就会遭到压制甚至摧残。例如,LASALLE学院的一位2年级学生因在新校园里涂鸦而遭开除,因为他挑战了新加坡社会的有序环境(Singh,2007)。对于这项严厉的措施,校方的辩词是:“我们学校尊重并支持创造性表述的自由,但这类表述必须要以负责任的方式进行,不得损害他人的财产。”那位被开除的学生则说自己是“一位喜欢探索新的艺术表现手法的自由激进者。”(Singh，2007)。另一个类似事例是，在筹备2010年新加坡举行的第一届青年奥林匹克运动会时，当地一家主要的邮政服务商(SingPost)，设计了一种类似于病毒的营销噱头——他们用涂鸦“弄脏”了一些邮筒。结果事与愿违，公众为此向警察投诉。SingPost最终不得不为自己所招致的警告而道歉(Thomas，2010)。虽然此例省略了公众对那些有争议的作品仍持有矛盾心态这一点，但是当局却认为新加坡人还未能准备参与争议。

然而，这并不说明艺术家们不愿与当局交涉或对其进行批评。他们对此类意图比较谨慎，那是因为艺术学校抑制他们这么做。NAFA和LASALLE的教师和毕业生披露，学生们的作品有时也会批评社会和评论政治，但这些作品均未公开，而只是被大多数艺术专业的师生小心翼翼地接受。例如，当我们坦率讨论是否要把批评社会政治作品列入教学大纲时，一位艺术教师和实践艺术家开玩笑地对我说：“嗨，你想让ISA(新加坡内务部或保密局)来抓你吗?”以艺术方式批评社会和政治者将会受到当局的惩戒(Ooi，2010)。

12.6.2 社会分层

与上述观点密切相关，教育体制还传播一些隐性理念，灌输社会分层的价值观。鲍尔斯和金迪斯认为(Bowles and Gintis，1976)，隐性的教学大纲为任何教育体制所固有。例如，精英教育体制的理念是用于论证不平等社会延续的荒诞说法。根据他们在美国的研究，那里的教育体制产生了顺从的劳动力，接受层级制度，教导学生接受外部奖赏的激励，通过相互隔离的各门课程而形成了碎片化的知识。有些学者对鲍尔斯和金迪斯的看法提出了质疑。他们认为，正式的教学大纲同样很重要，学童们还掌握了一些关键性技能(例如，Reynolds，1984)。但是，鲍尔斯和金迪斯强调的是鉴别那些并非通过正式教育而是悄悄灌输给孩子们之内容的重要性。

新加坡教育体制提倡社会的新自由经济观念，确定经济独立和不断完善自我的重要性。财富的产生和社会进步是重要和共同的前提条件。许多艺术家发现，他们需要公众对自己项目的支持，从而感到自己依赖于社会。

新加坡的这些实际挑战令那些立足未稳的艺术家们望而生畏。根据一位画廊经理的看法，他们发现新加坡的艺术作品销路不好，尽管这些艺术家都有当地艺术院校的文凭。印度尼西亚、菲律宾、越南和中国的作品则受到顾客欢迎。关于这一现象，他们认为有几个原因。其一，新加坡艺术家要价太高。一些画廊经理认为，当地艺术家档次不高，因而不乐意在本土艺术家身上多费工夫。不少画廊经理反映，能在市场上引起对本土艺术之兴趣的优秀新加坡艺术家太少。关于当地艺术学校的一份糟糕观察记录表明，大多数毕业生在技术和观念上都不及外国同行(有 3 位画廊主在受访时悄悄地说了这番话)。相形之下，当地艺术家则抱怨本地画廊的专业性不强，不支持他们。画廊没有持续地宣传其他作品，也不帮助他们谋求职业发展；相反，画廊所痴迷的是利润而非艺术。这些冲突的产生，部分是因为艺术学校并不教育学生如何实施职业生涯管理。实质上，正如 LASALLE 的一位前任教师和实践概念艺术家 HW 所言，他们指导学生有关专业艺术家应该做些什么：

> 假如你是专业艺术家，应该如何作为呢？如何规划自己的职业生涯？所有这些都非常重要。(政府的做法)只不过是给你时间、空间和学校来培育技能。仅此而已。

艺术学校的新近毕业生觉得对职场前程毫无准备。作为 LASALLE 的专业教师和毕业生，JHT 的下列说法反映了许多受访艺术家的心声：

> 在 LASALLE 读书时，有很多艺术竞赛。各家公司和法定机构邀请我们提交作品，而我们也忙于准备和提交作

品。一旦毕业，我们就变得无人问津了，甚至不知道从何处开始起步！

艺术专业的许多毕业生最终不过是担任艺术专业教师，几乎没有时间从事创作。许多学生变成了房产中介者和保险经纪人，因为进入这些行业的门槛较低。

新加坡教育体制暗含地传播了这样一种理念——从事艺术工作和成为艺术家属于社会的下层。新加坡社会对于艺术这个行业并未给予足够的重视，尽管存在促进艺术的政策，但是公众的支持依然不足。新加坡的许多艺术家虽然谋求职业发展，但是必须克服各种偏见，极力显示他们的经济贡献和社会效益。

12.6.3 文化的指南针

当地的艺术教育很少包括艺术史和艺术理论，据说是因为学生不感兴趣。例如，根据NAFA和LASALLE专业艺术家和毕业生YMU的观察，她的大多数同学对艺术史不感兴趣，而这是这些艺术学校里的唯一学术课程。她的这门课学得不错，自认为属于学术类型的学生。在进入NAFA和LASALLE学习而成为专业艺术家之前，她还拥有企业管理学士学位，她还是一位自由作家。YMU认为，艺术史这门课程对她的职业生涯非常重要，为其作品在各种艺术活动中的定位奠定了基础。

那些不大接触艺术史、艺术理论的艺术专业学生多少都给自己设了限，因为他们缺乏充足的艺术知识，无法将社会意义和历史背景引入自己的艺术实践。在我们所访问的艺术家中，虽然许多人已经以理论的、历史的和实践的方式从事艺术工作，但却依然抱怨在学校所得到的只是关于艺术创作的碎片化方法，而实际工作与理论是脱节的。他们还抱怨，自己所受教育未能指导他们成为专业的实践艺术家，也无法指导他们如何成功地发展专业艺术生涯。

再者，由于新媒体和新技术的兴起，现在随处都可以获得各种想法和灵感，问题已不仅仅在于何为艺术，而在于如何使艺术学校的教育变得有用(Masoff，2009)。换言之，艺术创作灵感和成为艺术家不是完全取决于艺术学校。艺术学校及其课程设置不仅分裂了艺术家生涯所需要的培训，而且造就了自己受过培训而能够成为合格的专业艺术家的虚幻感受。正如前述，艺术学校的毕业生不久就会发现，他们无法在理论和历史中确定他们的实践地位，而且缺乏专业艺术家所需要的从事肮脏交易的能力。

艺术未必一定反映现实，但是许多作品可以表达社会的心声(Kavolis，1964)。通过反映大众的心声，艺术家参与到社会之中，成为社会各个群体显著和中肯的喉舌。但是，在新加坡，除了一些戏剧团体之外，多数艺术家无意担当传递社会心声的角色，无意以参与社会的方式从事艺术活动。

12.7 总　结

确实如此，艺术学校和艺术规划无法衡量一个城市对于文化和创造性的重视程度。正如本章所述，这种指标必须经过更为严格的评估。

艺术培训、艺术学校教育设置的隐性和显性的课程并不一定匹配。在新加坡，存在着一种明确的理念，艺术培训有助于开发学生的“软技能”，他们在未来将成为知识更加全面和温文尔雅的群体(《新加坡国会议事录》，2010 年 3 月 9 日)。许多旨在促进艺术和文化措施同样表明，文化经济是很重要的，艺术家是新型生活格局的中心。但是，新加坡教育体制的分流过程使得其艺术家社会地位低下的状态得以固化，从而，可想而知，对于艺术也普遍缺乏尊重。在社会上，教育体制再造了一个更加尊重那些需要学业良好的科学、专业的体制，而艺术学校并不吃香。许多新加坡人依然认为，多数接受艺术教育者因为学业糟糕而不得不选择艺术教育。因此，在儿童心目中，成为专业艺术家是一件不好的事情。该体制对于专业艺术生涯的排位仍然较低。由于社会认可程度有限，许多专业艺术家必然时常会感到气馁。如果学校的艺术专业和艺术学校不再培养艺术家，那他们该干些什么呢？该体制依然沿袭 CMIO 的新加坡社会工程理念，而许多实践艺术家也在不经意地沿袭之。鉴于担忧逾越当局设置的公众道德界限，因而抑制艺术家们承担风险。当前的情势抑制学生成为愿意激发大众并为之呐喊的艺术家。艺术教育压制那种愿望。甚至是那些取得了成功而能靠创作谋生的艺术家，同样也在质疑他们的艺术有何用处。

参考文献

Advisory Council onCulture and the Arts. 1989. *Report of the Advisory Council* on *Culture and the Arts*. Singapore: Singapore National Printers.

Benjamin, G. 1976. "The Cultural logic of Singapore's 'Multiculturalism'." In *Understanding Singapore Society*, edited by O. J. Hui, T. C. Kiong, and T. E. Ser, 67—85. Singapore: Times Academic Press).

Bourdieu, P. 1973. "Cultural Reproduction and Social Reproduction." In*Knowledge, Education, and Cultural Change*, edited by R. K. Brown, 71—112. London: Tavistock.

Bourdieu, P. 1986. "The Formsof Capital." In *Handhook of Theory and Research for the Sociology of Education*, edited by J. G. Richards, 241—258. New York: Greenwood Press.

Bowles, S., and H. Gintis. 1976. *Schooling in Capitalist America*. London: Routledge, Kegan Paul.

Buchmann, C. 2002. "Getting Ahead in Kenya: Social Capital, Shadow Education, and Achievement." In *Schooling and Social Capital in Diverse Cultures*, edited by B. Fuller and E. Hannum, 133—159. Oxford: Elsevier Science.

Chan, C. B. 2005. *Heart Work: Stories* of *How EDB Steered the Singapore Economy from* 1961 *into the 21st Century*. Singapore: Singapore EDB.

Chew, D. 2007, April 19. "Where Art Thou?" *Today*, April 19.

Chua, B. H. 1995. *Communitarian Ideology and Democracy in Singapore*. London: Routledge.

Colangelo, N., and G. A. Davis. 2002. *Handhook on Gifted Education*. Boston: Allyn & Bacon.

De Graaf, N. D., P. M. De Graaf, and G. Kraaykamp. 2000. "Parental Cultural Capital and Educational Attainment in the Netherlands: A Refinement of the Cultural Capital Perspective." *Sociology of Education* 73: 111.

Erickson, F. 2005. "Arts, Humanities, and Sciences in Educational Research and Social Engineering in Federal Education Policy." *Teachers College Record* 107: 4—9.

Florida, R. 2003. *The Rise of the Creative Class*. New York: Basic Books.

Haralambos, M., and M. Holborn. 2004. *Sociology Themes and Perspectives*. London: Harper Collins Publishers Limited.

Hospers, G. J. 2003. "Creative Cities: Breeding Places in the Knowledge Economy." *Knowledge, Technology, & Policy* 16: 143—162.

Howkins, J. 2001. *The Creative Economy: How People Make Money from Ideas*. London: Penguin Books.

Kaufman, J., and J. Gabler. 2004. "Cultural Capital and the Extracurricular Activities of Girls and Boys in the College Attainment Process." *Poetics* 32: 168.

Kavolis, V. 1964. "Art Content and Social Involvement." *Social Forces* 42: 467—472.

King, R. 2006. *The Singapore Miracle: Myth and Reality*. Inglewood, Australia: Insight Press.

Landry, C. 2008. *The Creative City: A Toolkit for Urban Innovators*. London: Earthscan.

Lee, T. 2006. "Towards a 'New Equilibrium': The Economics and Politics of the Creative Industries in Singapore." *Copenhagen Journal of Asian Studies* 24: 55—71.

Low, L., and D. M. Johnston. 2001. *Singapore Inc. Public Policy Options in the Third Millenium*. Singapore: Asia Pacific Press.

Madoff, S. H. 2009. *Art School (Propositions for the 21st Century)*. London: MIT Press.

Ministry of Education. 2009. *Education in Singapore*. Singapore: Author.

Ministry of Information and the Arts and Singapore Tourist Promotion Board. 1995. *Singapore, Glohal City for the Arts*. Singapore: Author.

Ministry of Information and the Arts. 2000. *Renaissance City Report: Culture and the Arts in Renaissance Singapore*. Singapore: Author.

Ministry of Information, Communication and the Arts. 2008. *Renaissance City Plan III*. Singapore: Author.

Ministry of Information, Communication and the Arts. 2010. *Singapore Cultural Statistics in Brief* Singapore: Author.

Neo, B. S. , and G. Chen. 2007. *Dynamic Governance: Embedding Culture, Capabilities and Change in Singapore*. Singapore: World Scientific.

Ooi, c. -S. 2005. "The Orient Responds: Tourism, Oriental ism and the National Museums of Singapore." *Tourism* 53: 285—299.

Ooi, c. -S. 2008. "Reimagining Singapore as a Creative Nation: The Politics of Place Branding." *Place Branding and Public Diplomacy* 4: 287—302.

Ooi, c. -S. 2010. "Political Pragmatism and the Creative Economy: Singapore as a City for the Arts." *International Journal of Cultural Policy* 16: 383—397.

Reynolds, D. 1984. *Constructive Living*. Honolulu: Kolowalu Books.

Shpakovskaya, L. 2009. "The Soviet Education Policy: Social Engineering and ClassStruggle" (English). *Journal of Social Policy Studies* 7: 39—64.

Siddique, S. 1990. "The Phenomenology of Ethnicity: A Singapore Case Study." In *Understanding Singapore Society*, edited by J. H. Ong, C. K. Tong, and E. S: Tan, 107—124. Singapore: Times Academic Press.

Singh, K. 2007, September 7. "LaSalle Student Expelled for Campus Graffiti." *The Straits Times*, http://global. factiva. com, Document STIMES00200709 06e3970000t.

Singapore Parliament Hansard. 2010, March 9. *Singapore Parliament Hansard*, Vol. 86, Sitting 22, Singapore Parliament, Singapore.

Singapore Parliament Hansard. 2010, March 12. *Singapore Parliament Hansard*, Vol. 86, Sitting 25, Singapore Parliament, Singapore.

Snow, C. P. 1960. *The Two Cultures*. Cambridge, UK: Cambridge University Press.

Tan, K. P. 2007. "In Renaissance Singapore." In *Renaissance Singapore? Economy, Culture, and Politics*, edited by K. P. Tan, 1—14. Singapore: NUS Press.

Thomas, S. 2010, January 7. "SingPost Apologises for Publicity Stunt." *The Straits Times*, http://global. factiva. com, Document STIMES0020110228e7310001b.

Yamamoto, Y., and M. C. Brinton. 2010. "Cultural Capital in East Asian Educa tional Systems: The Case of Japan." *Sociology of Education* 83: 67—83.

Yen, F. 2011, March 1. "Budget for the Arts Should Fund Local Talent." *The Straits Times*, http://global.factiva.com, Document STIMES0020110228e7 310001b.

第13章　巨大的冲击
——丹麦时尚设计师从校园到职场的转换(20世纪80年代~21世纪初)

丽萨·斯科芙(Lise Skov)

迈克尔·亚瑟(Michael Arthur)的“自由职业生涯”的概念充满了内在矛盾(Arthur,1994;Arthur and Rousseau,1996;Sullivan and Arthur,2006)。它把“实体的”企业间的流动与“心理上的”能力开发糅合在一起,专注于产业和个人间的双向关系。一方面,结构化劳务市场的变化影响了个人的代理人意识和能力;另一方面,雇员的流动影响了组织。从这样的角度考察时尚设计师是合适的,因为他们从未能在组织中悦然栖身(McRobbie,1998)。

本章考察丹麦时尚设计师开启职业生涯的方式,以两个假说为基础。第一个假说是,人们获得的首份工作应该能够提供增强其个人能力的学习机会,这一点对于自由职业生涯的成功至关重要。第二个假说则是,个人必须能够通过劳务市场找到导向新机会的路径。这些问题可以采用两个普遍的职业生涯概念进行表述。一是把职业生涯看作是一个积累过程;例如,伯德(Bird,1996:150)把职业生涯定义为“蕴含在技能、专有技术和关系网中的信息与知识的积累,它的获得需要较长时期且不断完善的工作经验积累”。二是把职业生涯看作一条连线，把自己的职业生涯与公司内部其他人的职业生涯相互编织在一道，从而形成“一个不断变化的业内画面”(Arthur，1994：303)。根据梯姆·英戈尔德(Tim Ingold，2007)的观点，我把职业生涯看作是变动与认知的统一，不能沦为只是不同职位之间“点与点的连接”。这是个人需要遵循的路径。根据这两种隐喻，我们提出了后文所分析的问题，时尚设计师是如何开启职业生涯的？初次工作经历如何营造、预示未来的职业生涯？在不同的(去)工业化阶段，主观感知，包括个人所知、所需和所能掌控的，如何与劳务市场的客观条件互动？

在 2009～2011 年，我们访问了 45 位丹麦时尚设计师，围绕其职业生涯和生活经历进行交流和研究，从而解答了上述问题。受访者选自毕业于丹麦三大设计学校的时尚或服装设计师，按照毕业年份(20 世纪 80 年代中期、90 年代中期和 21 世纪初)把他们分作三组，因而其工作年数分别为 25 年、15 年和 5 年。采访根据非结构化程式进行，要求受访者按时间顺序说明其选择专业、学校和工作的经历。从现有研究、量化数据和探索性会谈推导出的主题，结合具有可靠理论基础的归纳方法，我们对数据展开分析。①

围绕各位毕业生、教育和劳务市场的变化问题，我们还与时尚设计学校的教师和其他业内人士进行了探索性会谈。为增强可靠性，我们把这些实证材料与时尚设计师们的就业数据作了比较。不可否认，所得结论将偏向于最富裕的两组年轻人。对于时尚设计师们的就业、社会地位和收入的定性数据资料，我们运用描述性统计法，以此验证整体趋势。我们还利用各学校和文化部所作调查结果，讨论解释性模式。例如，据估计，丹麦设计学校的毕业生需要 4～5 年才能在劳务市场立足(丹麦文化部统计，2009；文化部部长，2008)。然而，“立足点”这一概念多少有点模糊，或许会使人误以为它指的是某个有限时段。

① 该项目由 Lise Skov 牵头，访谈由研究助理 Andre Amtoft 和 David Sausdal 负责进行，数据分析由 Lise Skov 和 David Sausdal 完成。

最年轻组的许多受访者毕业后 5 年内没有获得全日制付薪职位的机会。在年龄较大的一组，许多人依然面临就业的高度不确定性。有些人依然忍受着失业，而许多人的机会则因 2008 年的金融危机而减少。

本章的分析方法，用皮科克（Peacock）和霍兰德（Holland）的话来说，属于“生活聚焦法”（life-focused approach）（与其相对的是故事聚焦法），意为我们采用人生故事作为“历史和民族事件客观事实的窗口”。以职业生涯故事所考察的“客观事实”之一是时尚部门的行业转型。自相矛盾地，我们发现，丹麦的时尚业在去工业化时期虽然依旧继续增长，时尚设计师们其实比处于危机时期的 20 年前更难启动职业生涯。今天，丹麦时尚部门的特点是全面依赖外包，进而引起普遍的行业转型，重新设定时尚设计师的作用。他们在制造业的中坚作用已让位于不断增强的对于馆藏的关注。尽管出现了行业转型，时尚部门历史悠久的专制式的管理风格却依然占据主导地位，在劳动合同有效期内，雇主往往把自己当作时尚设计师创造性能力的购买者，而不是其职场发展的促进者。

为了在行业转型的框架下分析个人从学校向实际工作的过渡，我们用某位受访者的故事代表每一组的经历。他们的名字都是虚构的，即安娜（Anna，1984 年毕业）、马丁（Martin，1994 年毕业）和塔米（Tammie，2004 年毕业），但故事却是真实的，再辅以各自所属年龄组的其他事例。安娜和塔米是典型的职业艺术家（相当于时尚或服装设计师），而马丁的事例则说明在行业内工作的初衷如何经由一条偶然的路线而导向了教师职业。

从一开始，我们就认识到，对受访者而言，从学校到实际工作的转换需要经过一定的困难期。但是，难以想象的是，居然有如此多的受访者会将其初次就业说成是“冲击”，或者说无法想象，在谈到他们初次接触劳务市场时，会听到如此多的有关暴力和伤害的隐喻。在研究工作情绪时，注意力一直放在长期紧张状态所导致的压力和倦怠感

(Barbalet,2002;Fineman,2000)。但是,处在压力下的环境转换造成的冲击却没有受到关注。“冲击”可定义为突然有力一击造成的影响。沃尔夫冈 (Wolfgang Schivelbusch,1987)曾撰写过冲击的历史,从两位中世纪骑士相向飞奔的“策马冲击”到 19 世纪的火车事故,记录了关注点由冲击产生的瞬间身体效果到放大或延迟情绪反应的转变。时尚设计师们经历的冲击虽属后一类型,但在描述身体症状时,其肢体冲突的表征仍然不失意义。

根据设计师们对于冲击的描述,我提议把时尚业看作是一匹快速旋转的木马,它改变了人们的时空取向。设计师觉得在这个行业工作“很有趣”“很愉快”,或是“愿为个人的爱好而付出”。这项工作首先需要他们能够承受冗长而薪酬较低的工作。总之,他们是心甘情愿而为之。然而,时尚业的工作还面临倦怠乏味的风险,以及妒忌和诽谤之苦。他们把这些都看作是其职业生涯中人际关系的特点。

尽管所有访谈的统一主题是把时尚业描述为现实社会的同步者,我们还是从老少各年龄组中听到了不同冲击的性质。无疑,对新近毕业者来说,不难想象,从学校到工作的转换属于尤其敏感的问题,因为他们尚且难以把握未来的职场路径和潜在机会,而年长的一组则对已经经历过的艰苦则显得比较淡然。再者,我们发现,不同行为模式不能完全由个人经历的时间长短来解释;相反,答案蕴含在不断变化的产业结构之中。

20 世纪 80 年代中期的毕业生在首份工作中很难自主行事,但却被赋予了各种责任,因而学到了促进自身进步的各种重要技能。90 年代中期的毕业生则尝到了从业通道受阻的滋味,面对的是不同的生存状态,甚至会遇到一些死路。20 世纪中叶的毕业生遇到的劳务市场则相当恶劣,那些付薪的工作几乎无法提供学习机会,而且首先必须具备不付薪的“工作经历”。在这方面,我们从年龄最大的一组中发现了冲击性质的变化,他们能够直面挑战和克服冲击;而年龄最轻的一组只会消极地忍受冲击，未能真正提高有助于职场发展的能力。

这份调查材料非常重要，因为现有的创意产业研究大多强调行业差异而不是行业组织和工作程序的不断变化。正如苏珊·克里斯托芬逊(Susan Christopherson，2008)所指出的，个人主义式自我表现的企业家这一理念妨碍了，创意工作者对于造就机会结构的生产环境结构性变化的理解。对于那些通过书刊而为人们所知的著名时尚设计师来说，个人和行业结构之间的冲突必然会更加偏向于主观角度。他们设法突显自己对于环境的感知。业内的时尚设计师们面临着一项相同的任务，那就是与对抗其创意气质和组织环境的各种力量进行协调；而各种客观的约束极有可能持续地施加压力，限制机会和扰乱职场发展路径。

本章的要点是，在概述不同行业条件下时尚设计师的职业生涯后，讨论时尚设计教育和教育机构所面临的困境。接着，通过描述安娜、马丁和塔米的故事所提供的数据，讨论时尚设计师职业生涯的主观和客观视角如何相互折射。

13.1 时尚设计师和行业转型

由于服装和纺织业的高度分割和地理分散之特征，时尚设计师的职能极其多变(Djelicand Ainamo，1999；Fineand Leopold，1993；Green，1997)。然而，结合工业化的不同阶段区分两类时尚设计师会有所帮助，虽然他们两者迄今都还存在。服装业脱胎于手工制造业，代表和掌控了生产各个方面的统一远景。它是历史最为古老的形式，以19世纪中叶巴黎高级时装创始人为代表，他们其实是服装制造业的企业家。他们既是创造性领先者，又承担管理公司和监管生产过程的责任。这种模式由裁缝和服装制造商所构建，通常是为了迎合来自上流社会的顾客。在丹麦，订制传统已被边缘化，这种设计师也依然沿袭手工制作艺术服装的传统，在 20 世纪 60 年代，这种传统与斯堪的纳维亚家具和室内设计相互伴随。在我们的研究中，年龄最大一组中有不少人从一开始就是经营自己的服装店。然而，20 世纪 90 年代出现的丹麦时尚设计部门完全依赖外包，由日益成熟的印度和中国的供应商所承接，而不是由"业主一经理"掌控整个生产过程。

第二种形式的时尚设计师与服装业的成熟与否密切相关。由于服装需依靠手工制作，该行业对劳动成本的增加十分敏感，成熟的行业必然会面临增加产值的巨大压力(Fineand Leopold，1993)。在这种条件下，制造商和零售商雇用时尚设计师就是为了通过产品开发来顺应市场趋势。这类设计师往往是匿名的，或最多只有业内人士知道。在 20 世纪 40 年代，美国制造商和零售商率先雇用时尚设计师实施产品开发(Lipovetsky，1994)。在丹麦，只是到了 60 年代，专业时尚设计师才开始在服装业发挥主要作用(Melchior，2008)，同时时尚设计教育和普通设计教育得以成型和增长。

过去 20 年间的行业转型使得两类设计师的分化变得更加复杂化。现在，拥有设计师品牌组合的奢侈品企业集团不仅有法国的 LVMH 和 PPR，丹麦的多品牌企业 IC 公司也拥有两个当地设计品牌，"By Malene Birger" 和"Designers Remix"(由 Charlotte Eskildsen 所设计)。在高端时尚业，鲜有"业主—经理"的情形，许多"冠名"设计师认为，自己的作品获得买断是确保资金支持最理想方式。虽然这样的经济安排十分稀罕，但它确实助长了时尚设计师的梦想，也就是凭借某个很有创意的点子吸引投资。这一点与具有创意的音乐人希望同唱片公司签订合约的方式极为相似。

显然，外包方式已经改变了行业状态。在丹麦，实际上所有的制造机构在 20 世纪 90 年代末都已关闭。当时，作为设计师的核心能力的计算、压低每款衣服生产成本的技术已成明日黄花。首先，人们开始看重创造性的自由，这个时期最流行的丹麦品牌大量使用绣花和闪光装饰片，而它们在欧洲的生产成本极高。但是，从长远看，人们越发担忧的是，在面对供应商或者根据原材料、劳动成本掌控定价时，如果不熟悉行业生产，设计师就不能断言其想法是正确的(TEKO,2009)。最终，人们担心的将是创新能力与制造业的联系如此紧密，不仅那些最低收入的手工职位将会流失，高收入的知识密集型职位也同样如此。

同样是在这一时期内，时尚的生命周期步伐已经加快。每年的收藏品数量从五六件增加到了 24 件这一合意数目，而产品开发所需时间也相应地减少。快速时尚产品以几乎连续不断的新品供货为基础，生产周期仅有两周的著名西班牙连锁店 Zara 就是代表。设计师并不是从零起步开发新产品，而是根据市场分析对现有产品加以改进。这就需要：第一，时尚设计师的工作越来越需要严格秘密；第二，公司的生产过程或价值链需要全面重组。这两个因素使得那些年轻设计师愈发难以找到能够提供良好学习机会的首份工作。首先，创作的自由和范围已经细致周全地阐明，产品开发过程比以往更快，也更少独立性。其次，为了竭力与著名时尚品牌产品的快速开发相匹配，时装公司的内部形成了很大的压力。在我们闻及的几个案例中，那些丹麦公司只是单纯致力于增加每年收藏品的数目，而不是让设计师拼命工作来进行任何重大的转型。

在去工业化的条件下，丹麦时尚业实际上已增加了营业额，保持了制造业作为最大出口商之一的地位，虽然其国内劳动力已比 20 世纪 80 年代缩减了一半(Høgenhaven,2003)。出于此因，服装业作为业绩良好的生产部门已在政治上引得关注。与早先的产业政策不同，时尚业现已成为文化产业政策的目标，由文化部和经济与企业事务部共同发起(Melchior 等人,2010)。这项政策的样板是英国把时尚设计纳入 13 个创意产业，其定义是“植根于个人的创意、技能和才干的各种活动，以及通过知识产权的产生、利用而创造财富和就业的各种活动”(引自Flew,2002,3)。在公众的印象中,20世纪90年代兴起的丹麦时尚设计界标志着国际认可,而作为文化政策的受益者,它与其他部门却尚未分离。

根据政府和媒体的说法,正是创意时尚设计师推动了行业的成功。但是,这种形象与冗长的工作、微薄的薪酬、接近整个人口的平均水平以及我们所记载的有限的职场机会不相匹配。

13.2　时尚设计教育

我们的研究包括三所可授予时尚或服装设计学士、硕士学位的学校,即丹麦设计学院(DKDS)、所设计学院公司(DK)和TEKO。尽管其中两所学校的历史较为悠久,但在20世纪60年代末都被营造成当前的模式。前两所学校最初是应用艺术学校,从强调人体素描和工艺美术写生发展到设计,包括产品设计、平面设计,新近增加了数字和视觉设计。DKDS位于哥本哈根,创办于1967年,由几所职业学校合并而成,包括创办于1875年的妇女艺术教育学校,它是妇女时尚教育的直接先驱。DK于同年创办于丹麦西部的日德兰一个小镇。这两所学校都是以个人创造性的人文理念为指导,寻求把北欧“赋形”(giving form)设计方法与改善生活的社会愿景相联系。然而,时尚和服装课程比较独立,原因也许是这样一种理念,即时尚“过于女性化,无法与现代主义的设计内涵相匹配(Melchoir,2008;参看McRobbie,1998)。各家设计学校都相互视为直接竞争对手。DKDS具有位处哥本哈根的地理优势,而DK则以深入且专一的学习环境而弥补了区位方面的不足。在劳务市场上,DKDS的毕业生通常能够在哥本哈根地区找到工作,而DK的毕业生则分布在日德兰周边地区(文化部Rektorer,2008)。这一事实反映了丹麦时尚产业的地理集聚状况。

学校并不十分担忧毕业生不易进入劳务市场这一事实。其教育规划使得它们因为能够根据行业需求自主行事而自豪。它们进一步指出，4～5 年的过渡期只比人文课程的大学毕业生略长一点（丹麦统计局，2009；文化部 Roktorer，2008）。鉴于这些设计学校在 2010 年已通过学术认证而获得大学资质，这一比较尤其具有针对性。统计数据还表明，过渡时间的长短高度依赖于经济发展趋势（丹麦文化部统计，2009；文化部 Roktorer，2008）。进入劳务市场时的行业状况将营造和约束个人的职场经历，这种情况已为我们采集的事实所验证，因为三个年龄组都有各自独特的职业生涯模式。

校友文档调查表明，许多毕业生都感到从学校过渡到劳务市场的困难，希望两者间能够形成更好的关联（设计学校 Kolding，2008；丹麦设计学校，2008）。[①] 根据以往的情况，毕业生会乐意在所受教育中增加两方面的内容，即计算机辅助设计课程和实习。他们发现，在完成 Illustrator、Photoshop 或 In-Design 软件的课外课程学习前，学校从不考虑其就业问题。实习问题尤其适用于 DKDS 毕业生的情形，因为在 2006 年之前，该校的教育规划没有包括实习内容。师生一致认为，这种情况会造成学生在面对潜在的雇主时带有一种愚蠢的傲慢。但是，即便是在读期间有过实习经历者时常也需要寻找一些不付薪酬的“工作经历”，以便为付薪职位积累资历。总之，校友们反映，他们缺乏撰写申请材料和在就业面试时表现自己的技能。多数人认为，他们的首份工作都是通过人际关系网络而不是广告而获得的。

第三所学校 TEKO 的历史可追溯到 1944 年，当时它是服装业技术培训机构。1968 年，采用目前的校名实施了重组而提供全日制教育，简称“TExtil”和“KOnfektion”。与欧洲其他类似的技术学校相比，它可以说是具备远见的学校。例如，除了技术技能外，学生还需学习视觉艺术和心理学课程。今天，除了时尚设计课程之外，TEKO 还讲授时装采购和零售的专门知识。学校所在地海宁（Herning）为省级

① 除了这两份报告，我们还从 Kolding 设计学校获得了一些原始调查数据。

城镇，是老制造业的中心地带。令该校教师引以自豪的是，为学生所提供的课程项目都很切合实际，学生有能力制订商业计划，为特定目标客户群进行设计，定期作些调查以便监测行业的教育需求状况。TEKO的教育规划还包括从产品开发、产品结构、计算机辅助管理和设计、收藏品开发和信息交流等一系列课程。由于产业界的教育合伙人并不十分重视教育，TEKO的处境颇为艰难。例如，就在不久前，学校第一次提出了批评意见，即，公司不能只是要求新近毕业生提供能够满足其需求的全套现成技能，而且还应该随时准备为雇员的持续教育做出投入(TEKO)。

除了这些学校，丹麦还有一些其他的有关时尚设计的教育规划，包括设计技术和工艺的非学位课程，设计课程主要立足于家政学。其他一些学校也提供短期的计算机辅助设计技能、时尚预测之类的课程，申请时尚设计课程者大多是那些需要进一步提高的设计学校毕业生。

13.3 20世纪80年代中期："陷入困境"

代表最为年长组的安娜在20世纪80年代中期毕业于TEKO，当时21岁，随后进入一家著名的时尚公司工作。她专长于海军蓝女式运动茄克衫设计。她的工作就是制作和评估服装式样，制作首个样品，以及为整批货物订购原材料。这些任务需要精确和眼界，如果她出错，就会影响到后续各个生产阶段。虽然她毕业于以行业为导向的学校，但是缺乏相应的技术储备。在刚一上班时，公司就让她独立工作。她回忆道："我真的懵了，真是超级酷啊！"在谈及早期经历时，她还间接表达了时尚设计师的价值观念——作一个能够克服任何障碍、充满热情而奋发向上的人。她说："如果具备正确的态度，就能克服前进道路上的任何困难。"

两年后，她又受雇于哥本哈根的一家大型低端百货商店 Daells Varehus。当时，该公司试图引领时尚。虽然其策略终未成功，但多年来一直吸引着许多年轻时尚设计师和营销人员。不到 25 岁的安娜就被聘为产品开发师和市场趋势预报员。这份工作既包括了制作分级表的技术任务，又可时常到欧洲各大都市参加交易会。由于需要同一些已在该店活跃了 30 多年的“古董”级客户打交道，为了提升她的自信心，管理部门送她去参加沟通交流方面的培训课程。在那里，她学会了“如何根据不同方式强调话语，并使它更加形象化。我感到受益匪浅”。安娜的经历只是个例外，这是我们所掌握的少数几家公司为员工提供毕业后培训的例子之一。

借助首份工作增强了能力，安娜因而能够在职业生涯方面迈出新的步伐。她说：“我也不知道在那段日子里学到了多少东西。但是，我参与了与供应商的洽谈，并且会说‘假如我们把口袋去掉，你愿意支付什么价格？’”。她又说：“在不知不觉之中我积累了大量知识。那时，我还不知道这些知识在何处能派上用场。我只想当个设计师。但是，由于参与了整个业务过程，我通过不同方式对交易产生了兴趣。”她学到的东西有技术方面——服装结构和生产计划，也有组织方面的——时装是如何通过不同人群的共同投入而制成的。作为与各类设计师和公司打过交道的产品经理，这些经历又营造了她未来的职场发展方向。安娜从创作性工作向技术性工作的演进，用一位受访者的话说是“成了半个设计师”，代表一种职业生涯路径。它既能够造就知识的积累，时常也伴随着薪酬的提高和职位的牢靠。然而，许多设计师对于是否参与产品开发的创作过程仍举棋不定。

安娜的经历可与其他 1984 年的毕业生相比较。后者的首份工作需要承担很多责任，因为他们需要发挥产品升级的作用，这对雇用他们的公司具有战略意义。同时，时装设计师们实际上驱动了各企业内部的组织变化。回想过去，受访者都非常珍惜企业赋予他们的“自由发挥”,得以负责从产品理念到市场营销的全过程。许多人都有属于公司最先和唯一聘用的设计师的经历;但对某些人来说,这也是组织中一个比较孤独的职位。

该年龄组的许多受访者都表现出对于变更和新鲜事物的偏好。他们体现了企业之间的高度流动性。例如,安娜平均每两年就要调换职位,除了她自己所经营的公司在 7 年内未变。回首过去,她唯一的遗憾是由于离婚而不得不关闭其公司。表面上,时装设计师在解释其频繁变动职位的说辞总是,“我需要变一变”或是“我不喜欢那里的气氛和室内装潢”。但是,不甚清楚的是,这些跳槽经历究竟说明的是他们本性躁动还是内部机会缺乏。当谈及流动性时,设计师们并不把流动性看作是积累的过程,至少不会觉得这是促使其走向管理职位的学习机会。它也并未体现出属于能使他们学到更多的专门知识的真正意义上的水平流动。事实上,在极度动荡的行业内,专业化可能是一条死路。某设计师为一家内衣公司工作了将近 20 年,把它视为自己的事业,她对这种承诺的说法是:“这是我过去在时尚业中从未做过的唯一事情。”发展全面的能力也就是把握各种机会的方法。

通过进一步考察,我们发现,许多就业变动是由于难以忍受的工作条件。我们数据中还有一些有趣的例子,例如老板吸毒而使得公司倒闭,以及一位女士遭到前男友的盯梢而不得不隐瞒身份。然而,绝大多数变动则是由于糟糕的人际关系和组织关系。例如,根据安娜的叙述,她在某一家公司曾被要求开发新型泳装系列,而她干得很出色。出于嫉妒,一位同事就安排她另行承担起下一年的收藏工作。在另一家公司,一位设计师确认,在做简报时,销售人员出于私人缘由而指责她,其实她已经与同事交换了工作,但却依然遭到批评。第三位设计师则说,她总是因为品位问题与销售总监发生争论。当总监成为总裁后,他就为先前的理亏而报复她。总结了这些经历之后,一位设计师说,时装业内的管理风格是“恐惧管理”,其特点就是,经理老是会提醒员工，他们能在时装业就职有多么幸运，因为还有许多人在等着抢他们的饭碗。即使在公司鼎盛时期，时装设计师的贡献也很少在公司获得公开的承认和重视。时装业在结构上是各部门相互分割，受专制而贪婪的老板经理所支配，这种现象在文献中已有大量记载（例如，Fine and Leopold，1993；Gamber，1997；Green，1997；Lee，1998；Skov，2002；Yanagisako，2002）。

13.4　20 世纪 90 年代中期："此路不适合我"

回顾学生时代，20 世纪 90 年代中期的许多毕业生都还记得为了进入业内大公司工作所做的准备。该年龄组比年长一组更具事业心，但这一点对他们在行业立足似乎并无多大助益。当时，外包业务盛行，以致有些设计师刚开始工作就被派往设在中国的工厂，与当地设计师共事。新近毕业生能够在丹麦公司独立工作的时代已一去不复返。DKDS 毕业生马丁的工作生涯始于工作面试，但进展不如所预期的那样。大部分就职面试最后都是申请人被回绝，而马丁则不同，是他炒了潜在的雇主——一家多品牌公司的鱿鱼。他早已自行制定了职场发展计划。他告诉我们："我记得，坐在公司的接待台时想，'全错了，这不是我要走的道路！'"

年龄较大组的受访者同样遭遇过潜在雇主的拒绝。该组一位 TEKO 毕业生讲述了类似经历。经过初次就职面试后，她就决定不再在丹麦时装业界谋职；相反，她开办了家庭型设计服务公司，很快就获得了足以维持业务的客户群。但是，在 20 世纪 90 年代中期，时装业尚未向时装设计师敞开大门，包括雇员或自雇型顾问职位在内。因此，像马丁那样的设计师没有经历过最为年长组所遇到的势头。他们的首份工作或者首位位客户均无后续者。马丁发展了相当独特的兴趣，包括服装设计在内，这使他在某剧场谋得了一份工作；运用设计方